NATIONAL GEOGRAPHIC

MÜNCHEN

W0381561

Inhalt

Autoren: Daniela Schetar und Friedrich Köthe
Redaktion: Wigel, München
Bildredaktion: Gabriele Forst
Aktualisierung: Daniela Schetar und Friedrich Köthe

© MAIRDUMONT GmbH & Co. KG, Ostfildern
Kartografie: © MAIRDUMONT/Falk Verlag, Ostfildern
3. Auflage 2010

„National Geographic" ist eine eingetragene Marke der National Geographic Society. Deutsche Ausgabe lizenziert durch National Geographic Deutschland (G+J/RBA GmbH & Co. KG), Hamburg 2009
www.nationalgeographic.de

Unsere Autoren haben nach bestem Wissen recherchiert. Trotzdem schleichen sich manchmal Fehler ein, für die der Verlag keine Haftung übernehmen kann. Hinweise, Verbesserungsvorschläge und Korrekturen sind jederzeit willkommen. Einsendungen an:

E-Mail: spirallo@nationalgeographic.de oder
National Geographic Spirallo-Reiseführer
MAIRDUMONT GmbH & Co. KG,
Postfach 3151, D-73751 Ostfildern

Das Werk einschließlich aller seiner Teile ist urheberrechtlich geschützt. Jede urheberrechtsrelevante Verwertung ist ohne Zustimmung des Verlages unzulässig und strafbar. Dies gilt insbesondere für Vervielfältigungen, Übersetzungen, Nachahmungen, Mikroverfilmungen und die Einspeicherung und Verarbeitung in elektronischen Systemen.

Covergestaltung und Art der Bindung mit freundlicher Genehmigung von AA Publishing

Dieser Titel der National Geographic Spirallo Reiseführerserie wird mit freundlicher Genehmigung der AA Media Limited, Eigentümerin der AA Spiral Guide Reiseführerserie, herausgegeben.

© Konzept und Design: AA Media Limited,
Fanum House, Basing View, Basingstoke, Hampshire RG21 4EA, UK.
Handelsregister Nr. 06112600.
Printed in Poland.

A04243

Das Magazin

Zu einem tollen Urlaub gehört mehr als genüssliches Faulenzen oder Shoppen bis zum Umfallen – damit die Reise sich wirklich lohnt, muss man das Besondere seines Ziels kennen und schätzen. Das Magazin gibt einen unterhaltsamen Überblick über die gesellschaftlichen, kulturellen und geografischen Zusammenhänge, die dieser Stadt ihren besonderen Zauber verleihen.

MÜNCHNER LEBENSART

»Schau'n mer mal« – das wohl berühmteste Zitat des Fußball-»Kaisers« Franz Beckenbauer bringt das Münchner Lebensgefühl auf den Punkt. Vor allem an den vielen strahlend schönen Föhntagen schwebt der Spruch wie ein Leitmotiv über der bayerischen Landeshauptstadt.

»Schau'n mer mal« – das heißt: Wozu aufregen! »Dann seng mer scho'« – Morgen ist auch noch ein Tag! Die Münchner schätzen Geradlinigkeit, können ihre Bewunderung für eine gesunde Portion Schlitzohrigkeit aber nicht verhehlen. Einen durchtriebenen Menschen nennen sie Schlawiner, und dies ist durchaus als Kompliment gemeint. Der berühmteste Münchner Schlawiner ist Franz Münchinger aus Helmut Dietls Kult-Fernsehserie *Monaco-Franze – Der ewige Stenz*, unvergesslich verkörpert von dem 1997 verstorbenen Schauspieler Helmut Fischer. Ihm erscheint in der Stadt der Biergärten und der schönen Münchnerinnen nichts wirklich unmöglich –

ein herzliches »Servus« und ein Blick aus braunen Dackelaugen genügen, und er kommt (fast) immer ans Ziel.

MONACO DI BAVIERA

Dass er »Monaco-Franze« heißt, ist der irrigen Annahme zu danken, München sei die nördlichste Stadt Italiens. Als Indiz dafür wird immer die Unmenge an italienischen Cafés angeführt, in denen der Münchner einen Latte Macchiato bestellt, als hätte er das Italienische mit der Muttermilch eingesogen. Und dann ist da schließlich der Brauch, den Cappuccino selbst bei niedrigsten Temperaturen im Freien zu trinken.

Die Münchner Italophilie ist kein kurzlebiger Trend, sondern hat Tradition: Schon König Ludwig I. (Regierungszeit 1825–48) machte München zum deutschen Firenze. Ludwigstraße (➤ 110), Residenz (➤ 76) und Alte Pinakothek (➤ 110) schwelgen in italienischer Renaissance. Ende des 19. Jhs. war die Stadt schließlich so von italienischer Leichtigkeit durchdrungen, dass der Kunsthistoriker Heinrich Wölfflin sagte, sie sei die »erste italienische Stadt Deutschlands«.

SÜDLICHES LICHT

Für den letzten und entscheidenden Schuss Italo-Stimmung sorgt der von den Alpen wehende Föhn. Die Luft wird durchsichtig, der Himmel strahlt, die Stadt glänzt heller als alle ihre Konkurrentinnen südlich der Berge. Dafür nehmen Einheimische wie »Zuagroasde« gerne die durch ihn hervorgerufene nervöse Überreiztheit in Kauf.

»Grantlerwetter«: die Alpen zum Greifen nah

Highlights auf einen BLICK

LANGE NÄCHTE

Die »Lange Nacht der Museen« Mitte Oktober sollten Sie sich keinesfalls entgehen lassen, wenn Sie zufällig in der Stadt sind: Museen und Galerien haben bis 2 Uhr früh geöffnet und bieten ein buntes Animationsprogramm. Shuttle-Busse verkehren zwischen den Veranstaltungsorten; das Ticket für Bus und Eintritte kostet 15 Euro (www.muenchner.de/museumsnacht). Gleiches gilt für die »Lange Nacht der Musik« Mitte Mai, bei der in Musikkneipen, Konzerthallen und sogar in der Oper bis 3 Uhr früh der Bär tanzt. Party- und Pianisten-Tram sorgen neben den Bussen für unterhaltsame Beförderung zwischen den Acts (www.muenchner.de/musiknacht).

EISBACH-SURFER

Fast immer hängt eine Traube von Zuschauern an der kleinen Eisbach-Brücke neben dem Haus der Kunst. Unter der Brücke läuft der wahrlich eisige, reißende Bach zu einer stehenden Walze auf, und an der suchen Surfer und Kajakfahrer den ultimativen Thrill. Es heißt zwar, ausschließlich Nicht-Münchner würden sich dadurch beeindrucken lassen – aber ganz unter uns, das stimmt nicht!

Die „Lange Nacht der Museen" ist ein Publikumserfolg, Kunst und Kultur bis 2 Uhr morgens

MÜNCHEN IM SCHNEE

Adventszauber in der Innenstadt: Entweder am Marienhof oder am Stachus wird jedes Jahr eine Eisbahn aufgebaut. Was kann es Schöneres geben, als dort abends im Licht unzähliger elektrischer Kerzen und zu Weihnachtsmusik Schlittschuh zu laufen und dazu Glühwein zu trinken?

AM FLAUCHER GRILLEN

Pflichttermin an warmen Sommerabenden: die Isar-Kiesbank unter dem Flauchersteg (U-Bahn: Thalkirchen). Grill anwerfen, Bier in der Isar kalt stellen, Decken ausbreiten, die Klampfe herausholen – und dann wird's so richtig romantisch. Wenn schließlich die Lagerfeuer brennen, wird getrommelt und Samba getanzt. Nachts wehen Düfte von Gebratenem über den Fluss, und die Hartgesottenen rollen an der Isar ihren Schlafsack aus.

TIERPARK HELLABRUNN

Münchens Zoo ist zu jeder Jahreszeit ein Erlebnis, für Kinder wie für Erwachsene: Einem geheimnisvollen Dschungel gleicht das neue Raubtierhaus, in der Großvoliere umflattern Schwarzstörche und Seidenreiher die Besucher, im Affenhaus ist die Kinderstube der Gorillas und Orang-Utans die Attraktion, und in der Villa Dracula sehen Sie die lichtempfindlichen Fledermäuse im Schein von Infrarotlampen. Das ganze Jahr über zeigen die Seelöwen bei der »Flossenparade« was sie so drauf haben und im Sommer ist der »Taubenflüsterer« mit seinen Kunstflugtauben, die akrobatische Meisterstücke vorführen, zu Gast (Termine aktuell auf der Homepage). (Tierparkstr. 30, Tel. 62 50 80, April–Sept. 8–18, sonst 9–17 Uhr, U-Bahn: Thalkirchen, Eintritt: teuer, www.tierpark-hellabrunn.de).

Zur Adventszeit wird der Brunnen am Stachus zur Eislaufbahn umfunktioniert

IM BIERGARTEN

Im Jahr 1539 wurde in München eine Brauordnung erlassen, deren Folgen bis heute die Münchner Lebensqualität und das Stadtbild prägen: Das Bierbrauen zwischen Mai und Oktober wurde verboten.

Die Begründung für diesen ungewöhnlichen Erlass lautete, dass die Brandgefahr zu hoch wäre. Da aber im Sommer weitaus mehr Bier getrunken wurde als im Winter, mussten die Brauereien auf Vorrat brauen und das Bier kühl lagern. Also legten sie unterirdische »Bierkeller« an, und um diese kühl zu halten, pflanzten sie darüber Kastanien. Irgendwer kam schließlich auf die Idee, das Bier direkt zu verkaufen, und stellte Bänke und Tische unter die Bäume. Ein Sturm der Entrüstung war die Folge, denn die Münchner Wirte witterten Konkurrenz. Legalisiert wurde der Biergartenbetrieb durch Ludwig I., der um 1830 den Ausschank von Bier genehmigte, nicht aber den Verkauf von Speisen. Dieses Verbot ist zwar längst aufgehoben, aber bis heute hat jeder richtige Biergarten einen Bereich, in dem die Gäste ihr mitgebrachtes Essen verzehren.

In einen Münchner Biergartenkorb gehören weißer Rettich (»Radi«), Wurstsalat, Emmentaler, Leberkäse, Butter und große Brezen, dazu eine karierte Tischdecke, Besteck, Salz und Pfeffer und ein scharfes Messer.

DIE FÜNFTE JAHRESZEIT

Weil die Fastenzeit zwischen Aschermittwoch und Ostern gar so lang ist, und weil auch einmal im Jahr den Politikern die Leviten gelesen werden müssen, gibt's in München die Starkbierzeit: Zum Anstich des Starkbiers im *Paulaner am Nockherberg* (➤ 135) versammelt sich die Politprominenz, um sich »derbleck'n« (auf die Schippe nehmen) zu lassen.

Links: Der Kleinhesseloher See
Oben: Im Hirschgarten

Eigenes Bier zum Nachfüllen mitzubringen, gilt als extrem unsportlich!

ANSICHTSSACHE

München besitzt über 80 Biergärten. In welchen man geht, ist Ansichtssache. Familien mit Kindern ziehen am liebsten zum Hirschgarten (➤ 157), weil's dort gleich nebenan eine Spielwiese und Rehe zum Füttern und Streicheln gibt, Studenten treffen sich am Chinesischen Turm (➤ 114) und ältere Semester im Biergarten des Hofbräuhauses (➤ 85). Ansichtssache ist es auch, ob Biergärten auf neue Moden setzen sollten: Prosecco und Thaifood verkaufen wie das **Mangostin** (Maria-Einsiedl-Str. 2, U-Bahn: Thalkirchen) oder bis 4 Uhr früh ausschenken wie der Biergarten des Musikclubs **Backstage** (➤ 158), ist nicht unbedingt Münchner Brauch. Ein Biergarten, der auf sich hält, bleibt den Traditionen treu: Die Gäste sitzen an Holztischen, zu essen gibt's »Hendl« (Brathähnchen), »Schweinsbrodn« (Schweinebraten) und »Steckerlfisch« (Fisch vom Grill), ausgeschenkt wird Münchner Bier, und spätestens um 24, in Wohnvierteln um 23 Uhr werden Klappstühle und Sitzbänke unter den Kastanien geräumt.

OKTOBERFEST
UND ANDERE PARTIES

Das größte und berühmteste Volksfest der Welt ist nicht der einzige Superlativ in Münchens Unterhaltungsangebot. Besuchen Sie doch einmal die größte Partymeile Europas!

Der Ausnahmezustand namens Oktoberfest beginnt Mitte September, genauer gesagt am Samstag des vorletzten Septemberwochenendes, dauert 15 Tage und heißt in München salopp »Wiesn«. Eröffnet wird das kollektive Besäufnis mit dem rituellen Anzapfen des ersten Bierfasses durch den Oberbürgermeister. Mit dem Ruf »O'zapft is« gibt der OB nach vollbrachter Tat den offiziellen Startschuss für den Bierausschank. Hunderttausende sehnen diesen Ruf in den voll besetzten Wiesnzelten herbei.

Im Grunde ist Napoleon schuld am Oktoberfest: Bayerns Kronprinz Ludwig fürchtete nämlich, von dem kleinen Korsen ebenso »zwangsverheiratet« zu werden, wie es zuvor seiner Schwester Auguste passiert war. Also kam er ihm zuvor und nahm am 12.10.1810 Prinzessin Therese von Sachsen-Hildburghausen zur Frau. Eine Woche später ließ er auf einer Wiese am Stadtrand zur Volksbelustigung ein Pferderennen abhalten. Ein Jahr darauf wurde das Rennen wiederholt, schließlich regelmäßig zusammen mit einer landwirtschaftlichen Messe veranstaltet, und die Wiese bekam den Namen der Prinzessin, Theresienwiese.

Riesengaudi Oktoberfest

Winter-Tollwood auf der Theresienwiese

1869 eröffnete die Familie Schichtl ihr Illusionstheater auf der Theresienwiese, und noch heute ist der Besuch beim »Schichtl« samt »Hinrichtung auf offener Bühne« der unbestrittene Höhepunkt des Schaustellerprogramms. Andere, adrenalinsteigernde Highlights halten »X-fach-Looping« und »Eurostar« bereit. Aber das Herz der Wiesn, das schlägt im Bierzelt, wo sich Alt und Jung, Schwarz und Rot, Bayern und Preußen, Japaner und Italiener zum gebrüllten »Oans, zwoa, gsuffa« verbrüdern, um schließlich in bierseliger Eintracht auf den Bänken und Tischen zu tanzen.

OKTOBERFEST-ATTENTAT

Abgesehen von ein paar Schlägereien, ist die Wiesn bislang immer friedlich verlaufen – mit einer Ausnahme: Am 26. September 1980 explodierte eine von Neonazis gelegte Bombe am Haupteingang; sie forderte 13 Todesopfer und über 200 Verletzte.

MULTIKULTI, ZIRKUS UND SHOW

»Tollwood«, das in den 1970er-Jahren als freakiges Theaterfestival begann, hat sich nach der Wiesn zum zweitwichtigsten gesellschaftlichen Event Münchens gemausert. Jeweils im Dezember und im Juni sorgt ein multikulturelles Programm mit Theater, Zirkusshows und Kabarett in mehreren Zelten einige Wochen lang für Unterhaltung, dazu gibt es auf einem alternativen Jahrmarkt Essen aus allen Winkeln der Erde,

Didgeridoos und Djembé-Trommeln, Henna-Tattoos, Batikkleider und Räucherstäbchen zu kaufen (www.tollwood.de).

FUN-AREAS

Münchens Ruf als Diskohauptstadt Europas begründete Wolfgang Nöth mit dem **Kunstpark-Ost**: Diskotheken, Bars und Clubs in den Hallen einer ehemaligen Knödelfabrik wechselten Namen und Musikstile im Monatsrhythmus und wuchsen zu einer riesigen Partyzone heran, das größte Clubareal Europas. Auch der Namenswechsel von Kunstpark zu Kultfabrik (➤ 137) hat daran nichts geändert. Bis 2011 wurden seitens der Stadt die Verträge mit den über 25 Clubs und Diskos verlängert. (Daneben gibt es hier zahlreiche weitere Einrichtungen wie Imbissstände und Kioske, an welchen sich die Partygänger stärken können.)

UNGEWÖHNLICHE PARTYORTE

Techno-Beats im Büro? Cocktails auf dem Tresen einer Bank? Die schönsten Mädchen zwischen Registraturregalen? Auch das ist München: Leerstehender städtischer Raum wird unbürokratisch den Partypeople überlassen, neue Clubs öffnen und ziehen drei Monate später an den nächsten Ort. Wo und wann etwas los ist, verrät www.munichx.de.

BLADE NIGHT

Wenn die Blade Nights starten, gibt's böses Blut: Zwischen Mai und August rollen jeden Montagabend Zehntausende Rollschuh-, Skateboard- und Rollerblades-Fahrer auf verschiedenen Routen durch München. Für das Happening werden ganze Straßenzüge gesperrt, was Autofahrer regelmäßig gegen die Blader aufbringt. (Infos zum Startpunkt und Routenverlauf gibt es unter www.muenchnerbladenight.de.)

Ludwigs II. Märchenschloss Linderhof – ein Trostpflaster für den Wagner-Verehrer

KÖNIGE & KÜNSTLER

Zwischen 1816 und 1912 erlebte München einen kulturellen Aufbruch: Neue Architektur veränderte das Gesicht der Stadt, in der Oper erklang revolutionäre Musik, und das erste Museum wurde eröffnet. In Schwabing ließ sich ein buntes Völkchen von Malern, Literaten und Anarchisten nieder. Das Leben in der bayerischen Residenzstadt wurde plötzlich richtig aufregend.

REVERENZ AN DIE ANTIKE

Die architektonische Umgestaltung Münchens im 19. Jh. war eng mit der kunstsinnigen Persönlichkeit Ludwigs I. verbunden. Bereits als Kronprinz hatte der von der Antike Italiens und Griechenlands schwärmende König den Architekten Leo von Klenze kennen gelernt, dessen künstlerische Visionen ebenso den klassischen Proportionen und Vorbildern verpflichtet waren. Zusammen veränderten König und Baumeister die Stadt. 1816, also noch als Kronprinz, gab Ludwig die Glyptothek in Auftrag, in der seine Antikensammlung ausgestellt werden sollte. Sie wurde das erste Museum Deutschlands. Bis 1862 wurde die Bebauung des Königsplatzes (➤ 102) nach dem Vorbild eines antiken Forums, gesäumt von Tempeln, vollendet. Bereits 1817 nahmen König und Bauherr ein Projekt in Angriff, das zum Sinnbild ihrer

Reiterstandbild zu Ehren Ludwigs I. auf dem Odeonsplatz

Visionen werden sollte: die Ludwigstraße (➤ 110) zwischen Feldherrnhalle und Siegestor, eine kühle, strenge Repräsentationsmeile, an der weder Fresken noch Statuen, weder Bäume noch Gärten von der hehren Architektur ablenken sollten. Trotz späterer baulicher Veränderungen ist sie bis heute ein einzigartiges, aber auch seelenlos-majestätisches Monument. Ludwig I. hatte nicht nur Sinn für die Antike, sondern durchaus auch Augen für die Schönheit edler und weniger vornehmer Damen. Auf sein Geheiß hin malte Ludwig Stieler eine ganze Reihe schöner Münchnerinnen für Schloss Nymphenburg (➤ 149). Unter diesen Damen findet sich auch die spanische Tänzerin Lola Montez, die dem König gehörig den Kopf verdrehte. Die Affäre erboste das Volk derart, dass die Dame 1848 aus München fliehen musste und der König zwei Wochen danach abdankte.

LUDWIG II. UND RICHARD WAGNER

Ludwig II. war bereits als 12-Jähriger tief berührt von Wagners Musik, und kaum König geworden, lud er den Komponisten 1864 ein, nach München zu kommen. Dieser verstand es, seinen Einfluss auf den jungen, schwär-

SIMPLICISSIMUS

1896 gründete der Verleger Albert Langen zusammen mit Th. Th. Heine in München den *Simplicissimus*, bis 1944 die führende Satirezeitschrift Deutschlands. Zum erlesenen Kreis der Autoren und Illustratoren gehörten u. a. Ludwig Thoma, Frank Wedekind, Rainer Maria Rilke, Thomas Mann sowie Olaf Gulbransson, Alfred Kubin und Lovis Corinth.

Gegen den Willen des Königs säumen auch Bäume die Ludwigstraße

merischen König zu nutzen und ihm riesige Summen für monumentale Operninszenierungen zu entlocken; Gottfried Semper wurde beauftragt, das größte Festspielhaus der Welt auf dem Hochufer der Isar zu entwerfen – ein Projekt, das nie realisiert wurde. Die Münchner Liaison dauerte ein Jahr, dann musste Ludwig II. auf Druck seiner Beamten und des Volkes den Komponisten aus München weisen. Beleidigt verließ darauf auch der König die Stadt und verlegte seine Energie auf den Bau seiner Märchenschlösser Linderhof und Neuschwanstein (➤ 164), in deren Ausstattung und Einrichtung Wagners Opernmythenwelt weiterlebt.

PRINZREGENT LUITPOLD UND DIE WILDEN JAHRE

1886 wurde Ludwig II. für geisteskrank erklärt und sein Onkel Prinz Luitpold, Sohn Ludwigs I., übernahm die Regentschaft in Bayern. Die friedliche Ära des »Prinzregenten« dauerte bis 1912, und mit ihr begann eine Blüte der Künste und der Bohème. Der 1880 in München geborene Franz Marc gründete 1911 mit dem 1896 zugezogenen Russen Wassily Kandinsky die Künstlervereinigung »Blauer Reiter«, der u. a. August Macke und Paul Klee angehörten. Richard Strauss, 1864 in München geboren, komponierte 1905 seine *Salome* und 1911 den *Rosenkavalier*. 1894 zog der Schriftsteller Thomas Mann nach München. Beeindruckt vom regen Kultur- wie auch Festleben prägte er den Sinnspruch »München leuchtete«, mit dem sich die Stadt bis heute gerne schmückt. Mittelpunkt des Kulturlebens war der 1890 eingemeindete Vorort Schwabing, in dem Intellektuelle, Schauspieler, Dichter und Maler ihre berühmten Künstlerfeste feierten und in dem ein Revolutionär im Exil auf seine große Stunde wartete: Wladimir Iljitsch Lenin.

ROTE UND BLAUE TORJÄGER

Welche Stadt hat schon ein Stadion, das die Farbe wechseln kann? Zu den Heimspielen der beiden großen Münchner Vereine leuchtet die Außenhaut der 2006 rechtzeitig zur Fußball-WM fertiggestellten Allianz-Arena entweder rot oder blau.

»In München geht es nicht so sehr darum, für welchen Verein man ist, sondern gegen welchen« – dieser Ausspruch des Münchner Kabarettisten Ottfried Fischer bringt die Stimmung auf den Punkt: Die einen brüllen gegen die »Löwen«, also den blauen TSV 1860 von München, die anderen halten gegen die Roten vom FC Bayern München. Die Bayern sind seit langem entschieden der erfolgreichere Club. Den Abstieg in die Zweite Liga mussten sie im Gegensatz zu den Löwen bislang noch nicht antreten. Andererseits wird dem Team der »18 Nationalspieler aus 9 Ländern und 3 Erdteilen« gelegentlich vorgeworfen, es spiele seelenlos, wogegen die Löwen noch immer das Blut ihrer Fans in Wallung brächten. Dass dem nicht so ist, können Sie im Stadion erleben: Die Stimmung ist auch bei Bayern-Spielen überwältigend (Tickets unter www.fcbayern.de).

Oben und Rechts: Rund ums Hofbräuhaus gibt's die besten Fanshops der Stadt

MÜNCHEN HAT AUCH EINEN KAISER

Bayern-Star, Nationalspieler, Trainer der Nationalmannschaft, Bayern-Präsident und Vizepräsident des DFB – eine steile Karriere für einen Jungen aus einfachen Verhältnissen: 1945 erblickte Franz Beckenbauer in München-Giesing das Licht der Welt; 1964 spielte er seine erste Saison beim FC Bayern, damals der schwächere Münchner Club. Die Eleganz seines Spiels, seine taktische Überlegenheit und das »Fußball-Duett« mit dem Torjäger Gerd Müller brachten ihm den Namen »der Kaiser« ein. Beckenbauer wurde zweimal Weltmeister (1974 als Spieler, 1990 als Trainer), war zwischen 1965 und 1977 bei 103 Länderspielen dabei und gewann mit den Bayern unzählige Pokale.

FUSSBALLLEGENDEN

Franz Beckenbauer, Gerd Müller und Uli Hoeneß – mit dieser legendären Besetzung holte der FC Bayern 1976 den Weltpokal. Alle drei sind sie dem Club bis heute verbunden: Beckenbauer als Ehrenpräsident, Hoeneß als Aufsichtsratvorsitzender, Müller als Co-Trainer der Regionalliga-Amateure.

BÜHNEN
GESTERN UND HEUTE

Der Münchner neigt zu Bewährtem, und so prägen Kultur-Partriarchen die großen Bühnen der Stadt. Doch auch abseits des etablierten Theaters tut sich Einiges.

Einer dieser Patriarchen ist Dieter Dorn. Er hat sich um die beiden großen Münchner Sprechtheater, das Residenztheater und die Kammerspiele, verdient gemacht: Als die Stadt München 2001 nach langjähriger Dorn-Intendanz in den Kammerspielen auf frischen Wind setzend Frank Baumbauer zum Intendanten berief, zog Dorn mit einem Großteil seines Teams ins Residenztheater um, wo er nach wie vor frenetisch gefeiert wird.

BEWAHREN UND PROVOZIEREN

Auch die Bayerische Staatsoper (➤ 94) wurde Jahrzehnte lang von einem Partriarchen gelenkt, von August Everding. Dessen Liebe zu Richard Strauss und Richard Wagner dominierte den Spielplan. Sein Nachfolger Sir Peter Jonas provozierte das Opernpublikum mit grotesk-anarchistischen Inszenierungen von Händel-Opern, was den Ruf der Oper international festigte, den Abonnements aber nicht immer gut bekam. Seit 2008 versucht nun Nikolaus Bachler sein Geschick im Umgang mit dem Kulturkonservativismus der besseren Münchner Gesellschaft.

KABARETT UND VOLKSTHEATER

Um Bewährtes und Neues geht es auch immer wieder bei der Münchner Lach- und Schießgesellschaft. 1956 vom Duo Dieter Hildebrandt und Sammy Drechsel gegründet, strapazierte die Truppe mit pfiffigem politischen Kabarett die Nerven der Politiker und die Lachmuskeln der Zuschauer. Dieter Hildebrandt ist gelegentlich noch Gast auf seiner alten Bühne (➤ 118).

Vom Theater für volkstümliche Stücke entwickelte sich das Volkstheater unter der Intendanz des Oberammergauer Passionsspielleiters Christian Stückl zu einer viel beachteten Bühne mit einem vielseitigen und anspruchsvollen Programm, zu dem neu interpretierte, bayerische Klassikern wie der »Brandner Kaspar« ebenso gehören wie die »Orestie« und das im April stattfindende Festival »radikal jung«. Gelegentlich entsteht der Eindruck mit dem Theater-Urviech Christian Stückl wächst München ein neuer Patriarch heran.

Die hohe Kunst des Balletts

BIENNALE UND SPIELART

In München finden im Wechsel zwei der wichtigsten europäischen Kulturfestivals statt: in geraden Jahren die Musik-Biennale mit Uraufführungen zeitgenössischer Kompositionen (www.muenchener biennale.de), in ungeraden Jahren das Theaterfestival SpielArt mit spannenden Gastspielen und Neuproduktionen internationaler Theaterkompanien (www.spielart.org).

DRAMATISCHE JAHRE

Räterepublik, Hitlerputsch, Hauptstadt der Bewegung – mehrmals spielte das bürgerliche München in den unruhigen Jahren der Weimarer Republik und beim Aufstieg Hitlers eine Hauptrolle.

Arbeiterräte sollten die Politiker ersetzen, die Betriebe vergesellschaftet werden – am 7. April 1919 riefen Ernst Toller, Erich Mühsam und andere die »Münchner Räterepublik« aus. Knapp einen Monat später, am 3. Mai, beendeten Freikorps das Experiment. Nach dreitägigen Kämpfen wurden über 600 Tote gezählt. Da viele politische Köpfe der Räterepublik jüdischen Glaubens gewesen waren, richtete sich die Polemik national gesinnter Politiker und Parteien nun verstärkt gegen die Juden.

DER HITLERPUTSCH

Zusammen mit Erich Ludendorff und den Getreuen seiner Sturmabteilung SA besetzte Adolf Hitler am 8. November 1923 den Bürgerbräukeller (➤ 130), in dem die Landesregierung tagte, und erklärte sie sowie die Reichsregierung für abgesetzt. Am folgenden Morgen marschierten Hitler und Ludendorff mit Tausenden Anhängern zur Feldherrnhalle (➤ 79), um die Machtübernahme zu demonstrieren. Doch dieser »Hitlerputsch« scheiterte.

SYNAGOGE UND KULTURZENTRUM

Im Juni 1938 wurde die Münchner Hauptsynagoge an der Herzog-Max-Straße abgerissen, im November 1938 wurde in der Reichspogromnacht das letzte verbliebene jüdische Gotteshaus niedergebrannt (links). Erst 2006 wurde am Jakobsplatz vor dem Stadtmuseum (➤ 60) mit dem jüdischen Kulturzentrum, das ein Museum, eine Begegnungsstätte und eine Synagoge beherbergt, wieder ein Fokus des jüdischen Lebens im Münchner Stadtzentrum geschaffen (➤ 64).

MÜNCHNER ABKOMMEN

Am 29. September 1938 unterzeichneten Großbritannien, Frankreich, Italien und das Deutsche Reich das Münchner Abkommen, die Tschechoslowakei hatte damit die Sudetengebiete Deutschland zu überlassen. Das Abkommen nahm Hitler als Freibrief für den Einmarsch in die Tschechoslowakei.

DAS KONZENTRATIONSLAGER DACHAU

Das Konzentrationslager im Vorort Dachau wurde 1933 eingerichtet. Zunächst wurden politische Gegner der Nazis inhaftiert, nach der Reichspogromnacht kamen 10000 Juden aus München und Umgebung hinzu, und nach Kriegsbeginn Zehntausende Polen, Tschechen, Russen und Roma. Von insgesamt 200000 Häftlingen überlebten 32000 das KZ nicht – so die offizielle Zahl. Wie viele mehr tatsächlich an Erschöpfung, medizinischen Experimenten und Seuchen gestorben sind, ist bis heute offen. Die US-amerikanischen Truppen befreiten die verbliebenen 67000 Gefangenen des KZ am 29. April 1945.

Links oben: Erich Mühsam, Ernst Toller und Soldaten der Reaktion

Links: Stoßtrupp der SA beim Putschversuch 1923

Rechts: Hitler in München: Löwenbräukeller

3 2 1 FILM AB!

In den 1919 gegründeten Bavaria-Ateliers im südlichen Münchner Stadtteil Geiselgasteig wurde uns wird manche Sternstunde des deutschen und des internationalen Films abgedreht und auch Fernsehserien wie *Marienhof* haben hier ihre Heimat.

WO DIE FILME ZUR WELT KOMMEN

Als die große Konkurrentin Ufa mit den Babelsberger Studios nach dem Zweiten Weltkrieg hinter dem Eisernen Vorhang des geteilten Berlin verschwand, wurde die »Bavaria« Deutschlands größte Traumfabrik. Nicht nur deutsche Produktionen entstanden hier, auch Hollywood kam zu Besuch: 1952 drehte Elia Kazan *Der Mann auf dem Drahtseil* mit Gerd Fröbe. Zehn Jahre später brachte John Sturges für *Gesprengte Ketten* James Coburn, Charles Bronson und den jungen Steve McQueen in die Stadt. 1971 schließlich wurde das Berlin der 1920er-Jahre in den Hallen aufgebaut; Bob Fosse kam mit Liza Minelli und Michael York für *Cabaret* nach München. In den 1980er-Jahren brach für die Studios mit den Großproduktionen von Wolfgang Petersen eine neue Epoche an: Das U-Boot aus dem Film *Das Boot* und der Drache Fuchur aus der *Unendlichen Geschichte* wurden selbst zur Sehenswürdigkeit – die »Bavaria-Filmtour« war geboren. Heute ist die Tour durch die Studios eines der Highlights im Münchner Besichtigungsprogramm (Bavaria-

EIN MÜNCHNER IM FILM

Keiner verkörperte den typischen Münchner »Grantler« so perfekt wie Walter Sedlmayr. Der 1990 verstorbene Schauspieler glänzte in zahllosen Fernsehrollen, darunter *Polizeiinspektion 1*. Unvergessen sind auch seine Auftritte als *»Derblecker«* im *Paulaner am Nockherberg* (► 11).

Oben: Auf dem Drachen Fuchur reiten; Unten: Szene aus *Das Boot*

filmplatz 7, Geiselgasteig, Tel. 64 99 20 00, März–1. Nov. tägl. 9–16 Uhr (Beginn der letzten Führung), im Winter 10 bis 15 Uhr, Tram Nr. 25 Bavariafilmplatz, Eintritt: teuer, www.bavaria-filmtour.de).

FASSBINDER UND CO.

Ein Gegengewicht zum etablierten Film- und Theaterbetrieb Münchens bildete in den 1970er-Jahren der Schauspieler- und Freundeskreis um Rainer Werner Fassbinder. Der 1945 geborene Regisseur gründete 1968 zusammen mit Peer Raben und Hanna Schygulla in München das Schauspielkollektiv »antitheater«, das mit unkonventionellen Inszenierungen für Aufsehen sorgte. 1969 drehte er seinen ersten Spielfilm *Liebe ist kälter als der Tod*; für *Katzelmacher*, einen Film über ein Gastarbeiterschicksal, erhielt er ein Jahr später bereits den Bundesfilmpreis. Wie ein Berserker drehte der Regisseur einen Film nach dem anderen, leitete nebenher Theaterproduktionen und schrieb Hörspiele. Für seine 13-stündige Fernsehproduktion *Berlin Alexanderplatz* wurde das Nachkriegs-Berlin in den Bavaria-Studios aufgebaut. 1982 starb Fassbinder in München.

HIGHTECH

Mikrochips, Biotechnologie und schnelle Autos – München spielt als Hightechstandort ganz oben in der globalen Liga.

München ist der viertgrößte Hightechstandort weltweit, rund 250 000 Menschen sind bei etwa 20 000 großen und kleinen Unternehmen dieser Branche beschäftigt. Microsoft und Infineon unterhalten große Niederlassungen in München, Global Player wie Siemens und BMW sind traditionelle Münchner Unternehmen. Alleine in den Forschungs- und Entwicklungsabteilungen dieser beiden Firmen arbeiten 16 000 hoch qualifizierte Beschäftigte an neuen Entwicklungen, die dann praktischerweise auch gleich beim Europäischen Patentamt angemeldet werden können, das wie das Deutsche Patentamt ebenfalls in München residiert.

FORSCHUNG UND FERTIGUNG

Von den schnellen Patentverfahren profitiert auch die Biotechnologie. Ende der 1990er-Jahre erlebte München einen Gründungsboom in dieser Branche; heute arbeiten und forschen rund 120 Unternehmen mit etwa 3000 Mitarbeitern in diesem Bereich, die meisten eng verflochten mit dem Max-Planck-Institut für Biochemie in Martinsried im Südwesten der Stadt. Dank der EADS, der European Aeronautic Space and Defense Company, ist München außerdem Standort des zweitgrößten Luft- und Raumfahrtunternehmens weltweit. Und im Jahr 2003 bekam die Stadt den Zuschlag für den Hauptsitz des neuen europäischen Satelliten-Navigationssystems »Galileo«.

INNOVATION UND ARCHITEKTUR

So viel Bereitschaft zu Dynamik und Innovation sieht man der Stadt auf den ersten Blick nicht an. Gelten Hochhäuser und mutige Architektur als Indizien für Fortschrittsbereitschaft, dann konnte München zumindest bis 2004 nicht mithalten. Nicht Glastürme, sondern die Zwiebelkappen der Frauenkirche prägten die Stadtsilhouette, und bei allen diskutierten Hochhausplänen gilt nach wie vor das Gesetz, dass dieses Bild der Altstadt keinesfalls gestört werden darf. Erst 2003/2004 wurden Projekte angestoßen wie Helmut Jahns »Highlight Munich Business Towers« an der Stadteinfahrt der Nürnberger Autobahn, das »Münchner Tor« an der Berliner Straße oder »Uptown Munich« am Georg-Brauchle-Ring beim Olympiagelände. Die am Rande der Innenstadt hinzugekommenen »Türme« waren und sind Gegenstand erbitterter Auseinandersetzungen. Hochhausgegner befürchten eine »Frankfurtisierung« der Münchner Innenstadt; Befürworter hingegen wollen endlich das Provinzielle des »Millionendorfs« München abstreifen.

K(EIN) STERN FÜR MERCEDES

Um die Altstadtsilhouette zu schützen, verbot die Stadt dem 2003 an der Donnersberger Brücke eröffnetem Mercedes-Benz-Center einen Stern auf dem Dach. Die Landesregierung hob dieses Verbot allerdings flugs auf.

DREHKREUZ MÜNCHEN

Mit einem Aufkommen von rund 10 Mio. Passagieren jährlich startete Münchens Franz-Josef-Strauß-Flughafen. Mittlerweile wurde ein zweites Terminal gebaut, um auch zukünftige Herausforderungen zu bewältigen. Der Flughafen gilt als architektonische Meisterleistung, zu der maßgeblich Helmut Jahn beigetragen hat. Für Interessierte werden am Flughafen Führungen veranstaltet (Besucherpark »Dimension M«, Tel. 97 54 13 33, 1. März–31. Okt. 9.30–18.00, sonst bis 17.00 Uhr, Eintritt: teuer).

MODERNE KUNST

München hat als »Frontstadt« zeitgenössischer Künstler mit »Blauem Reiter« und » Brücke« Tradition – das eine oder andere wird auch heute noch von Avantgarde zu Geld und schließlich zu Mainstream, das andere oder eine bleibt unverstanden und gerät in Vergessenheit.

DIE GANZ GROSSEN LOCATIONS

Natürlich stehen **Pinakothek der Moderne** (➤ 104) mit ihrer Melange aus Gebrauchskunst und Abstraktem, **Museum Brandhorst** (➤ 107) mit seinem Budget für zukünftige Erwerbungen aus dem zeitgenössischen Sektor und **Buchheim-Museum** (➤ 162) auf den ersten Plätzen der arrivierten Kunstschauen Münchens, dazu noch das **Haus der Kunst** (➤ 88), das sich mit seinen Werkschauen vom Nazi-Museum zu einer der wichtigsten Darsteller zeitgenössischer Kunst in Deutschland gemausert hat. Schließlich: der **Kunstbaus des Lenbachhauses** (➤ 101) am Königsplatz mit seinen Wechselausstellungen.

DIE NICHT GANZ SO GROSSEN

An der Kreuzung Maximilianstraße und Altstadtring widmet sich das **exZKMax** (Maximilanstr. 40, Tel. 23 32 69 91) dem Aufgreifen und der Beförderung aktueller Strömungen in der Kunst – einfach hinuntergehen in die Unterführung! Der **Kunstverein München** (Galeriestr. 4, Tel. 22 11 52) stellt in seinen Räumlichkeiten am Hofgarten die Werke seiner (lebenden) Mitglieder aus und begreift sich als Plattform für die Diskurse der Kunstszene. Im Gebäude des Völkerkundemuseums haben im **Berufsverband Bildendender Künstler** (Maximilianstr. 42, Tel. 22 04 63) organisierte Münchner ihr eigenes Forum, in dem vornehmlich Debütanten zu Bild kommen. Die **Sammlung**

Götz (Oberföhringerstr. 103, Tel. 95 93 96 90) besitzt dank ihrer Politik, insbesondere der medialen Vielfalt der heutigen Ausdrucksformen mit Video, Film und Projektionsarbeiten Raum zu geben, internationales Renommé. Wer im Juli in der Stadt ist, darf keinesfalls die 4-tägige Jahresausstellung der Studentenarbeiten der **Akademie der Bildenden Künste** (Akademiestr. 2–4, Tel. 38 520) versäumen – frischer geht's nimmer.

ARCHITEKTUR DER ZUKUNFT

U-Bahn-Fahren und Architekturgenuss lassen sich in Münchens jüngsten U-Bahn-Linien bestens verbinden. Nehmen Sie doch die U 2 oder U 8 zum U-Bahnhof Am Hart (Architekten Hilmer/Sattler) mit seinen blauen Glasmosaikwänden und strahlender Aludecke. Roh verputze Wände und Glas geben dem U 1-Bahnhof Westfriedhof (Architekten Auer & Weber) ein ganz besonderes Flair! Mit der U 2 oder U 7 erreichen Sie die Station Messestadt-West mit ihrem mutigen Lichtkonzept.

DIE KLEINEN

Ungezählt sind die kleinen und größeren, reicheren und erbärmlich armen, seit Jahrzehnten etablierten oder nur für eine Woche existenten, stolzgeschwellt in der Maximilianstraße prunkenden oder in Hinterhofgaragen am Glockenbach versteckten Galerien. Und (fast) immer sind gerade die Letzteren die, die es zu entdecken wert sind. Gefunden werden sie im Flyer des städtischen Kulturreferates »Zeitgenössische Kunst – Galerien München« (liegt in den Touristeninformationen und in Kneipen aus).

V.l.n.r.: das exZKMax, der Münchner Kunstverein, die Galerie der Künstler und die Sammlung Goetz

WEISSBIER & SCHWEINSBRATEN

Münchner Spezialitäten sind nicht gerade für ihre Kalorienarmut bekannt, und der Münchner neigt ob der deftigen Verführer zur barocken Fülle.

Deftig heißt allerdings nicht unkompliziert: Alleine das Beispiel der Münchner Weißwurst zeigt, wie aufwändig das Regelwerk der Zubereitung und des richtigen Verzehrs sein kann. Dass sie mit Kalbfleisch, Zwiebeln und frischer Petersilie gefüllt sein muss, ist ebenso vorgeschrieben wie die Tatsache, dass sie immer stückweise und ja nicht paarweise bestellt wird. Ist die Wurst auf dem Teller, wird die Haut der Länge nach aufgeritzt und die Wurst dann halbiert. So schlüpft das Brät elegant aus der Pelle und kann mit süßem Senf und frischen Brez'n als Brotzeit genossen werden. Übrigens, nach 12 Uhr sind Weißwürste Tabu! Eigentlich gab es ja schon im Frankreich des 14. Jahrhunderts ähnliche Würste. Doch zumindest wurden die Weißwürste in München Mitte des 19. Jh. neu erfunden, als man bei Bratwürsten den Kalbs- durch einen Schweinedarm ersetzte.

Weißwürste – frisch aus dem bayerischen Gourmethimmel

BROTZEIT

Eine unverzichtbare Säule der Münchner Brotzeit ist der **Leberkäs'**, der weder mit Leber noch mit Käse etwas zu tun hat. Vielmehr besteht er aus gehacktem Rind- und Schweinefleisch, Speck und Zwiebeln, die im Ofen zu einem kompakten Laib mit knuspriger Kruste verbacken werden. Eine köstliche Sommerspezialität ist der **»Obatzde«**: Ingredienzien sind reifer Camembert, Butter, klein gehackte Zwiebeln, Pfeffer, Salz, Kümmel und viel süßer Paprika. Beliebteste Münchner Brotzeitbeilage ist ein mit Salz bestreutes Weizenhefegebäck! Kennen Sie nicht? Eine **Brez'n** natürlich!

BRATEN UND KNÖDEL

Kartoffel- und Semmelknödel begleiten in München viele Fleischgerichte, so beispielsweise den »Schweinsbrodn«, der nur dann als gelungen gelten kann, wenn seine Kruste richtig kross ist. Eine »Schlachtplatt'n« besteht aus verschiedenen Würsten, Sauerkraut und natürlich Knödel. Echt ist sie aber nur, wenn auch Blut- und Leberwürste dazu gereicht werden. Münchner Kronfleisch gibt's als Brotzeit und als Hauptgericht. Das grobfaserige, gekochte Rindfleisch harmoniert hervorragend mit frisch geriebenem »Kren« (Meerrettich). Der Sauerbraten ist ein beliebtes Festtagsgericht. Das fein säuerliche Aroma spült man mit frisch gezapftem Bier hinunter.

HELLE, WEIZEN, BOCK

Zwar beobachten auch die Münchner Braubetriebe einen Rückgang des Bierkonsums zu Gunsten des Weins, aber noch ist der Bierhimmel über Bayern in Ordnung. Das klassische bayerische Bier ist ein Helles, sein spritziges Pendant das aus Weizen gebraute Weißbier oder Weizen. Besondere Zeiten erfordern besondere Biere: Deshalb wird in der Fastenzeit das kräftige, etwas nach Malz schmeckende Starkbier oder Doppelbock gebraut, dessen 7 % Alkoholgehalt nicht alle Wirtshausgäste auf Dauer gewachsen sind. Starkbier ist auch das Wiesnbier, allerdings werden die »Mass« meist so nachlässig eingeschenkt, dass es schon mehrerer dieser Ein-Liter-Glaskrüge bedarf, um einen trinkfesten Wiesngast umzuhauen.

WUSSTEN SIE …

- … dass auf dem Münchner Olympiagelände jedes Jahr Ende Januar ein Snowboard-Weltcup ausgetragen wird? Dazu heizen DJs die Nacht über ordentlich ein.
- … dass der »Monte Verità« in München seinen Anfang nahm? Die erste Aussteigerkolonie der Neuzeit wurde im ausklingenden 19. Jh. in Schwabing geplant und im Tessin verwirklicht – vegetarisches Essen, nacktes Tanzen und freie Liebe.
- … dass der Münchner Dauer-Oberbürgermeister Christian Ude (SPD) ein begnadeter Kabarettist ist? Seine humorigen Bücher über das Stadtleben sind Bestseller in München, seine Auftritte meist ausverkauft.
- … dass während des Oktoberfestes rund 6,5 Mio. Besucher 60 000 hl Bier trinken und dazu 91 Ochsen, eine halbe Mio. »Brathendl« und knapp 200 000 Paar »Schweinswürstl« verzehren?
- … dass der FC Bayern einer UFA-Umfrage zufolge 10 Mio. Fans weltweit hat?

Heimspiele sind Pflichttermine für Fans

- … dass es out ist, auf der Wiesn in modisch aufgepeppter Pseudotracht aufzutauchen? Stattdessen kommen das gute alte Dirndl und die klassische »Krachlederne«, also die Lederhose, wieder zu Ehren.
- … dass München nach New York die zweitwichtigste Verlagsstadt der Welt ist?
- … dass nicht der FC Bayern München, sondern der TSV 1860 von München ursprünglich Münchens Topverein war? Während die Löwen bereits 1963 in der Bundesliga spielten, gelang den Bayern der Sprung in die erste Reihe erst 1965.

Am Flaucher

- … dass München die einzige Stadt Deutschlands mit einem ungezähmten Gebirgsfluss ist? Seit 2001 wird das durch Wehre und Kanäle eingeengte Flussbett der Isar nach und nach renaturiert. Im Süden ist die alte Wildheit bereits wieder an die Isar zurückgekehrt.

Erster Überblick

Ankunft

Flughafen Franz Josef Strauß/Erding

Der internationale Flughafen liegt etwa 30 km nordöstlich von München. Terminal 2 ist der Lufthansa, ihren Kooperationspartnern und der Chartergesellschaft Condor vorbehalten, alle anderen Gesellschaften starten und landen von Terminal 1.

Flughafentransfer

- Ein **Taxi** in die Innenstadt kostet um die 50 Euro, die Fahrzeit beträgt ca. 30 Minuten, in verkehrsreichen Zeiten auch mehr.
- Der **Lufthansa Airport Bus** verbindet den Flughafen mit dem Hauptbahnhof; Fahrgäste, die in die nördlichen Stadtteile wollen, können beim einzigen Zwischenhalt an der U-Bahn-Station Nordfriedhof aussteigen. Tickets verkauft der Fahrer, ein Rückfahrschein kostet 17 Euro, die Einzelfahrt 10,50 Euro, Abfahrt zwischen 5 und 21 Uhr alle 20 Minuten.
- Die Linie S 8 der **S-Bahn** verkehrt zwischen Flughafen und Hauptbahnhof, die hinteren Wagons der Linie S 1 ebenfalls. Die Fahrt dauert ca. 40 Minuten, Abfahrt ist während der Hauptzeiten alle 10 Minuten (kein Verkehr vom Hauptbahnhof 2.31–3.57 Uhr, vom Flughafen 2.03 bis 4.43 Uhr). Die S-Bahnhöfe befinden sich in den Untergeschossen des Hauptbahnhofes und des Flughafens. (Kosten ➤ 36)

Telefonische Informationen

Flugauskunft: Tel. 97 52 13 13; Parkauskunft: Tel. 97 56 51 10; Fundbüro: Zentralbereich Ebene 03, C 97 52 13 70

Hauptbahnhof

Der Münchner Hauptbahnhof ist ein Kopfbahnhof; hier halten alle Züge. Teilweise stoppen die Fernzüge aus Richtung Osten auch am Ostbahnhof, aus Westen am Bahnhof München-Pasing. Am Hauptbahnhof sind zahlreiche Serviceeinrichtungen und Läden verfügbar.

Telefonische Informationen

Fahrplanauskunft: kostenfrei Tel. 0800 / 150 70 90, persönliche Beratung Tel. 0180 / 599 66 33 (14 ct/Min. aus dem dt. Festnetz); Fundbüro: Haupthalle gegenüber Gleis 26, Tel. 0900 / 199 05 99 (0,59 Euro aus dem dt. Festnetz)

Anfahrt mit dem Auto

Auf den Mittleren Ring stoßen die Autobahnen aus Richtung Nürnberg (A 9), Passau (A 94), Salzburg (A 8), Garmisch (A 95) und Lindau (A 96). Die Autobahn aus Richtung Stuttgart (A 8) endet in den westlichen Stadtvierteln.

Touristeninformationen

- Postanschrift für Informationsmaterial: **Tourismusamt**, 80331 München; Tel. 23 39 65 00, Fax 23 33 02 33, www.muenchen-tourist.de; Mo–Fr 8–19, Sa 9–17 Uhr.
- Touristeninformationen gibt es im **Hauptbahnhof**, Bahnhofsplatz 2, April bis Okt. Mo–Sa 9–20, So 10–18 Uhr, Nov.–März Mo–Sa 9.30–18, So 10–18 Uhr (U-Bahn: Hauptbahnhof), und am **Marienplatz**, Neues Rathaus, Mo–Fr 10–20, Sa bis 16 Uhr (U-Bahn: Marienplatz).
- Die Touristeninformationen verkaufen die **City Tour Card** in mehreren Versionen (➤ 35/186).

Unterwegs in München

München hat ein ausgezeichnetes U- und S-Bahn-System, zahlreiche Buslinien und die berühmten weiß-blauen Straßenbahnen (Tram). Auf 700 km summieren sich die Fahrradwege und machen die Stadt zu einem Eldorado für Radfahrer. Wer nicht selbst strampeln will, kann sich eine Rikscha mieten.

Öffentlicher Nahverkehr

- Die **S-Bahn** bindet das Umland an das Zentrum an; auf der Stammstrecke zwischen Hauptbahnhof und Ostbahnhof verlaufen die Linien unterirdisch. Übergänge auf der Stammstrecke erlauben einen bequemen Zugang zur **U-Bahn** mit den Linien U 1 bis U 8, die fast den gesamten Stadtbereich erschließen.
- 10 **Tramlinien** ergänzen das U-Bahn-Netz. Sie treffen sich alle am Hauptbahnhof oder Karlsplatz (Stachus).
- Das Wegenetz wird durch **Buslinien** verfeinert. Die Buslinie 100 wird gerne als Museumslinie bezeichnet, da sie vom Ostbahnhof kommend über die Prinzregentenstraße die dortigen Museen mit den Pinakotheken verbindet und weiter zum Hauptbahnhof führt.
- **Nachtlinien:** Während der Ruhezeit des Verkehrsverbundes fahren auf bestimmten Strecken und besonders an den Wochenenden Busse und Straßenbahnen etwa alle 30 Minuten. Auch die U-Bahnen verlängern an den Wochenenden teilweise ihren Fahrplan.

Fahrscheine

- Im Münchner Verkehrs- und Tarifverbund (MVV) sind U-Bahn, S-Bahn, Bus und Tram vereinigt. Das Preissystem des Verkehrsverbundes halten viele für kompliziert. Wenn Sie es umgehen möchten, kaufen Sie sich einfach die **City Tour Card** (➤ 34/186) bei der Touristeninformation.
- An allen Haltestellen sind Automaten aufgestellt, sie akzeptieren Münzen, Scheine und Geldkarten. Aus allen Automaten erhalten Sie Einzelfahrkarten (Erwachsene mit Geldkarte 2,30 Euro, bar 2,40 Euro pro Zone, Kinder 1,15 Euro bzw. 1,20 Euro für beliebig viele Zonen) und Streifenkarten mit 10 Streifen (Mehrfahrtenkarten; Erwachsener 11,50 Euro für 5 Fahrten in jeweils einer Zone, bzw. für eine Fahrt über 5 Zonen, Kind 5,75 Euro). Auch **Tageskarten** und **Dreitageskarten** (nicht mit »City Tour Card« verwechseln!) bekommen Sie aus den Automaten.
- Jede Fahrkarte muss bei Betreten des Bahnsteigbereichs in den dort aufgestellten **Entwertern** abgestempelt werden (Streifenkarten entsprechend knicken und einschieben). Bei Bussen und Straßenbahnen befinden sich die Entwerter in den Fahrzeugen.
- **Kinder** unter sechs Jahren haben freie Fahrt, von sechs bis 14 Jahren gilt ein Einheitspreis für das gesamte Netz (besondere Einzelfahr- und Streifenkarten), Fahrgäste unter 21 Jahren entwerten nur die Hälfte der Streifen der Erwachsenenkarte.
- Das **Tarifgebiet** ist kreisförmig in die Innenstadtzone (auf den Plänen weiß gekennzeichnet) und drei weitere Zonen (grün, gelb und rot) unterteilt, der **Fahrpreis** richtet sich nach der Anzahl der Zonen. Wird eine Zone verlassen und später wieder befahren, ist sie doppelt zu zählen.
- Für das weiße Gebiet und eine Fahrt genügt die **Standard-Einzelfahrkarte** oder **zwei Streifen** auf der Streifenkarte (Umsteigen ist zulässig, nicht jedoch eine Rundfahrt). Die Gültigkeitsdauer für die Einzelfahrt beträgt 3 Stunden (Kurzstrecke 1 Stunde, Kinder 4 Stunden).

- Bei **Fahrten durch zwei oder mehr Zonen** sind pro Zone zwei Streifen zu entwerten. Die Gültigkeitsdauer beträgt bei Mehrzonenfahrten 4 Stunden. Zum Flughafen müssen acht Streifen entwertet werden.
- **Kurzstreckenkarten** (Erwachsene 1,20 Euro bzw. 1,10 Euro oder ein Streifen auf der Streifenkarte) gelten auf Strecken mit maximal vier Bus- oder Tramhaltestellen und maximal zwei U- oder S-Bahn-Haltestellen (unabhängig davon, ob das Verkehrsmittel an den Bahnhöfen hält). Die Gültigkeitsdauer beträgt 1 Stunde.
- **Räder** dürfen Sie nur in U- und S-Bahnen mitnehmen (allerdings nicht während der Sperrzeit Mo–Fr 6–9 und 16–18 Uhr); für das Rad ist eine eigene Fahrkarte zu lösen.
- Wird man bei einer Fahrscheinkontrolle ohne oder ohne gültigen (z. B. nicht entwerteten) Fahrausweis erwischt, landläufig **»Schwarzfahren«** genannt, ist ein erhöhtes Beförderungsentgelt von 40 Euro zu entrichten.

Taxi

Taxis bekommen Sie an den zahlreichen auf dem Stadtgebiet verteilten Standplätzen und über die Funkzentralen Taxizentrale (Tel. 216 10 oder Isar-Funk Tel. 45 05 40).

Fahrräder

- **Radius-Bikes** vermietet von April bis September im Hauptbahnhof neben Gleis 32 Fahrräder (Tel. 59 61 13, www.radiustours.com).
- Ein flexibles System bietet **Call a bike**: Die silber-roten Fahrräder stehen an jeder größeren Kreuzung in München. Sind Sie einmal als Kunde registriert (online möglich über www.bahn.de oder telefonisch unter Tel. 0700 / 05 22 55 22), brauchen Sie nur die auf dem gewünschten Fahrrad angegebene Telefonnummer zu wählen und ihre Kundennummer anzugeben. Das Rad wird freigeschaltet und kann an beliebiger Stelle wieder abgestellt werden. Per Telefon werden Rückgabe und Standort durchgegeben; der Mietpreis (max. 9 Euro/Tag oder Abrechnung im Minutentakt) wird dann einfach von Ihrer Kreditkarte abgebucht.

Mit dem eigenen Auto

In den Randbereichen der Stadt finden Sie preiswerte Park-and-ride-Parkplätze z. B. an den U-Bahn-Stationen Studentenstadt (im Norden, U 6), Messestadt-Ost (im Osten, U 2), Fürstenried-West (im Süden, U 3) und an den S-Bahn-Stationen Karlsfeld (S 2) und Westkreuz (S 5, S 6) im Westen. Nutzen Sie dieses Angebot, denn die Parkplätze in der Innenstadt sind limitiert und sehr teuer. Für eine Stunde Parken innerhalb des Altstadtrings bezahlen Sie ab 3 Euro/Stunde. Parkhäuser finden Sie in der südlichen Innenstadt z. B. in der Herzogspittalstraße und am Altheimer Eck, in der nördlichen Innenstadt an der Hochbrückenstraße. Der Bereich innerhalb des Mittleren Ringes ist zur Umweltzone erklärt und dort dürfen ab Oktober 2010 nur Autos mit einer an der Windschutzscheibe angebrachten gelben oder grünen Umweltplakette fahren (zu bestellen unter www.umweltplakette.de; zwei Wochen Vorlaufzeit).

Stadtbesichtigung

- **Rundfahrten mit dem Bus: Sightseeing Gray Line** (Arnulfstr. 8, www.stadtrundfahrten-muenchen.de) bricht vom Kaufhaus Hertie am Bahnhofsvorplatz zu unterschiedlichen Stadtrundfahrten auf (9–17.30 Uhr). Abfahrten sind stündlich. Ebenfalls stündlich (10–17, im Winter bis 16 Uhr) fahren die Doppeldeckerbusse der Yellow Cab Stadtrundfahrten (Elisenstr. 3a, www.citysightseeing-muenchen.de) am Bahnhofsvorplatz vor dem Elisenhof los. Das Dach des Oberdecks ist im Sommer offen.

- **Stadtrundgänge:** Mit **Stattreisen** (Frauenlobstr. 24, Tel. 54 40 42 30, Fax 54 40 42 99, www.stattreisen-muenchen.de) geht es jeden Samstag und Sonntag, von Mai bis August auch an Wochentagen, zu Fuß durch verschiedene Stadtteile. Die Rundgänge dauern etwa 2 Stunden. Im Angebot sind auch Tramrundfahrten und eine Inline-Skate-Tour im Olympia-park. **Spurwechsel** (Ohlmüllerstr. 5, Tel. 692 46 99, Fax 69 37 00 02, www.spurwechsel-muenchen.de) möchte seinen Gästen weniger bekannte Plätze und Geschichte(n) nahe bringen. Auf unterschiedlichen Rundgängen erfährt man z. B. alles zum bürgerlichen München, über die Räterepublik und die NS-Zeit oder die Bierstadt. Der **Weis(s)e Stadtvogel** (Unterer Anger 14, Tel. 29 16 97 65, Fax 21 57 99 89, www.weisser-stadtvogel.de) macht seine Führungen in mehreren Fremdsprachen und auf Bayerisch (Altstadtführung jeden Freitag, Samstag und Sonntag 10.30 und 13 Uhr, im Sommer tägl., Treffpunkt ist die Mariensäule am Marienplatz, Voranmeldung nicht erforderlich).
- **Geführte Fahrradtouren:** Mit City Hopper (Hohenzollernstr. 95, Tel. 272 11 31, Fax 273 10 16) und den unter »Stadtrundgänge« genannten Firmen kann man die Stadt auf dem Fahrrad entdecken (Räder werden verliehen).
- **Stadtbesichtigung mit der Kutsche:** Die Kutscherei Hans Holzmann (Schwere-Reiter-Str. 22, Tel. vormittags 18 06 08), das einzige verbliebene Kutschunternehmen in München, fährt Sie durch den Englischen Garten oder durch die Altstadt. Falls Sie nicht vorausplanen wollen: ab Mittag stehen die Kutschen am Chinesischen Turm im Englischen Garten.
- **Mit der Rikscha durch die Stadt:** Rikscha-Mobil, das Radl-Taxi (Tel. 24 21 68 80, Fax 24 21 68 89, www.rikscha-mobil.de), schaukelt Sie durch München. Fester Standort ist der Marienplatz, aber auch am Odeonsplatz sind die Rikschas häufig zu finden. Wer will, kann sich die Rikscha auch ohne Fahrer mieten und z. B. seine Schwiegermutter selbst durch die Stadt strampeln.
- **Individuelle Taxitouren:** Die Taxi-Guide-Sight-Seeing-Tours (Tel. 0175 / 481 28 48, www.taxi-guide-muenchen.de) werden von vom Fremdenverkehrsamt ausgebildeten Fahrern in verschiedenen Sprachen durchgeführt.
- **Rundflüge:** Vielleicht ist der Abstand zum Erdboden etwas groß, aber einen besseren Überblick können Sie nicht bekommen. Außerdem haben Sie das Vergnügen, in einer ehrwürdigen Tante zu fliegen, der JU-52 – höllenlaut, dennoch ein Erlebnis. (Buchungen über JU-52 Buchungsservice, Oberdillerstr. 29, 82065 Baierbrunn, Tel. 0700 / 58 52 35 84 oder 08157 / 90 02 79, Fax 08157 / 90 02 78, www.ju-52.com)

Floßfahrten

Die Fahrt auf einem Floß von Wolfratshausen die Isar hinunter zur Floßlände beim Tierpark (Mai bis September) ist ein ganz besonderes Erlebnis: Die Stimmung ist nicht nur wegen des spritzenden Isarwassers feuchtfröhlich, Fassbier und Blasmusik tragen auch ihren Teil dazu bei. (Informationen: Herr Angermaier, Kalkofenstr. 14, 83661 Arzbach, Tel. 08042 / 12 20, www.isarflossfahrten.de; Franz u. Sebastian Seitner, Heideweg 9, 82515 Wolfratshausen, Tel. 08171 / 183 20, www.flossfahren.de; Josef Seitner, Lindenweg 1, 82515 Wolfratshausen, Tel. 08171 / 785 18, www.flossfahrt.de)

Eintrittspreise

Die Eintrittspreise für die im Text beschriebenen Sehenswürdigkeiten sind in drei Kategorien eingeteilt:
Preiswert: unter 3 Euro **Mittel:** 3–6 Euro **Teuer:** über 6 Euro

Übernachten

In den über 40 000 Betten der rund 340 Hotels und Pensionen aller Kategorien übernachten jährlich mehr als 4 Mio. Besucher. Noch einmal so viele nächtigen bei Freunden und Bekannten. 40 % der Gäste kommen aus dem Ausland. Damit ist München die meistbesuchte Stadt Deutschlands, bei den Übernachtungskosten einsame Spitze im Land, aber keinesfalls mit Städten wie London, Rom und Paris zu vergleichen. Deren durchschnittlicher Bettenpreis liegt mehr als 50 % über dem Münchner. Jeder findet also sicherlich eine passende Unterkunft – sei es auf dem Zeltplatz, in der Jugendherberge, im familiären Mittelklassehotel oder schwelgend im Luxus.

Stadtteile

Die Hotels sind bunt gemischt über das ganze Stadtgebiet verteilt. Die **meisten Hotels** stehen im Zentrum um den Hauptbahnhof herum. Wer sich durch die südlich des Bahnhofs angesiedelten Sexshops gestört fühlt, sollte sich etwas entfernt von diesem Viertel niederlassen. Ein Sicherheitsproblem gibt es jedoch keinesfalls. Die **luxuriösen Hotels** liegen um die Theatinerstraße herum, und wer in Politik und Wirtschaft, Film oder Funk etwas auf sich hält, nächtigt in ihnen. Die großen Hotelketten haben ihre postmodernen Prachtburgen außerhalb der Altstadt errichtet. Relativ **günstige Hotels** sind hauptsächlich um den Hauptbahnhof, ansonsten im ganzen Stadtgebiet zu finden.

Reservierungen

Zimmerbestellungen nimmt das Tourismusamt für seine Partnerhotels schriftlich, telefonisch (Mo–Fr 8–19, Sa 10–18 Uhr) oder per E-mail entgegen (Tourismusamt, Sendlinger Str. 1, 80331 München, Tel. 23 39 65 33, Fax 23 33 02 33, www.muenchen-tourist.de). Persönliche Buchungen sind in den beiden Büros am Bahnhofplatz 2 und im Neuen Rathaus möglich. Auf der Internetseite ist auch das vollständige Hotelverzeichnis Münchens zu finden mit Links zu den jeweiligen Hotels.

Privatunterkünfte

Statthotel (Erlbacherstr. 2, 84172 Buch am Erlbach, Tel. 0180 / 530 55 30, Fax 0180 / 530 55 40, www.statthotel.de) vermittelt Privatzimmer mit Frühstück, möblierte Apartments, Wohnungen und Häuser über kürzere und längere Zeiträume.

Jugendherbergen und -gästehäuser

Mehrere Jugendgästehäuser befinden sich im **Zentrum**. Das nahe dem Bahnhof gelegene CVJM-Jugendgästehaus (Landwehrstr. 13, Tel. 552 14 10, Fax 550 42 82, www.cvjm-muenchen.org) nimmt Jungen, Mädchen und Erwachsene auf (Einzel-, Doppel- und Dreibettzimmer, Restaurant, Sperrstunde 0.30 Uhr). Das Jugendhotel *Marienherberge* (Goethestr. 9, Tel. 55 58 05, Fax 55 02 82 60, www.invia-muenchen.de) in katholischer Trägerschaft nimmt nur Mädchen und Frauen bis 25 Jahre auf (Einzel-, Doppel- und Mehrbettzimmer, Sperrstunde 24 Uhr). Im ökologischen Jugendhotel *4 you münchen* (Hirtenstr. 18, Tel. 552 16 60, Fax 55 21 66 66, www.the4you.de) gibt es Einzel-, Doppel- und Mehrbettzimmer mit eigenem oder Etagenbad; auch hier dürfen Erwachsene nächtigen (Kinderbetreuung, Cafeteria, keine Sperrstunde). In **Neuhausen** hat die Jugendherberge (Wendl-Dietrich-Str. 20, Tel. 13 11 56, Fax 167 87 45, www.muenchen-city.jugendherberge.de) auch Doppelzimmer; hinein dürfen bis 26-Jährige und Familien mit mindestens einem minderjährigen Kind (keine Sperrstunde).

Das Kolpinghaus in **Neuhausen/Gern** (Hanebergstr. 8, Tel. 12 60 50, Fax 12 60 52 12) nimmt in seinen Einzel-, Doppel- und Mehrbettzimmern jeden ohne Altersbeschränkung auf (keine Sperrstunde). Die Jugendherberge des DJH in **Thalkirchen** (Miesingstr. 4, Tel. 785 76 77 0, Fax 785 76 77 66, www.muenchen-park.jugendherberge.de) hat Doppel- und Mehrbettzimmer/ Schlafsäle (bis 26 Jahre und Familien mit mindestens einem minderjährigen Kind, keine Sperrstunde).

Campingplätze

Die vier Campingplätze sind an der Peripherie zu finden, zentrumsnächster ist **Thalkirchen** mit U-Bahn-Anschluss beim Zoo (Zentralländstr. 49, Tel. 723 17 07, Fax 724 31 77, 15. März–31. Okt.). Der Zeltplatz **Obermenzing** (Lochhausenerstr. 59, Tel. 811 22 35, Fax 814 48 07, 15. März bis 31. Okt.) liegt nahe dem Autobahnende München–Stuttgart. **Langwieder See** ist 2 km vor dem Ende der Autobahn Stuttgart–München (Ausfahrt Langwieder See, Eschenriederstr. 119, Tel. 864 15 66, Fax 863 23 42, ganzjährig offen). Zum Zeltplatz **Nord-West** (Auf den Schrederwiesen 3, Tel. 150 69 36, Fax 15 82 04 63, ganzjährig offen) kommt man auf der Dachauer Straße nach Norden kurz vor Karlsfeld. Jugendliche unter 18 Jahren dürfen nur in Begleitung eines Erwachsenen auf öffentlichen Campingplätzen übernachten; auf dem Zeltplatz des Jugendlagers Kapuzinerhölzl (s. u.) gilt diese Beschränkung nicht.

Jugendlager

»Niemand fühlt sich hier zu Hause, denn alle wollen bleiben«. Das Jugendlager Kapuzinerhölzl *Das Zelt* (mit der Straßenbahn Nr. 17 ab Hauptbahnhof zur Haltestelle Botanischer Garten, Kapuzinerhölzl, In den Kirschen 30, Tel. 141 43 00, www.the-tent.com, 10. Juni bis 06. Okt., keine Sperrstunde) in Trägerschaft der Stadt München ist die Adresse für Jugendliche aus aller Welt. In Großraumzelten für Einzelreisende, Zelten für Gruppen und auf dem Jugendzeltplatz treffen sich junge und junggebliebene Gäste Münchens aus aller Herren Länder. Man schläft entweder im eigenen Schlafsack oder erhält Decken und Isomatte; Frühstück wird auch serviert. Spiel- und Sportangebote, Stadtrundgänge, Radverleih, Lagerfeuer und Biergarten machen den Aufenthalt angenehm.

Hotels

Das Gros der Münchner Unterkünfte gehört nicht unbedingt zu den günstigsten Herbergen Deutschlands, dennoch wird man auch im unteren Mittelklassebereich durchaus fündig. Allerdings sollte man beizeiten buchen, insbesondere, wenn Messen oder Großveranstaltungen anstehen. Wer eine Unterkunft zur Wiesn-Zeit sucht, ist gut beraten, diese schon ein Jahr im Voraus anzufragen.

Hotelpreise

Preise für ein Doppelzimmer mit WC/Bad und Frühstück:

€ unter 75 Euro
€€ 75–150 Euro
€€€ 150–250 Euro
€€€€ über 250 Euro

Die Hotelpreise in München sind relativ hoch, und bei Messen oder während des Oktoberfestes springen sie noch einmal nach oben.

Adria Hotel €€
Mediterrane Farben holen in diesem kleinen, feinen Hotel südliche Urlaubsstimmung nach München. Geschmackvoll und freundlich eingerichtet ist das *Adria* im Lehel ein eleganter, ruhiger Standort für die Erkundung der Münchner Innenstadt, für Opern- und Museumsbesuche und für einen Bummel durch den Englischen Garten.
197 F4 Liebigstr. 8a 242 11 70; Fax 242 11 79 99 Lehel www.adria-muenchen.de

Advokat €€–€€€
Klare Linien, helle Zimmer, kein Schnickschnack – im angesagten Gärtnerplatzviertel zieht das erste Designerhotel Münchens Geschäftsleute und Urlauber an, die keinen großen Luxus wollen, aber Chic schätzen. Wenn die Zimmer auch klein sind, die Einrichtung zeigt Geschmack, und abends kommt aufs Kopfkissen keine Schokolade, sondern ein Apfel.
191 E1 Baaderstr. 1 21 63 10; Fax 216 31 90 Isartor Bus Nr. 52 Gärtnerplatz www.hotel-advokat.de

Anna €€€
56 Zimmer in purem Design, und auch sonst sieht man, dass hier Geister mit höchstem ästhetischen Anspruch zugange waren. Alles ist aufs Wesentliche reduziert und wirkt sehr japanisch. Und so werden des Öfteren auch Kurse für Sushi-Zubereitung als Wochenendpaket angeboten. Wer dann noch was für die Fitness tun will, geht ins Hotel *Königshof*, das die gleichen Besitzer hat und mit einem Stern des Michelin brilliert.
190 A4 Schützenstr. 1 59 99 40; Fax 59 99 43 33 Karlsplatz www.annahotel.de

Bayerischer Hof €€€€
1840 sprach Ludwig I. die Errichtung eines angemessenen Hotels in München an, Reichsrat Joseph Ritter von Maffei war der Wunsch Befehl, und einer der ersten Gäste war Kaiserin Sisi von Österreich. 1897 übernahm die Familie Volkhardt das Haus und baute es in vier Generationen zum heutigen Grandhotel aus, das auch das benachbarte ehemalige Montgelas-Palais umfasst. Im Palais wurde übrigens die Räterepublik ausgerufen – aber sie war ja nicht lange von Bestand, und so sind wir heute wieder *entre nous*. Der Night Club ist für seine Cocktails und die ausgelassene Stimmung stadtbekannt, die angeschlossene Galerie für ihre Ausstellungen und die Kleine Komödie in der Passage des Hotels für ihre leichten Stücke.
190 C4 Promenadeplatz 2–6 212 00; Fax 212 09 06 Marienplatz Tram Nr. 19 Theatinerstraße www.bayerischerhof.de

Cortiina €€€
Mooreichenvertäfelung, Parkett und Jura-Naturstein im Bad – urgemütlich? Nein, Sie kommen in ein Designhotel, in dem sich die Materialien und ihr Arrangement nicht in Behäbigkeit verlieren, sondern zur Eindeutigkeit werden, eine Wohltat für Leib und Seele. 33 Zimmer, eine Lounge mit klassischer Musik, Ledersesseln und Kamin sowie ein begrünter Innenhof locken alle ins Haus, denen plüschiger Schick oder postmoderne Grandezza zum Halse heraushängen. Die Bar ist übrigens ein Geheimtipp auch für Münchner.
191 E3 Ledererstr. 8 242 24 90; Fax 242 24 91 00 Marienplatz www.cortiina.com

Cosmopolitan €€
Klar und kühl heißt das Motto, von Ligne Roset sind die Möbel in den 71 Zimmern, die Fenster schallisoliert. Letzteres ist wichtig, weil man doch im Herzen von Schwabing wohnt und nachts auf der Straße der Bär tanzt. Man findet hier keinen Schnickschnack, nur das, was man braucht, aber irgendwie ist alles edel und gediegen. Und das für den Preis.
194 C2 Hohenzollernstr. 5 38 38 10; Fax 38 38 11 11 Münchner Freiheit Bus Nr. 54 Hohenzollernstraße www.cosmopolitan-hotel.de

Deutsche Eiche €€
Im Zentrum der Stadt und von Münchens Schwulenrevier liegt dieses alteingesessene Hotel mit Restaurant und eigenem Badehaus. Kein Wunder, dass sich besonders schwule und lesbische Gäste so nahe bei den angesagten Kneipen und Diskotheken wohl fühlen. Die Zimmer sind freundlich und zweckmäßig eingerichtet; es gibt ein rustikales Restaurant und gelegentlich auch Unterhaltungsprogramm.
197 E3 Reichenbachstr. 13 231 16 60; Fax 23 11 66 98 Marienplatz Tram Nr. 17, 18 Reichenbachplatz www.deutsche-eiche.com

Econtel Hotel München €€
Das moderne Haus im Münchner Westen ist ruhig und nur zwei Gehminuten von der S-Bahn-Station gelegen. Es bietet komfortable Zimmer verschiedener Kategorien und ist mit seinen »Mickey for kids-Familienzimmern« besonders kinderfreundlich. In den lustig und farbenfroh ausgestatteten Räumen können Eltern mit bis zu zwei Kindern bis 12 Jahren übernachten. Kids bis 6 Jahren dürfen umsonst am Frühstücksbüfett zugreifen.
192, westl. A1 Bodenseestr. 227 87 18 90; Fax 87 18 94 00 Neuaubing www.econtel.de

Englischer Garten €€
Das denkmalgeschützte Gästehaus in einer Mühle aus dem 18. Jh. ist fast eine Villa im Grünen mitten im Herzen von Schwabing und besitzt einen eigenen Garten. Gefrühstückt wird im Sommer draußen, drinnen sind die 12 Zimmer elegant und geschmackvoll eingerichtet. Der Service ist äußerst aufmerksam, wie es sich für ein Haus in Familienbesitz gehört. Den Englischen Garten in der unmittelbaren Nachbarschaft erfährt man sich auf im Hotel geliehenen Rädern. Die Dependance des Gästehauses hat weitere 16 Apartments, diese sind mit Küche ausgestattet.
195 D2 Liebergesellstr. 8 383 94 10; Fax 38 39 41 33 Münchner Freiheit Bus Nr. 144 Osterwaldstraße www.hotelenglischergarten.de

Hauser €€
Im Universitätsviertel gelegen, ist das modern und zweckmäßig möblierte Haus eine beliebte Adresse auch für junge Besucher. Solarium, Sauna und Dampfbad helfen bei der abendlichen Entspannung nach einem Tag auf den Rädern, die das Hotel seinen Gästen zur Verfügung stellt. Für Nachtruhe sorgen die Lärmschutzfenster, denn die Türkenstraße mit ihren Kneipen ist schließlich gleich um die Ecke. 34 Zimmer zählt das von Hausers familiär geführte Haus.
194 B1 Schellingstr. 11 286 67 50; Fax 28 66 75 99 Universität Bus Nr. 53 Universität www.hotel-hauser.de

Haus International €
Das Haus liegt zwischen Altstadt und Olympiazentrum und ist 1972 zur Olympiade entstanden. Es ist eines der bei der Jugend begehrtesten Hotels (wenn auch keine Altersbeschränkung besteht). Reservieren Sie lange im Voraus. Wer will, bucht die günstige Vollpension gleich mit. Einzel-, Doppel- und Mehrbettzimmer mit oder ohne eigenem Bad stehen zur Auswahl, praktisch und doch gemütlich eingerichtet. Im Sommer treffen sich die Gäste aus aller Welt im Innenhof, das ganze Jahr über geht in der hauseigenen Disko die Post ab.
194 A2 Elisabethstr. 87 12 00 60; Fax 12 00 66 30 Josephsplatz Bus Nr. 53, Tram Nr. 12 Barbarastraße www.haus-international.de

H'Otello Boardinghouse €€
Freundlich eingerichtete, moderne Apartments mit Kochgelegenheit für Selbstversorger: Dieses Haus in Westschwabing ist nicht nur bei Geschäftsreisenden beliebt! Auch Familien und junge Reisende schätzen die Möglichkeit, sich selbst ein Süppchen warm machen oder das Frühstück zubereiten zu können.

Wer sich lieber bedienen lässt, findet am Frühstücksbüfett ein reichhaltiges Angebot.
194 B2 Fallmerayerstr. 22
307 92 00; Fax 30 79 20 97
Hohenzollernplatz
www.hotello-boardinghouse.de

Kempinski Vier Jahreszeiten €€€€

Graf Torring liebte es bequem, gab sein Pferd nicht dem Stallmeister am Eingang in Obhut, sondern zog den Ritt durch Halle und über Treppen bis zu seinem Zimmer vor. Die Zeiten sind vorbei, doch der Luxus hat sich gehalten – und die zentrale Lage. Die elegante Atmosphäre mit Mahagoni und Messing unter einer Glaskuppel lädt nicht nur Hotelgäste zum Fünf-Uhr-Tee in das Foyer. Die 316 Zimmer und Suiten sind so, wie man es von einem Haus dieser Kategorie verlangen darf, der Wellnessbereich mit Pool befindet sich im Dachgeschoss mit Rundumblick. Erfragen Sie Sonderangebote.
191 E/F3 Maximilianstr. 17
212 50; Fax 21 25 20 00 Marienplatz
Tram Nr. 19 Kammerspiele
www.kempinski-vierjahreszeiten.de

Lex €–€€

Unweit vom Königsplatz gelegen, besticht das moderne Haus mit neuzeitlich eingerichteten Zimmern allein schon durch den Preis und die günsige Lage: Das Lenbachhaus, der Königplatz und Münchens Pinakotheken sind gleich um die Ecke. Wer will, kann sich in speziellen Apartments auch zu günstigen Konditionen länger einmieten, dann gibt es eine Küche und für die Geschäftsleute auch Internetanschluss und Faxgerät dazu. Das *Lex* hat kein Restaurant, aber in der nahen Umgebung wird man fündig.
193 F1 Briennerstr. 48 542 72 60; Fax 523 24 23 Königsplatz Tram Nr. 20 Stiglmaierplatz www.hotel-lex.de

Mandarin Oriental €€€€

Die 53 Zimmer und 20 Suiten sind häufig ausverkauft, kein Wunder, liegt das ehemalige Hotel *Rafael* doch absolut ruhig an einer schmalen Straße in unmittelbarer Nähe zur Oper. So sind Diven und Tenöre Stammgäste und freuen sich wie die Normalsterblichen an den feinen Einrichtungen. Wem der Blick auf die Stars nicht genügt, fährt zur herrlichen Dachterrasse hoch, hüpft in den Pool und genießt den Blick über die Dächer Münchens aufs Gebirge. Dass bei diesen Preisen die Nutzung der Minibar inklusive ist, gilt als selbstverständlich.
191 E3 Neuturmstr. 1
29 09 80; Fax 22 25 39 Marienplatz
Tram Nr. 19 Nationaltheater
www.mandarinoriental.com

Mona Lisa €–€€

Nur sieben Zimmer hat die kleine Pension, diese sind aber liebevoll und individuell eingerichtet und farblich unterschiedlich gestaltet (sie heißen z. B. nach der Brombeere oder dem vorherrschenden Blau). Eine fürsorgliche Betreuung ist selbstverständlich, und so hat sich das familiär geführte Haus schnell zum Kultobjekt entwickelt und ist häufig ausgebucht.
197 F4 Robert-Koch-Str. 4
21 02 83 80; Fax 21 02 83 82
Lehel Tram Nr. 17 Lehel www.hotel-monalisa.de

Opéra €€€

1898 vom bayerischen Hoflieferanten für Meeresgetier und Wildbret gebaut (weil der darunter fließende Eisbach Austern und Hummer so wunderbar frisch hielt), blieb das Palais lange Wohnhaus. 1976 öffnete es als Hotel seine Pforten. Jedes der Zimmer ist individuell eingerichtet, natürlich mit Antiquitäten, denn die Klientel liebt es hochherrschaftlich. Lauschige Sommerabende verbringt man im Innenhof bei einem Cocktail, das Restaurant *Gandl* gleich nebenan gehört zu den besten Münchens.
197 E4 Sankt-Anna-Str. 10
210 49 40; Fax 21 04 94 77
Lehel Tram Nr. 17 Lehel
www.hotel-opera.de

Pension Am Siegestor €

Auch das gibt's noch im Herzen Münchens: Eine Pension, deren Zimmer nur mit Waschbecken ausgestattet sind; Duschen und WC finden die Gäste auf der Etage. Für diesen Mangel an Komfort entschädigt die Pension mit günstigen Preisen und einer Lage, wie sie besser nicht sein könnte: ruhig hinterm Siegestor und zugleich im Herzen Schwabings mit seinen Kneipen und Cafés.

194 C1 **Akademiestr. 5**
39 95 50; Fax 34 30 50
Bus Nr. 53 Universität
www.siegestor.com

Pension Greiner €–€€

Die neun Zimmer mit oder ohne eigenem Bad im 1. Stock eines Stadthauses nahe der Universität sind hübsch und individuell eingerichtet. Teils finden sich moderne Möbel und als Blickfang ein Bauernschrank, oder Sie wählen die Bauernstube für die Nacht. Die familiäre Führung des Hotels garantiert, dass man sich wohl fühlt und gibt Tipps für einen Stadtbesuch.

194 C1 **Ohmstr. 12**
380 18 80; Fax 33 92 46
Giselastraße **Bus Nr. 54 Giselastraße**
www.pensiongreiner.de

Prinz €€

Ein großes Plus dieses sehr individuell und aufmerksam geführten Hauses ist seine Lage: Der Kulturtempel Gasteig und das Deutsche Museum sind gleich um die Ecke, und wer ein Zimmer nach vorne bucht, hat einen wunderbaren Blick über München (dafür allerdings auch etwas Straßenlärm). Geschmackvoll-elegant möblierte Zimmer, eine Tiefgarage und ein exzellentes Restaurant verwöhnen den Gast.

197 F3 **Hochstr. 45**
441 40 80; Fax 441 40 83 33
Rosenheimer Platz
www.hotel-prinz.de

Ritzi €€€

25 Zimmer besitzt das *Ritzi*, und jedes ist individuell und unkonventionell eingerichtet. Unweit des Maximilianeums können Sie so im Ambiente einer afrikanischen Lodge nächtigen oder sich auf Urlaub in Bali wähnen. Das auch bei en Münchnern beliebte Restaurant serviert leichte, asiatisch inspirierte Küche. Im über 100 Jahre alten Haus sind die Gemeinschaftsräume stilgerecht in Art déco gehalten, und im Loungebereich sitzt man auf rotsamtenen Sesseln – Originale aus der Mailänder Scala.

198 A4 **Maria-Theresia-Str. 2A**
41 42 40 89 0; Fax 41 42 40 89 50
Max-Weber-Platz **Tram Nr. 19 Max-Weber-Platz**
www.hotelritzi.de

Romantik Hotel Insel-Mühle €€–€€€

Idyllisch in einem großen, alten Garten gelegen, lockt dieses romantisch-rustikale Hotel in einem über 400 Jahre alten Anwesen vor allem ruhebedürftige Gäste. Bayerisch eingerichtete, gemütliche Zimmer, ein bayerisches Spezialitätenrestaurant und ein uriger Weinkeller sorgen fürs Wohl der Besucher. Allerdings ist die Münchner Innenstadt mit öffentlichen Verkehrsmitteln nur umständlich zu erreichen (S-Bahn bis Pasing, dann Bus).

192, westl. A4 **Von-Kahr-Str. 87**
810 10; Fax 812 05 71
Bus Nr. 160 Friedhof Untermenzing
www.inselmuehle-muenchen.de

A&O Hostel €

Modern und aufs Wesentliche beschränkt. Ob im Schlafsaal, im Einzel- oder Mehrbettzimmer mit Bad oder auch im Apartment, alles ist supersauber und gepflegt. Die Idee die dahinter steckt: Für jeden Geldbeutel etwas, in einem Haus und nur derjenige, der Extras will, zahlt auch dafür. Gleich bei der Wiesn um die Ecke.

196 B5 **Arnulfstr. 102**
45 23 59 58 00; Fax 45 23 59 58 90
Hackerbrücke
www.aohostels.com

Essen und Trinken

Schweinebraten mit Kruste und Knödel, Weißwürste mit Weißbier, Leberkäse – die Bayern lieben ihre Küche. In urgemütlichen Gasthäusern, in Bistros oder in gestylten Gaststätten stehen deshalb meist auch bajuwarische Gerichte auf der Karte. Es sei denn, man ist in einen der zahlreichen »Italiener«, »Asiaten« oder »Franzosen« geraten.

Aus der ganzen Welt kamen schon vor langer Zeit Köche nach München, eröffneten Restaurants und bieten heute eine Abwechslung zu den urbayerischen Lokalen. Doch überall finden sich auch noch die Gaststätten mit »Münchner Atmosphäre«, Stammtisch und resoluten Kellnerinnen, die große Teller mit noch größeren Portionen und dazu einen Maßkrug auf den Tisch stellen. Um den kleinen Hunger mit einem bayerischen »Schmankerl« zu besänftigen, sind übrigens die Metzgereien hervorragend geeignet. Fast jede hält mittags eine warme, einfache Mahlzeit bereit: Leberkäse oder »Fleischpflanzerl«, eine heiße Wurst mit Kartoffelsalat oder auch eine Scheibe Braten auf einer Semmel – pardon, einem Brötchen.

Essenszeiten

Wer frühstücken will, kann dies in vielen Cafés bis in den frühen Nachmittag hinein tun und findet eine breite Auswahlmöglichkeit vom Kater- über das Champagner- bis zum Gesundheitsfrühstück. Mittags sind die Küchen der Lokale meist zwischen 12 und 15 Uhr auf, abends wird man ab etwa 18 Uhr bedient. Gleichwohl gibt es auch Gaststätten, die den ganzen Tag über Speisen bereiten. Später als 21 Uhr kommen eigentlich keine Gäste mehr zu einem ausgedehnten Abendessen ins Restaurant – was nicht heißt, dass man nach der Oper oder dem Theaterbesuch nicht doch noch ein Souper bekäme.

Die bayerischsten Lokale

Altes Hackerhaus (➤ 66); Schuhbeck's in den Südtiroler Stuben (➤ 90); Zum Franziskaner (➤ 91); Andechser am Dom (➤ 66)

Das angesagteste Essen

Iwan's (➤ 66); La Bouche (➤ 67); Dukatz (➤ 89); Kaimug (➤ 90); Lemar (➤ 113)

Tipps rund ums Essen

- Viele Restaurants, vor allem der höheren Kategorien, füllen sich ab 19 Uhr, sodass eine **Reservierung** hilfreich ist.
- In den **Biergärten** herrscht in den meisten Bereichen Selbstbedienung, dafür darf man sein Essen auch mitbringen. Wer dies nicht will, erhält an den Ständen bei den Bierausschänken typische Gerichte.
- Wer seinem Unmut über Service oder Küche unmissverständlich Ausdruck verleihen will, wird auf ein **Trinkgeld** verzichten. Ansonsten liegt man mit etwa 5–10 % des Rechnungsbetrages nicht falsch.

Preise

Die Preisangaben gelten pro Person für ein Essen ohne Getränke.

€ unter 12 Euro **€€** 12–25 Euro **€€€** über 25 Euro

Einkaufen

München ist ein Eldorado für shoppende Besucher. Vom Modetempel über zahlreiche Kaufhäuser und Boutiquen bis zum Outlet findet sich alles im Stadtgebiet.

Souvenirs

»Ein Herz'l fürs Herz'l«, also ein typisch münchnerisches Lebkuchen- oder Schokoladenherz, gibt es leider nur zum Oktoberfest und auf den Auer Dulten (➤ 136) zu kaufen. So muss man sich außerhalb der Festzeiten mit dem »Münchner Kindl« begnügen, denn das schwarz-gelb gewandete Mönchlein ist Wappenfigur der Stadt München und in vielerlei Variationen von der Puppe bis zum Aufkleber zu haben. Wenn Sie es schriller mögen, dann schauen Sie im **servus.heimat** (➤ 69) vorbei. Hier bekommen Sie den »Kini« samt Neuschwanstein in einer Schneekugel, T-Shirts mit witzigen, folkloristischen Aufdrucken, aber auch schöne Bildbände. Groupies der Münchner Fußballclubs werden in den Fanshops rund ums **Platzl** (➤ 92) fündig.

Mode

Die **Maximilianstraße** ist Münchens teuerste Einkaufsmeile mit den elegantesten Geschäften aller Topdesigner. Die **Theatinerstraße** gleich nebenan lockt mit den Fünf Höfen ebenfalls eher betuchte Kunden an. Mit kleinerem Budget werden Sie in einem der vielen internationalen Modeläden wie Zara oder H&M in der Innenstadt fündig. Wer flippige Kleidung kleiner Designer sucht, wird eher in **Haidhausen** (➤ 136) oder **Schwabing** (➤ 115) Erfolg haben. Und die Straßen um die **Münchner Freiheit** (➤ 115) haben sich zum Shoppingparadies für Hip-Hop-Freaks gemausert. Als die Adresse für Trachtenkleidung gilt in München **Lodenfrey** (➤ 92), wo Traditionalisten nach unaufgeregtem Gewand suchen, aber auch betuchte Damen fündig werden, die Dirndlabwandlungen etwa aus dem Atelier Lollipop & Alpenrock bevorzugen.

Kunst, Design und Antiquitäten

Besonders viele Galerien sind in der **Maxvorstadt** und in **Schwabing** angesiedelt (➤ 95). Beim Bummeln durch die Straßen und manchmal auch beim Blick in die Hinterhöfe können Sie interessante Entdeckungen machen. Geschäfte, die Designermöbel und Accessoires verkaufen, haben Konjunktur. Viele sind ebenfalls rund um die **Universität** (➤ 115) und die **Münchner Freiheit** (➤ 115) versammelt.

Trödel-, Kunsthandwerks- und Flohmärkte

- Bayerns größter Freiflächenflohmarkt, der **Riemer Flohmarkt**, findet von April bis Oktober samstags von 9 bis 16 Uhr (ausgenommen ist die Zeit des Oktoberfestes) auf dem Gelände der neuen Messe in Riem statt (Tel. 96 05 16 32, www.flohmarkt-riem.de).
- Dreimal im Jahr stellen die Antiquitäten- und Buchhändler ihre »Standl« auf dem Mariahilfplatz zur **Dult** (➤ 136) auf. Diese besondere Mischung aus Trödelmarkt und Jahrmarkt ist besonders nett für Familien mit Kindern.
- Kunsthandwerk aus aller Welt verkaufen die zumeist alternativen, jungen Händler während der beiden **Tollwood-Festivals** im Juni bzw. Dezember (➤ 14) und auf dem **Schwabinger Weihnachtsmarkt** an der Münchner Freiheit.

Ausgehen

Lange galt München als altbacken, was das Ausgehen angeht, aber dann eröffnete der Kunstpark-Ost (heute Kultfabrik), und schließlich wurde eine Heilige Kuh der Münchner Bürokratie, die Sperrzeitregelung, abgeschafft.

Opernhaus, Sprechtheater und eine vitale Alternativ-Theaterszene prägen das Kulturleben. München besitzt auch eine große Jazz-Gemeinde, die in der Haidhauser **Unterfahrt** (➤ 138) seit Jahrzehnten ihr Mekka hat. Tanzwütige besuchen eine der vielen umgewandelten Hallen. Einen Überblick über die laufenden Veranstaltungen bietet das kostenlose Magazin *In München*, das in Kinos, Kneipen und Restaurants ausliegt, oder das monatlich erscheinende Stadtmagazin *Prinz*.

Theater und Oper

Die **Bayerische Staatsoper** (➤ 94) gilt mit ihren hochkarätigen Inszenierungen als eines der besten deutschen Musiktheater; Freunde alternativer Opernaufführungen kommen im Sommer in der **Pasinger Fabrik** (August-Exter-Str. 1, Tel. 829 29 00, www.pasinger-fabrik.com) auf ihre Kosten, wo jedes Jahr eine Oper mit großer Spielfreude inszeniert wird. **Residenztheater** und **Kammerspiele** (➤ 94) konkurrieren auf höchstem Sprechtheater-Niveau um die Gunst der Münchner. Das **Metropol Theater** in München Freimann versteht es, mit einfachsten Mitteln große Effekte und hervorragende Kritiken zu erzielen, so für den „Black Rider" nach Tom Waits (Floriansmühlstr. 5, Tel. 32 19 55 33, www.metropoltheater.com).

Musik hören

Münchens Philharmoniker zeigen in der **Philharmonie** im Gasteig (➤ 130) ihr Können. Veranstaltungsort für Mammutkonzerte ist die Olympiahalle, im Sommer auch das Olympiastadion und der Königsplatz. Zu den beliebtesten »kleineren« Locations gehört die **Muffathalle** (➤ 137), Livekonzerte veranstalten aber auch viele Clubs wie z. B. das **Atomic Café** (➤ 94).

Tanzen, Gucken, Trinken

Ein Sommertipp (Mitte Juni–Mitte Aug.) für alle Tanzsüchtigen sind die **Tango-Montage** im Freien auf der Praterinsel hinter dem Müller'schen Volksbad (➤ 130, Tel. 480 71 49). Das ganze Jahr über schwingen die Röcke im **Max Emanuel** (➤ 116) bei Salsa und Fifties-Abenden. Wer nicht so auf Tanzschritte steht, findet in der **Kultfabrik** (➤ 137) oder im **Backstage** (➤ 158) Gleichgesinnte.

Schwule und Lesben

Rund um den Gärtnerplatz und im Glockenbachviertel schlägt Münchens rosa und lila Herz. Hier finden sich zahlreiche Cafés, Kneipen und Clubs, aber auch schwule Konditoreien und Buchhandlungen. In der Innenstadt findet sich die Disco **NY.Club** (Sonnenstr. 2, www.nyclub.de).

Vorverkauf

Im Internet können Sie bei München Ticket (www.muenchen-ticket.de) Karten für die meisten Veranstaltungen reservieren; in der Stadt findet man Vorverkaufsbüros z. B. in der München-Information im Rathaus (➤ 55). Opernkarten gibt's ebenfalls im Netz (www.bayerische-staatsoper.de) oder an der Opernkasse in den Maximilianshöfen (Marstallplatz 5, Tel. 21 85 19 20, Mo–Sa 10–19 Uhr, Abendkasse 1 Stunde vor Vorstellungsbeginn).

Die südliche Innenstadt

Erste Orientierung

Lebhaft und nostalgisch zugleich, von historischen und modernen Bauten gesäumt und drei mittelalterlichen Stadttoren eingerahmt, zeigt sich Münchens Innenstadt zwischen Isartor, Stachus und Sendlinger Tor. Vom Marienplatz aus lassen sich Märkte und Kirchen, Museen und Läden bequem zu Fuß erkunden.

Seite 47:
Mariensäule vor den Türmen der Frauenkirche

Münchner Türme: Dom, Alter Peter, Rathaus und Olympiaturm

Die Achse vom Isartor über Viktualienmarkt und Marienplatz zum Stachus ist die Einkaufsmeile für die Münchner und alle aus dem Umland. In der Fußgängerzone rund um den Marienplatz herrscht fast immer ein fröhliches Gedränge: Pantomimen und Musikgruppen zeigen ihr Können zwischen bummelnden Familien und hastenden Geschäftsleuten; peruanische Flöten spielen gegen russische Akkordeons und italienische Geigen an, und Münchner wie Touristen lassen sich gerne dadurch verzaubern. Der bayerische Sinn für skurrilen Humor feiert im Valentin-Musäum fröhliche Urständ'. Auf dem Viktualienmarkt hinter dem Alten Peter duften Obst, Gemüse und Delikatessen aus aller Herren Länder um die Wette. Architektonische Höhepunkte sind das Alte und das Neue Rathaus auf dem Marienplatz, der großartige gotische Dom und die Rokokokirche der Gebrüder Asam.

★ Nicht verpassen!

1 Viktualienmarkt ➤ 52
2 Marienplatz ➤ 55
3 Frauenkirche ➤ 58
4 Stadtmuseum ➤ 60
5 Asamkirche ➤ 62

Nach Lust und Laune!

6 Synagoge und jüdisches Museum ➤ 64
7 Isartor ➤ 64
8 Michaelskirche ➤ 65
9 Marionettentheater ➤ 65
10 Sendlinger Tor ➤ 65

An einem Tag

Die folgende Route ist eine Möglichkeit, wie Sie einige der interessantesten Sehenswürdigkeiten der südlichen Innenstadt an einem Tag abklappern können. Nutzen Sie die Karte (➤ 48f) zur Orientierung, die einzelnen Highlights werden im Folgenden (➤ 52ff) näher beschrieben.

9 Uhr

Croissant und frisch gepresster Gemüsesaft nach einer durchzechten Nacht? Hilfreicher soll da ein Weißwurstfrühstück sein. Auf dem **1 Viktualienmarkt** (links; ➤ 52) können Sie testen, was besser wirkt. Mindestens eine Stunde ist Zeit, die Marktweiber, das verlockende Angebot an Gemüse und Früchten und z. B. die Peterskirche zu bestaunen, dann öffnet, wenn es nicht gerade Montag ist, das erste Museum seine Pforten: Im **6 Jüdischen Museum** (➤ 64) erfahren Sie viel Interessantes über die Juden in München.

11.01 Uhr

Der östliche Altstadtausgang **7 Isartor** (➤ 64) lockt mit dem Valentin-Musäum (rechts), dessen Pforten sich pünktlich um 11.01 Uhr öffnen. An den Objekten der grenzenlosen Phantasie dieses Altmeisters des skurrilen Humors vorbei führt eine Wendeltreppe hinauf zum Volkssängerlokal *Turmstüberl* (➤ 68) – Gelegenheit für eine kurze Rast. Schlag zwölf steht dann der **2 Marienplatz** (➤ 55) auf dem Programm: Die Schäffler, Ritter und Gaukler des Glockenspiels am Neuen Rathaus drehen sich oben an der Turmfassade zum Tanze (links). Den besten Blick darauf gewährt das Café *Glockenspiel* (rechts; ➤ 66) im 5. Stock des Hauses gegenüber. Verbinden Sie das Ereignis mit einem Espresso oder einem Mittagessen im Café, und nehmen Sie sich dann ein paar Minuten Zeit für die Besichtigung des Alten Rathauses.

13.30 Uhr

Beim Bau der **3 Frauenkirche** (➤ 58) hat angeblich der Teufel mitgeholfen; trauen Sie sich trotzdem hinein, sie ist monumental und zugleich majestätisch-schön! Danach erforschen Sie bei einem Bummel durch die Fußgängerzone der Kaufinger- und Neuhauser Straße die Shoppingmeile mit der höchsten Kundendichte Deutschlands. Hier buhlen nicht nur

unzählige Geschäfte um Ihre Aufmerksamkeit, sondern auch Straßenmusikanten aus aller Herren Länder. Ein Katzensprung ist es zum Stachus oder Karlsplatz (oben), dem Verkehrszentrum Münchens mit einem im Sommer überaus erfrischenden Springbrunnen.

15 Uhr

Zeit für etwas Stadthistorie im **4 Stadtmuseum** (➤ 60). Danach gönnen Sie sich eine Rast in einem der beliebtesten Cafés der Münchner Studenten, dem *Stadtcafé* (➤ 67) im gleichen Haus.

16.30 Uhr

Berauschen Sie sich an der spätbarocken Pracht der **5 Asamkirche** (➤ 62) in der Sendlinger Straße. In der Umgebung der Kirche liefern Ihnen dann zahlreiche Läden Anregungen für originelle Reisemitbringsel. Letzte Station ist das grünumrankte, 700 Jahre alte **10 Sendlinger Tor** (➤ 65). Der Tag klingt mit einem Besuch im Filmmuseum (➤ 70) aus oder endet bayerisch-kulinarisch im *Alten Hackerhaus* (➤ 66).

I Viktualienmarkt

Münchens größter und ältester Lebensmittelmarkt ist morgens ein besonders reizvolles Ziel: An den 140 Marktständen treffen sich Nachtschwärmer und Frühaufsteher. Ein Glas Prosecco, Weißbier oder frisch gepresste Säfte geben die nötige Bettschwere oder Kraft für den Tag.

Auf »allerhöchste Entschließung König Max I.« verlegte der Magistrat 1807 den Getreidemarkt, Schrannenmarkt genannt, vom Marienplatz auf das heutige Areal, nun kurz und bündig Marktplatz genannt. Als wichtigster Markt Süddeutschlands wurde der Platz mehrfach zu klein; durch Abrisse schuf man neuen Raum, auch das Heiliggeistspital, in dem die Pestepidemie von 1340 ihren Ausgang nahm, wurde abgetragen. Die **Heiliggeistkirche** im Norden des Platzes erhielt dafür ein längeres Schiff und ihr neubarockes Innenleben.

Kaufen darf jeder, verkaufen nicht

Ein Gegengewicht zu den Großmärkten auf der grünen Wiese hat der Viktualienmarkt zu sein, sagen die Stadtväter. Und so darf beileibe nicht jeder einen der Holzstände oder eines der Steinhäuschen pachten und irgendwas in die Auslagen legen. Lange ist die Warteliste, nur »g'standene« Frauen und Männer werden zugelassen, und das Angebot soll möglichst breit sein. Schließlich will man Münchner Charme zeigen. Zwar wachsen in Oberbayern weder Carambolas noch Tamarillos, doch wer sie auf dem Viktualienmarkt in die Tüten packt, ist ein bayerisches Gewächs. Und auch die per Flugzeug importierten Austern kommen mit einem bayerischen »an guad'n« (Lassen Sie es sich schmecken!) auf den Tresen.

Mediterrane Köstlichkeiten

FASCHING
Am Faschingsdienstag tanzen die Marktfrauen ab 11 Uhr auf dem Viktualienmarkt. In Dirndln oder Lederhosen, in Clownskostüm oder schriller Federboa, grell geschminkt, rotbestrumpft und Strohhüte auf dem Kopf, drehen sie sich im Kreise. Doch Vorsicht! Die Damen sind nicht zimperlich und freuen sich narrisch über jedes männliche Opfer, das sie mit derben Sprüchen überschütten.

Rarität der Industriearchitektur

Die **Schranne**, die ehemalige Markthalle, wurde 1851 errichtet und brannte 1932 ab, aber das gusseiserne Gerippe wurde gerettet. Nun ist sie südlich des Viktualienmarktes wieder aufgebaut und wird als Gastronomietempel und für Veranstaltungen genutzt.

Morgenstund' hat Gold im Mund

Auf dem 22 000 m² großen Markt räumen ab 6 Uhr morgens die Markfrauen *Viktualien*, also Lebensmittel, in die Auslagen. Obst aus aller Welt, Kräuter und Pilze aus den bayerischen Wäldern, Gemüse, Käse, Wildbret, Fisch, Geflügel, Pferdefleisch, mehrere Hundert Honigsorten, ungezählte Weine und Schnäpse, Gesundes und weniger Gesundes liegen und stehen dann eine Stunde später wohl arrangiert rund um den schönen Maibaum Spalier. Dann ist es Zeit für die Frauen, sich in der *Schmalznudel* (➤ 67) mit rundem Schmalzgebäck, den so genannten »Ausgezogenen« zu stärken, bevor die ersten Käufer kommen und sich von der einzigartigen Auswahl tiefe Löcher in den Geldbeutel reißen lassen.

Münchner Original: Karl Valentin

Wasser-Markt

Früher war der Viktualienmarkt von Bächen durchzogen. Warum also nicht **Brunnen** aufstellen und mit ihnen der beliebtesten Münchner Volksschauspieler gedenken? Sechs Stück sind über den Platz verteilt und mit Statuen der Komiker und Sänger in Bronze geschmückt: Dürr und lang der Karl Valentin, nudeldick die Liesl Karlstadt, stämmig der Roider-Jackl, mit Schrubber und Eimer gerüstet die »Ratschkathl« Ida Schumacher, gebeugt die Elise Aulinger und kugelrund der Weiß Ferdl. Alle haben sie sich um die Volksgesundheit verdient gemacht – Lachen vertreibt Sorgen, auch wenn Grantige nur einen Mundwinkel nach oben ziehen. Zum Dank gibt's häufig sogar Blumen.

Das Petersbergl

Auf der westlichen Seite des Marktes befinden sich seit 1881 in den Fundamentvorbauten der Peterskirche die Fleischerhallen – der rechte Münchner nennt die darin arbeitenden Verkäufer noch immer »Petersberglmetzger«, auch wenn die Erhebung, das »Bergl«, auf dem die Kirche steht, nur minimal ist. Die **Peterskirche** ist die älteste Pfarrkirche Münchens. 1278–94 wurde das gotische Gotteshaus errichtet und brannte im 14. Jh. wieder ab. Seither wurde es mehrmals umgebaut und nach Bombenschäden im Zweiten Weltkrieg originalgetreu rekonstruiert. Die 90 m lange Pfeilerbasilika ist im Inneren von Stuck und Gold des Rokoko geprägt. Von Nikolaus Stuber stammt der barocke Hochaltar (1730), in seiner Mitte steht, von Marmorsäulen flankiert, die Holzfigur des hl. Petrus von Erasmus Grasser (1492).

Barockes Kleinod in St. Peter

KLEINE PAUSE

Leicht wird die kleine Pause an den **Imbissständen** zur großen, versuchen Sie doch mal einen Sauerkrautsaft oder ausgepresste Karotten gemischt mit Sellerie.

191 D2 Marienplatz
Bus Nr. 52 Viktualienmarkt

Peterskirche
260 48 28 7.30–19, Mi 7.30–12/17–19 Uhr; Turmbesteigung Mo–Fr im Sommer 9–18.30, im Winter bis 17.30, Sa/So ab 10 Uhr Turmbesteigung preiswert

KONDITIONSTRAINING FÜR KINDER

302 Stufen führen auf die Aussichtsplattform auf dem 92 m hohen Turm der Peterskirche. Kinder lieben den Blick auf das Glockenspiel des Rathauses und die wuselnden Menschen unten am Markt.

VIKTUALIENMARKT: INSIDER-INFO

Top-Tipp: Sonntags um 9 Uhr finden in der Peterskirche im Wechsel **Mozart-, Schubert-, und Haydn-Messen** statt; frühe Ankunft sichert einen der begehrten Plätze für die Festgottesdienste

Muss nicht sein! Souvenirs einkaufen – die **Mitbringsel** sind anderswo billiger

2 Marienplatz

Verspielt gibt sich das Neue, würdig das Alte Rathaus. Die umgebenden Bürgerhäuser beherbergen Restaurants und Geschäfte, dazwischen tummeln sich Besucher aus aller Welt.

Hier fühlen sich alle wohl: shoppende Teenies und fotografierende Touristen, demonstrierende U-Bahn-Fahrer und feiernde Fußballfans, lärmende Straßenmusikanten und promenierende Damen. Der Marienplatz ist das unbestrittene Herz der Stadt und ihre schönste Bühne.

Das **Alte Rathaus** schließt mit seiner hübschen spätgotischen Giebelfassade den Osten des Marienplatzes ab. Ab 1470 baute Dombaumeister Jörg von Halsbach es unter Einbeziehung eines Stadttores. Der Zweite Weltkrieg hinterließ eine Ruine. Bis 1972 wurde der Bau rekonstruiert und schließlich mit einer von Verona geschenkten bronzenen *Julia* geschmückt, die Liebespaaren Glück bringen soll. Am 56 m hohen Ratsturm sind die Stadtwappen Münchens zu sehen, in ihm residiert das **Spielzeugmuseum**. Von der Eisenbahn zum Flugzeug, von der Puppenstube zur Barbie breiten sich die ultimativen Weihnachtswünsche auf vier Etagen aus. Im Alten Ratssaal zog man im 18. Jh. die Lottozahlen, und am 9. November 1938 schickten Hitler und Goebbels von hier ihre Horden in die Reichspogromnacht hinaus.

Mit seiner fast 100 m langen, neugotisch verspielten Fassade beherrscht das **Neue Rathaus** den Marienplatz. Während über 40 Jahren plante und überwachte der Grazer Architekt Georg von Hauberrisser ab 1867 den Bau. Die Fassade ist in das rechte Gebäude mit Mittelgiebel und in das linke mit dem 80 m hohen, mit dem »Münchner Kindl« geschmückten

Türmchen und Giebel: Gotik am Alten Rathaus

SCHULDSCHEINE UND PEST

Im März 1349 nächtigt ein fahrender Schüler im Heiliggeistspital am Viktualienmarkt und schleppt den Schwarzen Tod ein. Der Hofrichter presst Juden auf der Folter die Schuld dafür ab – sie geben zu, Brunnen vergiftet zu haben. Mit Beilen und Spießen stürmen die Münchner das Ghetto hinterm Rathaus, schlagen Männer, Frauen, Kinder tot und verbrennen Schuldscheine, auch die ihres ebenfalls bei den Juden in der Schuld stehenden Herzogs. Bis Ende des Jahres grassiert die Seuche dennoch, und die Stadt bleibt bis in den Spätwinter wie erstarrt. Erst die Fassmacher, die Schäffler, locken die Menschen im Frühjahr mit einem Reigentanz auf die Straßen. Schuldenfrei gibt Herzog Ludwig den Befehl, dass sie künftig alle sieben Jahre in der Faschingszeit durch die Stadt ziehen sollen. Das nächste Schäfflertanzjahr ist 2012.

Rathausturm unterteilt. Durch die reichen Verzierungen und die durchlaufende Arkade mit den darüber liegenden Terrassen gelang es dem Architekten, dem asymmetrischen Bau optisch Einheitlichkeit zu verpassen. Mit dem Lift geht es zur Aussichtsplattform in 60 m Höhe.

An der Turmfassade dreht sich das **Glockenspiel** auf zwei Etagen. Oben feiern Wilhelm V. und Renata von Lothringen 1568 Hochzeit, darunter tanzt die Schäfflerzunft gegen die Pest an – um 11, um 12 und von März bis Oktober auch um 17 Uhr.

Zentraler geht's nicht

Von der **Mariensäule** aus erstreckt sich das geodätische Netz Bayerns bis in die hintersten Landeswinkel. Als München 1632–35 von Schweden besetzt war, schwor Kurfürst Maximilian, nach deren Abzug ein Denkmal zu errichten. 1638 holte man die 1593 von Hubert Gerhard geschaffene goldene Himmelskönigin vom Hochaltar der Frauenkirche und stellte sie auf die korinthische Marmorsäule. Zu ihren Füßen bekämpfen geharnischte Engel die Allegorien von Pest, Hunger, Krieg und Ketzerei. Die *Patrona Bavariae* schwingt das Zepter und wiegt den Reichsapfel, Symbol für die Macht, die der Kurfürst aus ihren Händen erhielt.

Großes Rathaus für ein »Millionendorf«

Fischbrunnen

Sollten Sie am Aschermittwoch hier sein, waschen Sie Ihren Geldbeutel aus. Den Rest des Jahres haben Sie dann angeblich keine Geldsorgen mehr. Auch der Oberbürgermeister frönt dem 600 Jahre alten Brauch, und tat das auch schon, als das Stadtsäckel noch nicht so leer war wie heute. Der Brunnen wurde 1866 gegossen. Im Krieg ging ein Teil der Bronzen verloren, sodass beim Wiederaufbau des Brunnens 1954 nur noch wenige Originalteile verwendet werden konnten. Die Figurengruppe ruft die Erinnerung an den »Metzgersprung« wach, als die Freisprechung der Fleischergesellen mit einem Bad im Brunnen gefeiert wurde. Auf der Brüstung sitzt die Jugend, kühlt im Sommer ihre Beine und wartet auf Freunde.

Fußbad im Brunnen

KLEINE PAUSE

Vom Café ***Glockenspiel*** (➤ 66) aus genießen Sie die beste Sicht auf die tanzenden Figuren am Rathausturm gegenüber.

---

191 D3 Marienplatz

Neues Rathaus
Marienplatz 8 Sitzungsdienst 23 39 26 08 Sitzungsdienst Mo–Do 9–15, Fr bis 13 Uhr; Turmbesteigung Mai–Okt. tägl. 10–19 Uhr, Nov.–April Mo–Fr 10–17 Uhr
Turmbesteigung preiswert

Spielzeugmuseum im Alten Rathaus
Marienplatz 15 29 40 01
10–17.30 Uhr preiswert

MÜNCHNER KINDL

Ein Mönch ziert das Wappen Münchens. Seit dem 16. Jh. nennt es der Volksmund »Kindl«. Markenrechtlich geschützt, reist es auf Prospekten um die Welt und lockt Touristen in die Stadt.

MARIENPLATZ: INSIDER-INFO

Top-Tipp: Kleiner und Großer Ratssaal im Neuen Rathaus können bei **öffentlichen Sitzungen** besichtigt werden, der Sitzungsdienst gibt Auskunft.

Geheimtipp: Haben Ihre Kinder genug vom Sightseeing? Im ***Münchner Kindl*** (Burgstr. 6, Tel. 24 23 16 00, Zeiten und Kosten nach Vereinbarung, Anmeldung am Vortag 15–16 Uhr) können Kinder zwischen ein und zwölf Jahren liebevoll betreut toben und spielen.

3 Frauenkirche

Die Domkirche zu Unserer Lieben Frau ist das Wahrzeichen Münchens. 20 000 Menschen finden in ihr Platz, die Ausstattung entspricht der Größe und der Bedeutung eines Doms, auch wenn der Ziegelbau von außen nur durch schiere Wucht beeindruckt.

Kein Haus im Zentrum darf den Dom überragen

Gestiftet wurde die Frauenkirche von Herzog Sigmund, nur hatte der kein Geld, um sie auch zu bauen. Trotzdem lag am 9. Februar 1468 der Grundstein, denn während sich der Herzog mit Frauen und Löwen vergnügte und die Kirche nur gute Worte gab, sammelten die Münchner Geld und Baumaterial. Über die Isar gelangten 140 Flöße mit 2100 Stämmen in die Stadt, für das Fundament besorgte man sich Steine vom Isarufer und Ziegel vom Abriss der älteren Kirche. Die Arbeiter lebten oben im Gerüst in Buden, zu teuer wäre das dauernde Absteigen zu den Pausen geworden. Dennoch ging das Geld wieder aus. Endlich sprang die Kirche ein, sie erwirkte von Papst Sixtus IV. einen acht Tage dauernden Ablass, 250 Geistliche nahmen die Beichte ab. Dieser und zwei

Ludwigs I. letzte Ruhe gut bewacht

DER GENARRTE BEELZEBUB
Im Eingangsbereich des Doms fällt am Boden ein Fußabdruck ins Auge, der »Teufelstritt«. Jörg von Halsbach, so die Legende, habe einen Pakt mit dem Teufel geschlossen, der ihm beim Bau helfen wollte, wenn die Kirche keine Fenster erhielte. Als der Dom fertig war, begutachtete der Teufel das lichtdurchflutete Schiff und forderte hämisch die Seele des Baumeisters. Da führte ihn Halsbach zu der Stelle am Eingang, von der aus kein einziges Fenster zu sehen war. Enttäuscht stampfte der Teufel auf. Noch heute wütet der Gottseibeiuns mit mächtigen Fallwinden um den Dom, betreten hat er die Kirche aber nie wieder.

weitere Ablässe ließen 124 000 sündenfreie, wenngleich etwas ärmere Menschen zurück. Die Freisprechung kostete pro Nase eine Woche Lebensunterhalt. Nach nur 20 Jahren Bauzeit war das Wahrzeichen Münchens fertig und der Baumeister Jörg von Halsbach tot.

Schlichtheit und Strenge

Rote Ziegel bestimmen das Äußere, die beiden 99 und 100 m hohen Türme nehmen das Hauptportal in ihre Mitte und entwachsen ab der Traufe der Schiffe oktagonal dem quadratischen Unterbau. Ihre beiden Zwiebelhauben passen nicht so recht ins Bild, »welsch« seien sie, fremdländisch – doch in Wirklichkeit kündigt sich mit ihnen die beginnende Renaissance an. Über das westliche Hauptportal gelangen Sie ins fast schmucklose, majestätische Innere. 22 schlanke, achteckige Säulen teilen den Kirchenraum in drei Schiffe und tragen sein Sternrippengewölbe. Gleich rechts im ersten Joch des Seitenschiffes prunkt das Grabdenkmal (1622) Kaiser Ludwigs des Bayern (seine Gebeine befinden sich in der Fürstengruft unter dem Chor). Schwarzer Marmor fasst die spätgotische, rötliche Grabplatte ein, auf der Kaiser Ludwig neben den Herzögen Albrecht III. und Ernst zu sehen ist. Bronzefiguren der Wittelsbacher Albrecht V. im Herzogornat und Wilhelm IV. als Ritter des goldenen Vlieses wachen mit vier Fahnenträgern über das Grab. Die bemalten Fenster im Chor stammen aus dem 15. und 16. Jh. Das Glasbild *Münchner Kindl* in einer der Kapellen des südlichen Seitenschiffes stammt von 1573. 86 Stufen führen zum Lift im südlichen Turm, mit dem es zur Aussichtsplattform hinaufgeht.

KLEINE PAUSE

In ***Café zur Mauth*** (Neuhauser Str. 2) gibt's immer frische Croissants und guten Kaffee.

---

190 C3 Frauenplatz 1 290 08 20
7–19, Do bis 20.30, Fr bis 18 Uhr; Turmbesteigung April–Okt. Mo–Sa 10–17 Uhr
Marienplatz
Turmbesteigung preiswert

FRAUENKIRCHE: INSIDER-INFO

Top-Tipp: Beim **Gottesdienst** kommt der schöne Innenraum des Doms besonders gut zum Tragen: täglich 9 Uhr und 17.30 Uhr, Hauptgottesdienst So 10 Uhr.

4 Stadtmuseum

In Marstall und Zeughaus aus dem 15. Jh. residiert das Stadtmuseum mit mehreren Ausstellungen und Sammlungen zur Stadtgeschichte und anderem.

Die kostbarsten Exponate des nach dem Krieg wiedererrichteten Gebäudekomplexes sind die ***Moriskentänzer***, die im Parterre in einem eigenen Gewölbesaal ausgestellt sind. 10 Stück existieren noch von den einst 16 Holzfiguren, die Erasmus Grasser, inspiriert von einer nordafrikanischen Tanztruppe, um 1480 im Auftrag der Stadt für das Alte Rathaus geschnitzt hat. Sie gelten als das Meisterwerk der spätgotischen Plastik. Die knapp 50 cm hohen Tänzer sind in drei Gruppen hinter Glas arrangiert. Verwegenen Gesichtsausdruckes, tänzerisch die Hände um die Körper windend oder vielsagend in die Ferne gestreckt, gebeugt vor dem Publikum oder stolz ihre Kunst darbietend, tanzen sie einen exotischen Reigen. Schöner lässt sich Bewegung nicht einfangen.

Stadtgeschichte

In der 1. Etage präsentiert sich München mit Modellen, Gemälden und Fotos. Ein Modell der Stadt im 15. Jh. zeigt die drangvoll aneinander geschmiegten Häuschen um die fast monströs wirkende Frauenkirche. Gemälde geben die Stadtansichten über die Jahrhunderte wieder, und Fotos dokumentieren die grausigen Zerstörungen der schönsten Gebäude im letzten Krieg, aber auch die Aufbauleistung im Frieden.

Puppen satt

Ein Muss ist die umfangreiche Puppentheater-Ausstellung in der 3. Etage. Marionetten, Steckpuppen, Köpfe und ganze Bühnen geben einen Überblick über die Entwicklung des

Modell: München im Mittelalter

Idyllisch: das *Stadtcafé*

Puppentheaters, das auf den Jahrmärkten beileibe nicht eine Domäne der Kinder war. Der Adel holte sich die Schausteller in die Schlösser, und es entwickelten sich große Künstler unter den Drahtziehern. Aus aller Welt sind Puppen zu sehen, traditionelle und hypermoderne, surrealistisch verzerrte. Herrlich ist die Puppenreihe aus sozialistischer Zeit mit Parteisekretär, Großbauer, FDJ-Bübchen, Landarbeiter, Kriegsversehrtem und Demonstrant am Eingang.

Weitere Ausstellungen

1600 Instrumente aus Afrika, Asien, Amerika und Europa sind in der 4. Etage ausgestellt, darunter Raritäten wie das »Stern-Orchestrion«. Jeden Sonntag werden die Räume bei einer Matinee um 11 Uhr zu einem klingenden Museum. Als »Hauptstadt der Deutschen Kunst« und »Hauptstadt der Bewegung« hat München einiges an Vergangenheit aufzuarbeiten. Dies geschieht in der Abteilung »Nationalsozialismus in München« im Nebengebäude.

KLEINE PAUSE

Ins ***Stadtcafé*** (➤ 67) kommen Studenten, Filmemacher und Passanten auf einen Espresso.

---

190 C2 · St.-Jakobs-Platz 1 · 23 32 23 70, Programmansage Filmmuseum 23 32 41 50 · Di–So 10–18 Uhr · Sendlinger Tor · Bus Nr. 52 Blumenstraße · preiswert (So frei) · www.stadtmuseum-online.de, www.filmmuseum-muenchen.de

STADTMUSEUM: INSIDER-INFO

Top-Tipp: Das Münchner Filmmuseum rekonstruiert und restauriert Filme aus den Anfängen des Mediums. Mit geradezu kriminalistischem Eifer werden hierzu weltweit Kontakte geknüpft, Filmschnipsel gesucht und gefunden – und so wird wieder zusammengefügt, was einst zusammengehörte. Das **Kino des Filmmuseums** zeigt abends in seinen Räumen im Stadtmuseum Laufbilder, die ganz außergewöhnlich sind.

5 Asamkirche

Eigentlich heißt das prachtvolle barocke Meisterwerk ja Johann-Nepomuk-Kirche, doch die Münchner ehren mit dem Namen die Erbauer, die Brüder Cosmas Damian und Egid Quirin Asam.

Beide waren handwerklich universal begabt – Baumeister, Bildhauer, Maler, Stuckateure in einem – und stifteten und schufen sich 1733–46 ein herausragendes Denkmal, das perfekt in die Fassadenfront der flankierenden Häuser passt: Links von der beeindruckenden Kirche steht das Wohnhaus der Familie Asam und rechts das Pfarrhaus. Der Kirchenbau wurde den Asams übrigens nicht einfach gemacht. Die Stadt wollte keine privaten Kirchenstifter, und nur die geschickte Einflussnahme der beiden berühmten Künstler führte schließlich zum Erfolg.

Augenschmauß außen ...

Aus naturbelassenem Stein erwächst die schmale Kirchenfassade in schönstem Barock an der Wende zum Rokoko mit Statuetten und floralen Mustern. Das Portal ist von zwei Säulen gerahmt, seine Architektur wiederholt sich am darüber angebrachten Fenster, und dessen geschwungene Bekrönung findet sich nochmals im Dachabschluss wieder. Das Portaldach zeigt den 1729 heilig gesprochenen Nepomuk bei seiner Himmelfahrt, Engel begleiten ihn.

Schwelgerischer Genuss für die Augen

... festliche Pracht im Inneren

Vom Grundriss her klein und überschaubar (28 x 9 m), erweitert die Innenausstattung mit ungezählten dekorativen Elementen und illusionistischen Tricks das Schiff zu einem Festsaal fürstlicher Größe. Stuck und Schnitzereien, Vergoldungen, Marmorskulpturen und Fresken lassen dem Auge keinen Halt. Die Brüder Asam haben, von mäkeligen Bauherren unbeeinflusst, alles gegeben, was ihr im Zenit stehendes künstlerisches Können ihnen eingab. Der umlaufende Balkon teilt den Hochaltar in zwei Etagen, die beide jeweils eine Strahlenglorie einrahmt. Im unteren Bereich befindet sich der gläserne Sarkophag des hl. Nepomuk. Marmorsäulen schrauben sich in den Himmel und leiten zum Deckenge-

Kirchlein für die Künstlerfürsten

mälde über, auf dem Trompe-l'Œil-Pfeiler den Saal weiter erhöhen. Unterhalb des Deckengemäldes scheint das Kreuz im freien Raum zu schweben – Manifest des Absoluten in einer Grotte des irdisch Vergänglichen. Das ovale Fenster im Chor ist nicht original und wurde erst bei der Behebung der Kriegsschäden gebrochen; damit änderte sich die Lichtführung vollständig und schwächte die Wirkung der ursprünglichen Beleuchtung des Kreuzes. Links und rechts des unteren Altarteiles sind die beiden Baumeister auf Grisaille-Medaillons verewigt.

Das Wohnhaus der Familie Asam

1729 kaufte Egid Quirin das Haus, baute es 1733 um und stattete die Fassade mit reichen Stuckverzierungen aus. Die linke Seite erhielt Stuckaturen im Stil oberbayerischer Lüftlmalerei und zeigt den Aufstieg des Strebsamen in den griechisch-klassischen Himmel, wo ihn Apoll empfängt. Die rechte Seite schmücken Allegorien der Plastischen Künste, der Dichtkunst, der Malerei, Architektur und Musik.

KLEINE PAUSE

Prinz Myshkin (Hackenstr. 2) lässt sich nicht auf eine Nationalitätenküche festlegen, nur eines ist sicher, alles ist vegetarisch: Misosuppe, Büffelmozzarella auf Tomatencarpaccio oder mexikanische Avocadocrème, für die gesunde Pause zwischendurch!

---

190 B2 Sendlinger Str. 62 260 91 71 Sa–Do 8–18, Fr 9.30–18 Uhr Sendlinger Tor

ASAMKIRCHE: INSIDER-INFO

Top-Tipp: Morgens fällt die Sonne durch das große Ostfenster und vermittelt eine Idee von der **ursprünglichen Lichtführung**. Nehmen Sie einen Operngucker mit, um die Gemälde und Skulpturen zu betrachten.

Muss nicht sein! Während der Messe in dem kleinen Kirchenraum **fotografieren oder sprechen**.

Nach Lust und Laune!

Das Osttor der Altstadt: das Isartor

6 Synagoge und jüdisches Museum

Erst 1998 entschied die Stadt Synagoge und Gemeindehaus des Jüdischen Zentrums der Israelitischen Kultusgemeinde mit einem Museum zu ergänzen. Seiner Architektur wegen wurde das Ensemble gefeiert. Das Dritte Reich hat den Besitz der Juden Münchens mit ihren prächtigen Sammlungen in alle Welt zerstreut oder zerstört. Deshalb muss das Museum aus der Not eine Tugend machen und – bis durch Spenden und Ankäufe eine größere Sammlung gezeigt werden kann – wenige Stücke beispielhaft für die jüdische Kultur werden lassen bzw. mit Ausstellungen über das »Sammeln an sich« die Museumsarbeit um die Geschicke der jüdischen Gemeinde transzendieren.

190 C2 St.-Jakobs-Platz 16 23 39 60 96 Di–So 10–18 Uhr Sendlinger Tor Bus Nr. 52 Blumenstraße mittel www.juedisches-museum-muenchen.de

7 Isartor

Das Osttor der Stadtbefestigung wurde 1314 am östlichen Ende des ehemals vom Marienplatz nach Osten abfallenden Tales in die Umwallung eingefügt. 1337 und 1499 fanden Umbauten statt, das Fries an der dem Zentrum abgewandten Seite stammt aus dem Jahr 1835. Auf Geheiß Ludwigs I. wurde damit dem 1322 in der Schlacht von Ampfing siegreichen Ludwig IV. dem Bayern gedacht. Das **Valentin-Karlstadt-Musäum** zeigt im

Renaissancepracht in St. Michael

KARL VALENTIN

Münchens berühmtester Komiker wurde 1882 im Stadtteil Au geboren und absolvierte zunächst eine Schreinerlehre: »Ich lernte hobeln, sägen, nageln. Bald entwendete ich einen Nagel, schlug ihn in die Wand und hing an demselben das goldene Handwerk der Schreinerei für immer auf«, berichtete er mit lakonischem Humor. 1908 begann mit dem Monolog Das Aquarium Valentins Komikerkarriere, ein Jahr später stieß seine Dauerpartnerin Liesl Karlstadt dazu. Nach dem Zweiten Weltkrieg hatten die Münchner plötzlich kein Interesse mehr an ihm. Er starb 1948 verarmt an einer Erkältung.

Südturm u. a. eine geschmolzene Schneeplastik und einen mit Pelz mundwarm gehaltenen Winterzahnstocher. So skurril bis verschroben wie ihr Schöpfer Karl Valentin sind auch die anderen »Exponate«.

191 F2 · Tal 43 · 29 37 62 · Fr–Di 11.01–17.29, So ab 10.01 Uhr · Isartor · preiswert · www.valentin-musaeum.de

8 Michaelskirche

1583 legte Wilhelm V. der Fromme den Grundstein zu der Jesuitenkirche St. Michael, dem geistlichen Zentrum der Gegenreformation. Drei Jahre später war Richtfest. 1590 brach der Turm zusammen, und erst 1597 konnte die Kirche mit dem nach dem Petersdom in Rom zweitgrößten Tonnengewölbe geweiht werden. Stolz wendet sich die Giebelfassade mit den Ahnen des Stifters als Nischenstatuen der Fußgängerzone zu. Zwischen den Portalen sticht St. Michael Satan nieder – eine von Hubert Gerhard 1592 geschaffene Bronze. In der Fürstengruft westlich des Chors steht u. a. der Sarkophag von Bayerns Märchenkönig Ludwig II.

190 C3 · Neuhauser Str. 52 · 231 70 60 · Kirche Mo–Sa 10–19 Uhr, So 7–22 Uhr; Gruft Mo–Fr 10–16.30 Uhr, Sa bis 14.30 Uhr · Stachus

9 Marionettentheater

Josef Leonhard »Papa« Schmid gründete 1858 mit Franz Graf von Pocci das Marionettentheater, 1900 zog es in das von Theodor Fischer als Musentempel errichtete Gebäude ein – weltweit der erste Theaterbau für eine Puppenbühne. Der »Kasperl-Graf« führte das Theaterkasperl aus dem anrüchigen Milieu der Marktbuden heraus auf die bürgerliche Bühne. Gegeben werden Stücke wie *Däumelinchen*, *Zwerg Nase*, aber auch die *Zauberflöte*. Besonders schön sind die Aufführungen nach alter Sitte, wenn Musik und Sprache live hinter der Bühne erklingen.

190 C1 · Blumenstr. 32 · 26 57 12 · Vorstellungen meist 15 und 20 Uhr · Sendlinger Tor · teuer · www.muenchner-marionettentheater.de

10 Sendlinger Tor

1175 erhielt München einen ersten Stadtmauerring, das schnelle Wachstum machte ab 1300 einen neuen Ring notwendig. Um 1310 entstand das Sendlinger Tor mit einem mittleren Torturm, zwei sechseckigen Flankentürmen und drei Durchgängen als dessen südlicher Stadtausgang. 1808 trug man den Torturm ab, 1906 vereinigte man die Durchgänge zu einem.

190 B1 · Sendlinger Tor

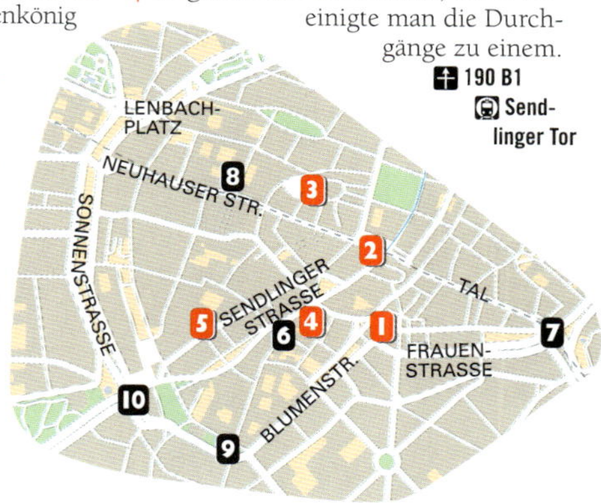

Wohin zum ... Essen und Trinken?

Preise
Die Preisangaben gelten pro Person für ein Essen ohne Getränke:
€ unter 12 Euro €€ 12–25 Euro €€€ über 25 Euro

RESTAURANTS

Altes Hackerhaus €–€€
Ein Wirtshaus, wie es sie früher häufiger gab, Holztäfelung macht das Sitzen in den Nischen oder im Schäfflergewölbe gemütlich. Das Essen ist deftig, der Schweinsbraten mit Knödel und Krautsalat ist ein Erlebnis, bestens auch die Dampfnudel mit Vanillesauce. Ein Erlebnis für sich sind hier außerdem die nicht auf den Mund gefallenen Bedienungen.
190 C2 Sendlinger Str. 14 260 50 26 10–24 Uhr Sendlinger Tor

Andechser am Dom €–€€
Einheimische und Touristen treffen sich am Dom in den Gewölben des mit dem gleichnamigen Kloster verbundenen Lokals. Dezent weisen Einrichtungsgegenstände auf die Verwandtschaft hin, das Essen ist bayerisch und mittags ist es schwer, einen Sitzplatz drinnen oder auf dem Freisitz zu finden. Notfalls und manchmal auch gerne und schnell speist man an den Stehtischen mit Blick auf den Dom. Müde Beine ausruhen geht dabei aber nicht!
191 D3 Weinstr. 7a/Eingang Filserbräugasse 29 84 81 10–1 Uhr Marienplatz

BergWolf €
Das Bratwurstrestaurant (!) liegt direkt am U-Bahn-Ausgang und das wenige, was es gibt, tut eine eingeschweißte Karte kund. Eingenommen werden die Gerichte an einfachen Holztischen oder im Stehen und dazu läuft im Fernsehen die Bundesliga. Aber nicht nur deren Fans kommen. Das Publikum entstammt allen Schichten, zu jeder Tages- und Nachtzeit. Was für die Qualität der Curry-Würste und der Pommes spricht – Münchener Kult.
197 D3 Fraunhoferstr. 17 23 25 98 58 Mo–Do 12–15 und 18–2 Uhr, Fr 12–15 und 18–4 Uhr, Sa 12–4 Uhr, So 17–22 Uhr Isartor

Café Glockenspiel
Bester Blick aufs Glockenspiel des Rathauses bei mediterraner Küche oder auch nur einem Kaffee. Abends ist Essen Pflicht, aber dann schlafen die Schäffler am Glockenspiel gegenüber sowieso. Tagsüber kommen Schüler mit der Großmutter, abends auch die Szene zu einem Cocktail.
191 D3 Marienplatz 28 26 42 56 10–1, So bis 19 Uhr Marienplatz

Iwan's €€
Spiegel, Gold und edles Holz zaubern eine geschmackvoll-elegante Atmosphäre in das kleine Club-Bar-Restaurant: So klar die Einrichtung, so geordnet gibt sich die Küche. Die wenigen, dafür aber liebevoll und erstklassig zubereiteten Gerichte nicht nur aus dem asiatischen Raum stehen auf einer Tafel, werden aber nochmal – wie auch der dazu passende Wein – detailliert besprochen. Zum Abschluss sollte man keinesfalls einen oder mehrere der Cocktails versäumen. Wer essen will, dem ist eine Tischreservierung anempfohlen.
190 C1 Hans-Sachs-Str. 20 20 00 90 90 Di–Sa ab 19 Uhr Tram Nr. 18, 27 Müllerstraße

Jean de Saint Malo €€
Dieses Lokal ist der »Franzose an der Ecke« im Glockenbachviertel, Münchens angesagtem Szeneviertel:

Karierte Tischdecken, exzellenter Fisch, frische Meeresfrüchte, eine ebenso gute Weinauswahl und die geschäftig-freundliche Atmosphäre machen dieses bretonische Lokal zu einem Senkrechtstarter in der Münchner Gastronomielandschaft. Reservieren Sie rechtzeitig!

190 B1 Holzstr. 25
23 00 00 77 tägl. 18–1 Uhr
Tram Nr. 18, 27 Müllerstraße

La Bouche €€

Einst ein Milchladen mit kleiner Wohnung. Heute speist man im ehemaligen Wohnzimmer unter verspielten Leuchter an Bistrotischchen Schulter an Schulter. Die Gerichte gehören mit zum besten, was Kochkunst zu kreieren vermag, ohne prätentiös sein zu wollen. Datteln im Speckmantel und Austern sind genau so, wie es sich gehört, ebenso das Coq au Vin und die Teigtaschen mit Meeresfrüchten – nicht überdreht, nicht simpel, genau die Mitte, damit man sich nach dem Essen sehr wohl und sehr satt fühlt.

197 D3 Jahnstr. 30 26 56 26
Mo–Fr 12–15 und 18–21.30 Uhr, Sa nur abends Fraunhoferstraße

Weißes Brauhaus €

Weißbier zu brauen, war Fürstenprivileg, 1852 löste die Familie Schneider es ab und braute als erste bürgerliche Familie selbst. Ihr Stammsitz war und ist das Weiße Bräuhaus – die Schneider-Weiße ist das vielleicht beste Weißbier der Welt, urbayerisch ist, was die Küche verlässt: Kronfleisch mit Schnittlauch und Kren, Aventinus-Bierbraten oder Gebackene Kälberfüße. Saures Lüngerl mit Knödel steht ebenso auf der Speisekarte wie Bayerisch-Crème. Das Publikum ist bunt gemischt, vom Stammtischbesucher bis zur Filmgröße.

191 D2 Tal 7 290 13 80
7–3 Uhr Marienplatz

Zum Straubinger €€

Gemütliches Lokal mit Tradition. Bayerische Klassiker von der Leberknödelsuppe über Rahmschwammerl mit Knödel bis zur Weißwurst werden drinnen oder im kleinen Biergarten von herzlichen Einheimischen serviert. Und der Service verspricht »10 oder nix«, was so viel bedeutet wie: Ist das Essen mittags nicht innerhalb von zehn Minuten serviert, darf es der Gast dann kostenlos verzehren. Wenn das nichts ist ...

191 D2 Blumenstr. 5
232 38 30 Mo–Sa 10–1, So 11 bis 23 Uhr Bus Nr. 52 Blumenstraße

CAFÉS

Mozart

Die neuen Besitzer haben in dem ehemaligen Oma-Café einen Großteil der Einrichtung belassen, und so sitzt man entweder an Holztischen oder bequem im Lehnstuhl und auf dem Sofa. Die Nähe zu den Uni-Kliniken bestimmt das Publikum: Ärzte, Studenten, Krankenschwestern, aber auch diejenigen, die ihren Stadtspaziergang am Sendlinger Tor abgeschlossen haben.

190 A2 Pettenkoferstr. 2 59 41 90
10–1, Fr/Sa bis 3 Uhr Sendlinger Tor

Schmalznudel

Die Traditionsadresse Münchens, wo sich Nachtschwärmer mit Frühaufstehern treffen. Kaffee, eine Schmalznudel (»Ausgezogene«), Krapfen und Dampfnudeln halten die Seele beisammen. Bier gibt's nicht, dafür Prosecco und Champagner in münchnerisch-gemütlicher Atmosphäre.

191 D2 Prälat-Zistl-Str. 8
26 82 37 Mo–Sa 7–18 Uhr
Bus Nr. 52 Viktualienmarkt

Stadtcafé

Etwas abgenudelt ist die Einrichtung inzwischen, doch das stört die vorwiegend jungen Gäste nicht. Sie kommen wegen der legeren Atmosphäre auf einen Cappuccino oder Espresso und einen der guten Kuchen. Auch die französisch inspirierten Kleinigkeiten aus der Vitrine schmecken vorzüglich. Abends geht es richtig los, wenn das studentische Stammpublikum auf ein oder mehrere Viertel Wein hereinschneit, die Besucher des Kinos im Filmmu-

seum sich vor dem Film stärken oder danach zum Absacken reinschauen.
190 C2 St.-Jakobs-Platz 1
26 69 49 10–24, Fr/Sa bis 1 Uhr
Busse Nr. 52 Blumenstraße

Turmstüberl

Wer ins Café will, muss im Valentin-Musäum Eintritt zahlen; dafür nimmt er lebenslange Eindrücke mit hinauf in den Turm, aus dem Rundumsicht garantiert ist. Schräg ist die Einrichtung im Volkssängerlokal, nicht minder schräg sind die beiden Wirtinnen Petra Perle und Frau Sylvia. Sie sind Szenegrößen, und Frau Petra gelangte im rosa Kleidchen für MTV moderierend zu überregionaler Berühmtheit. Die Kartoffelsuppe ist frisch, die Breze knusprig, die Weißwurst die beste, das Weißbier mit Hefe, der Kuchen selbst gemacht, und die Musik kommt aus dem Grammophon.
191 F2 Tal 43
29 37 62 11.01–17.29, Fr bis 21 Uhr
Mi geschl. Isartor

Wohin zum ... Einkaufen?

Zwischen Marienplatz und Glockenbachviertel treffen ganz unterschiedliche Einkaufswelten aufeinander: Rund um den Marienplatz finden die Kunden Kaufhäuser und Bekleidungsgeschäfte, wie es sie auch in anderen Metropolen gibt. Entlang der Sendlinger Straße sind modische Boutiquen, italienische Schuhläden und Geschäfte mit kunterbuntem Schnickschnack zum Dekorieren und Einrichten versammelt. Der Viktualienmarkt und die umliegenden Geschäfte sind ein Paradies für Gourmets mit Spezialitäten aus aller Herren Länder. Die Läden im Glockenbachviertel rund um den Gärtnerplatz sind die angesagtesten der Stadt und ändern sich so schnell wie die Moden.

ZWISCHEN MARIENPLATZ UND STACHUS

Im Münchner Modetempel **Ludwig Beck** (Marienplatz 11) findet sich in der 4. Etage eine der bestsortierten Musikabteilungen für Klassik, Folklore und Jazz. Im »Hautnah« nebenan, in Becks Parfumabteilung, verwirren zahllose Düfte, Cremetiegel und Flacons die Sinne der Kunden. **Hieber-Lindberg** (Sonnenstr. 15) besitzt als größtes Münchner Musikgeschäft das bestsortierte Angebot an Noten und Instrumenten.

UM DEN VIKTUALIENMARKT

Bei **Kamm Weninger** (Viktualienmarkt 2) kauft die Münchnerin von Welt seit 1936 alles rund ums Haar. Auf der anderen Seite des Viktualienmarktes duftet es im **Kräuterhaus Lindig** (Blumenstr. 15) nach exotischen Aromen. Kein Wunsch nach Heil- oder Duftpflanzen bleibt hier unerfüllt. Ein paar Schritte weiter gibt es Spezialitäten **Vom Fass** (Reichenbachstr. 2). Öl, Essig, Weinbrand, Grappa – alles wird frisch abgefüllt. Auf dem Markt selbst verkauft **Exoten Müller** Drachenfrüchte aus Vietnam und Guaven aus Kolumbien; beim **Duftschmankerl** gibt's Gewürzsträuße und Mobiles aus duftenden Zutaten. Etwas streng riecht's manchmal beim **Rottler**; das liegt am Sauerkraut vom Fass, den eingelegten Salzgurken, dem Senfgemüse und der Riesenauswahl an Gewürzen. Auch **Caseus** umgeben gelegentlich heftige Duftwolken, ist er doch der Käsehändler am Markt. **kaffee& mehr** (Viktualienmarkt 1) verkauft genau das, die Auswahl ist ebenso phänomenal wie die Beratung. Jeder Kunde kann sicher sein, am Ende den wirklich zu ihm passenden Kaffee gefunden zu haben. **Poseidon** (Westenriederstr. 13) ist die Feinschmeckeradresse für Fischliebhaber, die hier auch einen schnellen Fischsnack an den Stehtischen genießen können. Zwei Häuser weiter verführt **Chocolate and more**

(Westenriederstr. 15) mit köstlichen Lauenstein-Pralinés, verheißungsvoll duftender heißer Schokolade und hübschen Souvenirs zu einem völlig enthemmten Kalorienshopping. Auf bayerische Volkskunst wie Bierkrüge und Zinnbecher ist **Antiquitäten Herold Neupert** (Westenriederstr. 8) spezialisiert. Um Aromen und Düfte geht es schließlich nochmals im Pfeifen- und Zigarrenladen von **Georg Huber** (Tal 22). Holzgetäfel und aufmerksame Beratung schaffen eine exquisite Atmosphäre.

ZWISCHEN SENDLINGER STRASSE UND GÄRTNERPLATZ

Bei **Kienmoser** (Sendlinger Str. 36) kauft man Seile aus Naturfasern von 1–50 mm Durchmesser in gewünschter Länge, Netze, Gurte und sonst alles, was eine Seilerei eben herstellt. Mit die größte Auswahl an Jeans hat Jeans-Kaltenbach (Herzogspitalstr. 4) auf mehreren Etagen und mit einer Outlet-Abteilung. Im **Optimal** (Kolosseumstr. 6) im Glockenbachviertel dreht sich alles um die runden Scheiben aus Vinyl. Die Auswahl an Platten aus First- und Secondhand ist phänomenal, die Klientel ebenso bunt gemischt wie die Musikstile. Nicht nur Wäsche gibt es in einem der angesagtesten Modeläden Münchens: Das **Slips** (Am Gärtnerplatz 2) verkauft große und kleine Modelabels. Kontrastprogramm in Leder und glitzerndem Chrom bietet das **Gasoline Alley** (Corneliusstr. 5), die Münchner Adresse für echte Biker, die amerikanische Originalklamotten oder rare Zubehörteile für ihren röhrenden Liebling suchen. **servus. heimat** (Brunnstr. 3) verkauft T-förmige Unter- oder Drüberziehhemden mit heimatlichem Aufdruck von Gams über Breze bis Dackel, Heimatgeschirr (Flachmann mit dem Schriftzug »Heimat«), der *gucki bayerisch* (Diashow im Alpenhaus und aus der Hand) und der Hirschkopf mit Geweih für die Wand daheim (in den gängigen Farben grün, orange und pink und für depressive Stunden auch in schwarz).

Wohin zum … Ausgehen?

BARS MIT ESSEN

Die **Buena Vista Bar** (Am Einlass 2a, Tel. 26 02 88 11, 18–1, Fr/Sa bis 3 Uhr, Küche bis 24 Uhr) gibt sich kubanisch; ihr portugiesischer Besitzer reist ständig auf Castros Insel, bringt kostbare Bilder mit und hängt sie an die unverputzten Wände. Angeschlossen ist eine kleine Avantgardebühne, das Team-Theater. Vor und nach den Vorstellungen bricht der Service manchmal zusammen, dafür ist es knall- und stimmungsvoll. Am Wochenende fährt spät abends die Salsa vom Plattenteller in die Knochen der Gäste und auf den Gängen und zwischen den Tischen tanzen alle Altersstufen mit – Zeit für einen Flirt.

Das **Morizz** (Klenzestr. 43, Tel. 201 67 76, 18–2 Uhr) hinter dem Gärtnerplatz ist eine Institution für die schwule Szene. In den roten Lederfauteuils bequem untergebracht, schlürft sie bei gepflegtem Gespräch ausgezeichnete Cocktails und beguckt sich und die anderen in den verspiegelten Wänden. Auch Heteros werden gerne gesehen, und so mischt sich das Publikum auf angenehme Art. Wer Hunger hat, bekommt aus der Küche bis spät nachts Thai-Gerichte.

Das **Baader Café** (Baaderstr. 47, Tel. 201 06 38, So–Do 10–1, Fr/Sa bis 2 Uhr) ist eine der ältesten Szenekneipen im Gärtnerplatzviertel und nach wie vor eine der beliebtesten: Es hechelt keinen Moden hinterher, sondern ist nun schon seit den 1980er-Jahren einfach der ideale Ort, den Abend bei Bier, Wein, knackigen Salaten oder kleinen italienischen und österreichischen Köstlichkeiten zu verbringen. Hier treffen sich Menschen aller Altersstufen.

Der **K+K Club** (Reichenbachstr. 22, Tel. tagsüber 0178 787 19 96, So–Do 20–2, Fr/Sa bis 3 Uhr) füllt sich ab 22 Uhr, wenn die Szene aus dem Glockenbach ihren Abend im grau-schwarzen Ambiente mit einem Wodka Lemon oder Bier startet. DJ-Musik, manchmal auch Lesungen und Ausstellungen bilden den anregenden Rahmen, das Publikum stammt vornehmlich aus der Musikbranche und der Gastronomie.

BARS

Braunes Holz, braune Wände und braune Sitzwürfel bestimmen die Atmosphäre der **Lizard Lounge** (Corneliusstr. 34, Tel. 20 00 98 27, Mo–Sa 8–1, So 10–18 Uhr). Könnte deprimierend wirken, tut es aber nicht. Vogelbunt wie die Drinks oder minimalisiert in Schwarz wie der Lidstrich der weiblichen Gäste, hält das Publikum die Balance in der Farbgebung, cool und selbstbewusst wippen die Hüften im Takt der DJ-Musik, das Bier wird lässig aus der Flasche getrunken, die Cocktails halten spitze Nägel in allen Regenbogenfarben.

Der **Ksar Club** (Müllerstr. 31, Tel. 55 29 84 79, Mo–Sa 20–2/4 Uhr) ist ein Dauerbrenner in Münchens Nachtleben; an den Wochenenden wird es in dem kleinen Lokal ganz schön eng, und die Unglücklichen, die hinein wollen, aber nicht können, werfen in dicker Traube Blicke durch die Panoramascheiben. Man kennt sich aus dem Nachtleben und plauscht, wenn die Musik es zulässt, doch auch neue Gesichter werden durchaus mit Interesse registriert.

DISKOTHEK

Das **59:1** (Sonnenstr. 27, Tel. 24 20 57 16, Mo–Sa ab 21 Uhr) ist zeitgemäß orange gestylt und bietet täglich wechselndes Musikprogramm von Jazz über Sixties bis Drum 'n' Bass; die Mehrheit des Publikums ist über 20 Jahre alt.

THEATER

Das **Staatstheater am Gärtnerplatz** (Gärtnerplatz 3, Tel. 21 85 19 60) geht auf eine »Actiengesellschaft« Münchner Bürger zurück, die sich 1865 ihre eigene Bühne schufen. Bald pleite, musste der König das Theater retten, seitdem gehört es dem Staat. Das Repertoire ist breit angelegt, und man spielt Opern, Operetten, gibt Ballettabende und Jazzvorführungen. Das **Team-Theater Tankstelle** (Am Einlass 2a, Tel. 260 43 33) residiert in einer ehemaligen Tankstelle und zeigt von der Szene viel beachtete, moderne Stücke nationaler und internationaler Autoren. Ins **Theater im Fraunhofer** (Fraunhoferstr. 9, Tel. 26 78 50) geht bunt gemischtes Publikum, um die Kabarettaufführungen mit Kleinkunstcharakter zu erleben. Schwerpunkt ist kritisches Kabarett, dem sich besonders Nachwuchskünstler widmen. Danach setzt man sich in der Kneipe *Fraunhofer* an die langen Holztische und lässt den Abend bei Bier, einem bayerischen »Schmankerl« und Diskussionen ausklingen.

KINOS

Das **Filmtheater am Sendlinger Tor** (Sendlinger-Tor-Platz 11, Tel. 55 46 36) zeigt die neuesten Produktionen in einem, Gott sei's gedankt, nicht auf Wohnzimmergröße heruntergebrochenen Saal. Wer rechtzeitig da ist, erhält einen der vier Logenplätze und genießt den Film exklusiv und abgehoben mit ausgezeichneter Sicht. Das für seine filmkonservatorische Arbeit weltbekannte **Filmmuseum** (➤ 61) im Stadtmuseum bringt u. a. Retrospektiven aus seinem Archiv, Klassiker der Filmkunst und Avantgarde aus aller Welt. Das **Werkstattkino** (Fraunhoferstr. 9, Tel. 260 72 50) ist Münchens schrägstes Filmtheater mit einem wüsten Programm von Filmen zwischen B-Picture-Horror und argentinischem Porno – und ganzen 60 Plätzen.

Die nördliche Innenstadt

Erste Orientierung

Elegante Boutiquen, vornehme Restaurants und im Mittelpunkt die Residenz der bayerischen Könige – im Edelquartier um Theatiner-, Residenz- und Maximilianstraße bummeln die Münchner nicht, sie promenieren. Fürs Kontrastprogramm sorgt das urbayerische Hofbräuhaus.

Die Münchner geben sich gerne vornehm, doch als Bewohner des »Millionendorfes« schaffen sie es selten, alles Provinzielle abzustreifen. In den Straßen um die Residenz gelingt es ihnen aber fast, vor allem, seit die minimalistisch-eleganten Fünf Höfe mit schicken Geschäften den architektonisch sonst eher konservativen Teil des Stadtzentrums bereichern. Hier wird ganz besonders auf die Balance zwischen Tradition und Moderne geachtet, und das nicht nur in den zahlreichen Theatern und der Oper. Der Respekt vor dem Bewährten geht so weit, dass an der Maximilianstraße potemkinsche Fassaden errichtet wurden, um die dahinter liegenden, futuristischen Maximilianshöfe zu kaschieren. Schein und Sein spielen rund um die Theatinerstraße also in vielerlei Hinsicht eine besonders wichtige Rolle, und deshalb schlägt hier auch das Herz der berühmten Münchner »Bussi-Gesellschaft«.

Seite 71: Blick entlang der Theatinerstraße

Unten: Fahrradstopp am Platzl

Musikalischer und kulinarischer Genuss an der Oper

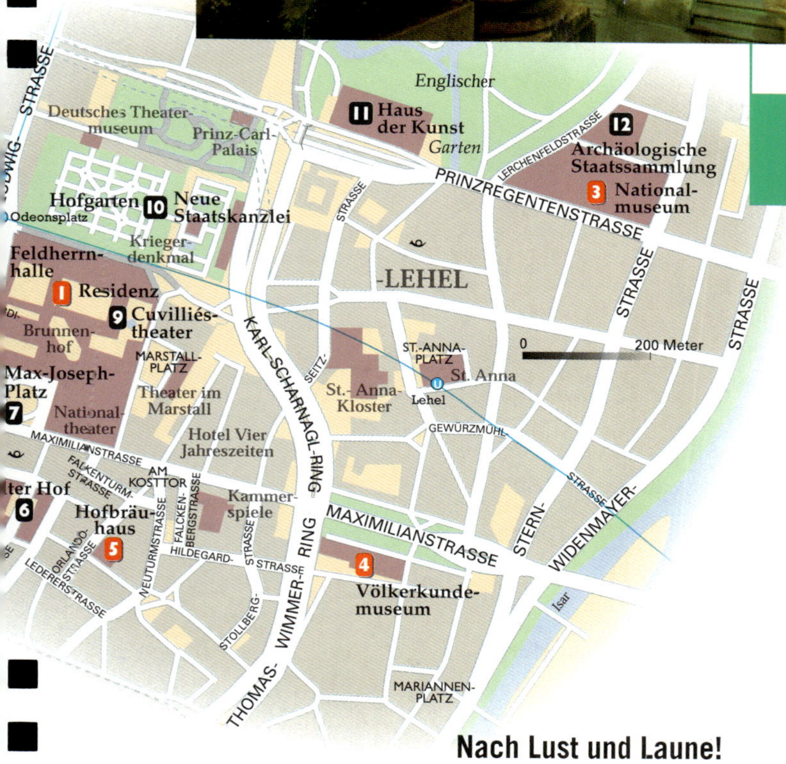

★ Nicht verpassen!

1 Residenz ➤ 76
2 Feldherrnhalle ➤ 79
3 Nationalmuseum ➤ 80
4 Völkerkunde-museum ➤ 82
5 Hofbräuhaus ➤ 84

Nach Lust und Laune!

6 Alter Hof ➤ 86
7 Max-Joseph-Platz ➤ 86
8 Theatinerkirche ➤ 87
9 Cuvilliéstheater ➤ 87
10 Hofgarten und Neue Staatskanzlei ➤ 87
11 Haus der Kunst ➤ 88
12 Archäologische Staatssammlung ➤ 88

An einem Tag

Die folgende Route ist eine Möglichkeit, wie Sie einige der interessantesten Sehenswürdigkeiten der nördlichen Innenstadt an einem Tag abklappern können. Nutzen Sie die Karte (➤ 72f) zur Orientierung, die einzelnen Highlights werden im Folgenden (➤ 76ff) näher beschrieben.

9 Uhr

In den schmalen Gassen und Durchgängen um den 6 **Alten Hof** (links; ➤ 86) spüren Sie einen Hauch von Mittelalter. Kontrastprogramm dazu sind gleich danach die modernen und ultraeleganten Passagen der Fünf Höfe (unten; ➤ 92), wo Sie sich mit einem Latte Macchiato oder Zitronengrastee stärken können. Am 7 **Max-Joseph-Platz** (➤ 86) treffen Sie auf die schönen Künste: Hinter dem klassizistischen Säulenportikus der Bayerischen Staatsoper regiert die Muse der Musik, gleich nebenan im Residenztheater die des Sprechtheaters.

10 Uhr

Die verschachtelte Anlage der 1 **Residenz** (➤ 76) zu besichtigen, braucht Zeit. Da vormittags und nachmittags unterschiedliche Teile zugänglich sind, sollten Sie zwischendurch eine Pause machen: Wenn Sie von der

Loggia der 2 **Feldherrnhalle** (➤ 79) die Ludwigstraße entlangblicken, sehen Sie rechter Hand die sonnige Terrasse des *Tambosi* (links; ➤ 91) am Hofgarten – ein idealer Platz für Ihre Mittagspause und das intensivere visuelle Studium der Feldherrnhalle!

12.30 Uhr

Kehren Sie zur Residenz zurück, wo nun die anderen Räume zugänglich sind. Planen Sie so, dass noch genügend Zeit bleibt für den Besuch des zauberhaften 9 **Cuvilliéstheaters** (➤ 87). Gehen Sie dann durch den geometrisch angelegten 10 **Hofgarten** (oben; ➤ 87) und an der **Neuen Staatskanzlei** vorbei zur Prinzregentenstraße, die am Englischen Garten entlang zur Isar führt. Sehen kann man den Park von der Straße aus allerdings kaum, denn den Blick darauf versperrt hier das 11 **Haus der Kunst** (➤ 88).

15 Uhr

Das 3 **Nationalmuseum** (➤ 80) hält, was es von außen verspricht. So interessant wie seine Architektur sind auch die Ausstellungen im Inneren. Lassen Sie sich von Kirchenschätzen und Weihnachtskrippen, von Volkskunst und gotischem Maßwerk in die bayerische Geschichte entführen!

16 Uhr

Am grünen Isarufer entlang nach Süden gehend, kommen Sie auf die Maximilianstraße mit dem Max-II-Denkmal und dem 4 **Völkerkundemuseum** (➤ 82). Eine gute Stunde haben Sie hier Zeit, sich in ferne Welten zu träumen, dann schließen seine Pforten. Der Bummel entlang der Maximilianstraße (unten) führt Sie zu den eleganten Boutiquen, von Prada über Gucci, Dior und Hermès bis zu Hugo Boss und Ralph Lauren.

18 Uhr

Der Tagesmühe Lohn erwartet Sie schließlich im 5 **Hofbräuhaus** (➤ 84) am Platzl. Entgegen bösen Gerüchten sind Sie hier nicht mit Touristen alleine, auch Münchner kommen gerne auf ein oder mehrere Bier in das alte Wirtshaus oder den gemütlichen Biergarten. Wer nach dem Besuch des Hofbräuhauses noch nicht genug hat, der sollte ins *P1* (➤ 94) zum Abtanzen gehen. Oder haben Sie sich vielleicht Theaterkarten besorgt (➤ 94)?

I Residenz

500 Jahre lang war die Residenz Herrschersitz. Die Anlage, die von allen Architekturstilen von der Renaissance bis zum Klassizismus geprägt ist, ist so weitläufig, dass sich selbst die ehemaligen Hausherren, die bayerischen Herzöge, Kurfürsten und Könige, gelegentlich in den 130 Räumen der Residenz verirrt haben sollen.

1385 wurde den Wittelsbachern die Alte Veste – der Alte Hof (➤ 86) – zu eng, und sie ließen sich die »Neuveste« am Max-Joseph-Platz, der auch Opernplatz genannt wird, errichten. Umbauten und Erweiterungen unter Herzog Wilhelm V. und seinem Sohn Maximilian I. machten den ursprünglich gotischen Bau im 16. Jh. zu einer Renaissanceresidenz. Hans Simon Reifenstuel aus Gmund am Tegernsee gilt als Baumeister, Peter de Witt, Candid genannt, war für große Teile der Innendekoration zuständig. Den letzten Umbau verantwortete Leo von Klenze: Das ursprüngliche Renaissanceportal an der Residenzstraße mit dem Bronzeguss der *Patrona Bavariae*, der Muttergottes als Schutzpatronin Bayerns, war König Ludwig I. nicht repräsentativ genug. Deshalb wurde 1826–35 der Königsbau mit klassizistischer Schaufassade und neuem Hauptportal zum Opernplatz hin errichtet – das Vorbild, der Palazzo Pitti in Florenz, ist unverkennbar.

Max I. Joseph vor der Residenz

Rechts: Auch eine Kapelle gehört zu den Reichen Zimmern

Vormittags ...

Vom Opernplatz gelangen Sie durch den Haupteingang des Königbaus zum ersten Hof und zur Kasse. Die wichtigste Sammlung, die **Schatzkammer**, ist gleich nebenan. Über 1200 Exponate herzöglicher und königlicher Insignien, sakrale Kunst und Schmuckstücke glitzern und funkeln in den Vitrinen, unter ihnen der um 890 entstandene goldgeschmiedete Altaraufsatz *Arnulfciborium* und eine Statuette von St. Georg auf einem aus Achat und Chalzedon geschnittenen Pferdchen mit rubingeschmücktem Sattel vom Ende des 16. Jhs.

Zwischen dem Küchenhof hinter der Kasse und

Antike Plastik misst sich mit Fresken der Renaissance

dem Brunnenhof mit dem Wittelsbacher-Brunnen liegt einer der Prachtsäle der Residenz – das **Antiquarium** aus dem 16. Jh. Herzog Albrecht V. brachte darin seine Antikensammlung unter, das mächtige Tonnengewölbe schmückte Friedrich Sustris mit Allegorien, Grotesken, Stadtansichten und Landschaften Bayerns. In der **Ahnengalerie** auf der anderen Seite der Kasse begegnen Sie im lang gestreckten Saal 121 Porträts bayerischer Fürsten und ihrer Familien.

Die **Reichen Zimmer** in der 1. Etage machen ihrem Namen alle Ehre: Kurfürst Max Emanuel ließ dieses »Apartment« erbauen, und sein Sohn Karl Albrecht beauftragte François Cuvilliés, es im Rokokostil umzugestalten. Vergoldete Schnitzereien und Stuckarbeiten prunken miteinander um die Wette, Höhepunkt aber ist das **Miniaturenkabinett** am Ende der Zimmerflucht. Es wurde erst 2001 restauriert und zeigt zierliche Gemäldeminiaturen, eingelassen in die vergoldete Holztäfelung der Wände. Über einen Durchgang erreicht man die so genannten **Päpstlichen Zimmer**, den Wohnbereich der Schwiegertochter Maximilians, Kurfürstin Henriette Adelaide. In ihnen nächtigte 1782 Papst Pius IV. Schräg gegenüber in den **Schlachtenzimmern** erinnern die Gemälde an die Napoleonischen Kriege, als Bayern an der Seite des französischen Kaisers kämpfte und nicht schlecht davon profitierte.

Zum Schluss der Vormittagstour durch die Residenz kommen Sie an einem ebenso wertvollen wie zerbrechlichen Gut vorbei: In den Vorräumen der **Kurfürstenzimmer** am Brunnenhof ist Porzellan des 19. Jhs.

RESIDENZ: INSIDER-INFO

Geheimtipp: Im Sommer bieten die **Klassik- und Jazzkonzerte** im Brunnenhof der Residenz einen Genuss für alle Sinne.

aus Frankreich und Deutschland ausgestellt sowie wundervolle ostasiatische Stücke aus dem 17./18. Jh.

... und nachmittags

Die **Königsbauapartments** hinter den Schlachtensälen errichtete Leo von Klenze für König Ludwig I. und seine Gattin. Der vielseitig begabte Architekt entwarf auch die Wand- und Deckendekorationen sowie die Möbel im Empirestil. Von hier leitet der Goldene Saal in den älteren Residenzteil und zu den **Silberkammern** über, in denen 3500 Teile des Wittelsbacher Tafelsilbers zu sehen sind. Durch den mit Stuckmarmor dekorierten und reich ausgestatteten **Steinzimmertrakt** an der Westseite des Kaiserhofs erreichen Sie **Vierschimmel-** und **Kaisersaal**. Letzterer diente als Festsaal, seine Kassettendecke schmücken allegorische Darstellungen, ein Gemäldefries und Wandteppiche von Peter Candid.

KLEINE PAUSE

Im ***Casa del Caffè*** (Residenzstr. 2) schmeckt der Espresso italienischer als in Verona.

191 E4 Residenzstr. 1 29 06 71
April–15. Okt. 9–18, sonst 10–17 Uhr Odeonsplatz
teuer www.schloesser.bayern.de

Münchens schönste Bühne: der Brunnenhof

2 Feldherrnhalle

Dem Ruhm großer Feldherrn gewidmet

Dass die Ruhmeshalle für die bayerische Armee an die Florentiner Loggia dei Lanzi erinnert, ist kein Zufall. Ihr Architekt Friedrich von Gärtner hielt sich eng an das italienische Vorbild. Die offene Bogenhalle bildet den Beginn der Prachtstraße zum Siegestor.

Eingeweiht wurde die Feldherrenhalle 1844. In einem der beiden Seitenbögen wacht Graf von Tilly, Feldherr im Dreißigjährigen Krieg, im anderen Fürst Wrede, General in den Napoleonischen Kriegen. Beide Bronzen entwarf Ludwig von Schwanthaler. 1892 kam unter Prinzregent Luitpold das »Armee-Denkmal« in der Mitte der Halle hinzu, geschaffen von Ferdinand von Miller.

DRÜCKEBERGER
Jeder, der im Dritten Reich die Gedenktafel an der Feldherrnhalle passierte, musste den rechten Arm zum »Deutschen Gruß« heben. Viele wählten deshalb ihren Weg durch die Viscardigasse, das »Drückeberger-Gass'l«.

Putschversuch

Adolf Hitler unternahm hier am 9. November 1923 seinen missglückten Putschversuch (➤ 20). Zwischen 1933 und 1945 wurde der »Marsch auf die Feldherrnhalle« als wichtiges Propaganda-Ereignis der Nazis ausgeschlachtet. Eine seitlich an der Feldherrnhalle in der Residenzstraße angebrachte Gedenktafel flankierten SS-Wachen. Sie wurde 1945 entfernt.

KLEINE PAUSE
Das Café ***Rottenhöfer*** (Residenzstr. 26) ist für Münchens beste Pralinen bekannt.

191 D4 Odeonsplatz Odeonsplatz

FELDHERRNHALLE: INSIDER-INFO

Top-Tipp: Wenn Ihnen die Beine weh tun, nehmen Sie hier eine **Fahrrad-Rikscha** und lassen sich durch den Hofgarten zur Prinzregentenstraße schaukeln.

3 Nationalmuseum

Als in Nürnberg 1852 das Germanische Museum gegründet wurde, reagierte König Maximilian II. auf die Herausforderung der Franken mit dem Bau eines »vaterländischen« Museums in München. Es beherbergt heute eine der bedeutendsten kunst- und kulturgeschichtlichen Sammlungen Europas.

Ursprünglicher Sitz des Bayerischen Nationalmuseums war das heutige Museum für Völkerkunde (➤ 82), aber der Platz wurde schon bald zu eng, und 1900 zog die Sammlung in die neuen Räume an der Prinzregentenstraße. Gabriel von Seidl plante das Museum in Einklang mit den Exponaten: Wo Gotik ausgestellt werden sollte, wurde in gotischen Linien gebaut, Romanisches und Barockes erhielt einen ebensolchen Rahmen. Von außen wirkt das Museum deshalb recht uneinheitlich. Machen Sie sich auf Entdeckungsreise, und erforschen Sie Gemälde, Sakralkunst, Kunsthandwerk, Rüstungen, Waffen und Bauernstuben.

KINDERSPASS
Einmal im Monat wird sonntags um 15 Uhr für die kleineren Besucher ein spezielles Kinderprogramm aufgelegt: Abenteuergeschichten lauschen, mit der Museumsmuffel-Bande auf Entdeckungsreise gehen, Puppen basteln ...

Preziosen aus Elfenbein und andere Kostbarkeiten

Zu den Glanzstücken der Sakralkunst gehören filigrane Elfenbeinreliefarbeiten wie die Reidersche Tafel *Christi Himmelfahrt* (19 × 12 cm, 5. Jh.) und die *Kreuzigung Christi* von 870 (22 × 10 cm) sowie gotische Skulpturen z. B. von Tilman Riemenschneider.

Kostüme, Möbel, kostbare Uhren, Pokale und Wandschmuck führen das höfische Leben des Barock und Rokoko vor. Aber

Maximilian II. vor seinem Museum

auch Gegenstände aus Klassizismus, Historismus und Jugendstil sowie der bürgerlichen Welt sind zu sehen. Im Untergeschoss widmet sich die Volkskundeabteilung dem profanen Leben der einfachen Leut' in früheren Zeiten mit Bauernstuben und Gegenständen des täglichen Gebrauchs.

Kommet ihr Kindlein

Hier ist auch der Höhepunkt des Museums, die Krippenausstellung, zu finden. Krippen von 1700–1850 aus dem Alpenraum und Süditalien zaubern Weihnachtsstimmung herbei. Zu verdanken ist die Sammlung dem Münchner Kommerzienrat Max Schmederer, der sie Ende des 19. Jhs. aufbaute. Stimmungsvoll arrangiert, scheinen die Szenen der Verkündigung an die Hirten, der Anbetung der Könige, der Herbergssuche oder der Flucht nach Ägypten von Leben erfüllt. Besonders schön ist ein neapolitanischer Markt von mehreren Metern Länge mit 38 cm hohen Figuren: Zu sehen sind Metzger und Bäcker, Marktfrauen und Passanten, die winzigen Körbe fein geflochten, das Mauerwerk weinumrankt. Solche Straßenszenerien, die auf den »historisch korrekten« Rahmen des Morgenlandes verzichten, sind typisch für die Krippenkunst Neapels bis zum Ende des 18. Jhs.

In der Krippenausstellung

KLEINE PAUSE

Im Museum serviert die ***Camatti Bar*** Getränke und italienisch-bayerische Kleinigkeiten.

197 F5 · Prinzregentenstr. 3 · 211 24 01 · Di–So 10–17, Do bis 20 Uhr · Lehel · Tram Nr. 17, Bus Nr. 100 Nationalmuseum/Haus der Kunst · mittel, So preiswert · www.bayerisches-nationalmuseum.de

NATIONALMUSEUM: INSIDER-INFO

Top-Tipp: Jeden Sonntag um 11 Uhr und donnerstags um 18 Uhr finden **Führungen zu speziellen Themen** statt.

Geheimtipp: Versäumen Sie keinesfalls die **Stadtmodelle aus Holz!** Das von Johann Baptist Seitz und seinem Sohn Franz (1850–63) ist so detailbesessen gearbeitet, dass die Familie daran fast pleite ging.

4 Völkerkunde-museum

Indianische Tipis, afrikanische Masken und asiatische Götterstatuen entführen im zweitgrößten Völkerkundemuseum Deutschlands in eine geheimnisvolle Welt.

Ein bisschen maurisch sieht das Völkerkundemuseum aus, doch die verspielte Fassade wurde nicht für die exotische, sondern für die bayerische Kunst entworfen, die heute im Nationalmuseum zu sehen ist (➤ 80). Die Wittelsbacher waren ethnografisch interessiert und sammelten bereits früh »Objekte« aus fremden Kulturen. Prinzessin Therese von Bayern ging sogar selbst auf Reisen und brachte 1893 von ihrer Tour durch nordamerikanisches Indianerland 125 »Kuriositäten« mit nach München. Sie sind heute Kern der Ausstellung im Nordamerikasaal des Museums. Aus den über 150 000 Exponaten im Fundus werden die ständigen sechs Ausstellungen über Afrika, Indien, Ostasien, Nord- und Südamerika, Ozeanien und den islamischen Orient immer wieder neu zusam-mengestellt, um möglichst viele Stücke in die Öffentlichkeit bringen zu können Sonderausstellungen nehmen sich der Gegenwart an und beleuchten Themen wie das Genozid in Ruanda oder die Frage »Was essen wir wirklich?«.

Asiatische Kostbarkeiten

In der Asienabteilung in der 1. Etage sind Meisterwerke aus Stein, Bronze und Holz so arrangiert, dass sie die besondere Stimmung hinduistischer oder buddhistischer Tempel heraufbeschwören und zur Meditation einladen. Die Wittelsbacher Ostasiatikasammlung und die Sammlung des Japanforschers Franz von Siebold waren der Grundstein des Völkerkundemuseums und sind heute noch sein besonderer Stolz. In nächster Zeit sollen weitere ständige Ausstellungen zu Ozeanien und zum islamischen Orient eröffnet werden.

WITTELSBACHER PHILANTHROPIE

Botanische und zoologische Forschung war Anlass der Reise von Carl Friedrich Philipp von Martius und Johann Baptist von Spix nach Brasilien. Bei der Rückkehr nach München 1820 hatten sie zahllose Präparate und zwei Indianerkinder dabei, die Königin Karoline sofort persönlich unter ihre Fittiche nahm. Doch all die Sorge fruchtete nichts gegen das Klima: 1821 starb der Junge, ein Jahr später das Mädchen. Die Worte »Unerbittlich des Nordens rauer Winter ... « schmücken den Grabstein der beiden Indianer auf dem Münchner Südfriedhof.

Filigranes Meisterwerk aus Federn

Holz, Plastik, Federn

Ständige Gäste in der Afrikaabteilung in der 2. Etage waren die Maler des »Blauen Reiter«, August Macke und Wassily Kandinsky. Die Figuren und Masken lieferten ihnen Stoff für ihre Bildkompositionen. Aber nicht nur traditionelle Skulpturen sind zu sehen, sondern auch zu Götzen verfremdete moderne Haushaltsgegenstände und ornamentale Textilarbeiten. Indianergesänge locken den Besucher in den Nordamerikasaal; hier findet sich neben der Sammlung Prinzessin Thereses das älteste erhaltene Kajak der Welt von 1577. Das indianische Südamerika ist besonders durch herrliche, teils aus Federn gearbeitete Textilien vertreten. Der Alltag der Indianer wird anhand von landwirtschaftlichem Gerät, Kochutensilien und Jagdwaffen vorgestellt.

KLEINE PAUSE

Im Museumscafé ***Max2*** können Sie sich mit Suppe, Salat, Pasta oder Kuchen stärken.

197 E4 · Maximilianstr. 42 · 210 13 61 00 · Di–So 9.30–17.30 Uhr · Lehel · Tram Nr. 17, 19 Maxmonument · mittel, So 1 Euro (Sonderausstellungen gehen extra) · www.voelkerkundemuseum-muenchen.de

VÖLKERKUNDEMUSEUM: INSIDER-INFO

Top-Tipp: Jeden letzten Freitag im Monat (Sept.–März) finden beim **»Ethnologischen Salon«** Lesungen und Diskussionen statt.

5 Hofbräuhaus

Münchner Familien, bayerische »Grantler« und Touristen aus aller Welt lieben das legendäre Gasthaus, dem sogar ein eigenes Lied gewidmet ist und in dem ein Engel, der verstorbene Dienstmann Alois Hingerl, seinen Stammtisch hat.

Im 16. Jh. tranken die adeligen Damen und Herren eigentlich lieber Wein als Bier. Da der importierte Rebensaft Herzog Wilhelm V. aber teures Geld kostete, ließ er 1589 den Hühnerstall der Alten Veste (heute Alter Hof, ➤ 86) abreißen und baute das Hofbräuhaus, um seinen Hofstaat mit Bier versorgen zu können. 1644 braute der Staat am Platzl weiter und verkaufte von dort an die Gaststätten. Erst 1830 wurden in den Brauereigebäuden die ersten Gasträume eingerichtet. 1896 öffnete dann der heutige Biertempel am Platzl seine Tore und wurde alsbald Legende. 10 000 Liter HB-Bier fließen täglich aus den Fässern, und die Bedienungen stellen Rekorde im Tragen möglichst vieler Maßkrüge auf.

MITSINGEN IST PFLICHT

»Da, wo die grüne Isar fließt, wo man mit Grüß Gott dich grüßt ... « und so weiter und so fort. Wenn die Blaskapelle das »Hofbräuhauslied« anstimmt, fallen alle mit ein. Das Lied endet mit »oans, zwoa, gsuffa«, einer Aufforderung, der die Gäste gerne Folge leisten.

Immer freundlich: die Bedienungen im Hofbräuhaus

Gemütlich ist es drinnen und draußen, wenn eine Blaskapelle für Stimmung sorgt

EIN MÜNCHNER IM HIMMEL

Sehen Sie den »Grantler« mit der blauen Dienstmütze in der Ecke? Das ist der Engel Aloisius, ehemals Alois Hingerl und Dienstmann in München, dessen Geschichte Ludwig Thoma aufgezeichnet hat: Ein Schlaganfall raffte den Alois dahin, und er landete als Engel Aloisius im Himmel. Kreuzunglücklich, weil's nur Manna zu trinken gab, begann er zu randalieren. Also ernannte Gott ihn zum Boten, der die himmlischen Ratschlüsse der bayerischen Regierung überbringen sollte. Gleich mit dem ersten Brief landete Aloisius im Hofbräuhaus und sitzt da immer noch – und die bayerische Regierung wartet bis heute auf eine Eingebung.

Das Hofbräuhaus am Platzl

Der riesige rustikale Gastraum mit seinen Holztischen im Erdgeschoss heißt »Schwemme«. Hier kocht die Stimmung am Abend manchmal so hoch, dass man sie durchaus mit der auf dem Oktoberfest vergleichen kann. Dann lassen sich sogar die Stammtischler, die alteingesessenen Hofbräuhausgäste, vom Überschwang anstecken und prosten den »Zuagroasden« zu. Wie viele Stammgäste das Hofbräuhaus hat, zeigen die als »Stammtisch« ausgewiesenen Tische, an denen sich in alter Tradition Herren- und gelegentlich auch Damenrunden einmal in der Woche treffen. Manche Stammgäste haben sogar einen eigenen Bierkrug, den sie bis zum nächsten Besuch im »Maßkrugsafe« wegsperren.

KLEINE PAUSE

Sie sind kein Freund der Bierseeligkeit? Um die Ecke sorgt ab 18 Uhr die ***Cortiina Bar*** (Ledererstr. 8) für Kontrastprogramm – Design pur mit ebensolchen Gästen.

191 E3 **Platzl 9** **29 01 36 10**
9–24 Uhr **Marienplatz**
www.hofbraeuhaus.de, www.hofbraeuhaus.com

HOFBRÄUHAUS: INSIDER-INFO

Top-Tipp: Eleganter sind die Gaststuben und der Historische Festsaal in der **1. und 2. Etage**. Im Festsaal spielt die Blasmusik ab 19 Uhr auf.

Geheimtipp: Selbst die meisten Münchner wissen nicht, dass das Hofbräuhaus einen wunderschönen, schattigen **Biergarten** hat!

Muss nicht sein! Man muss nicht bis zur **Sperrstunde** bleiben; der Alkoholkonsum entfaltet gegen Ende seine volle Wirkung auf den Magen vieler Gäste.

Nach Lust und Laune!

6 Alter Hof

Ein überwölbter Durchgang, ein kopfsteingepflasterter Hof, ein hoher, mit Rauten geschmückter Turm – die ehemalige Residenz bezaubert mit mittelalterlichem Flair: Im späten 12. Jh. entstand die erste Festungsanlage an der Stadtmauer, 1328 zog Ludwig IV. der Bayer als Deutscher Kaiser ein. Ende des 14. Jhs. kam dann das Aus; die neu erbaute Residenz (➤ 76) war repräsentativer. Der Alte Hof ist nur von außen zu besichtigen, im Inneren sind heute staatliche und kulturelle Institutionen untergebracht, ein Teil wird von Geschäften und als Wohnungen genutzt.

191 E3 **Burgstr. 8** **Marienplatz**

7 Max-Joseph-Platz

Das **Bayerische Nationaltheater** (➤ 94) am Max-Joseph-Platz, der nach diesem Theater auch Opernplatz heißt, stiftete König Max I. Joseph 1818, doch schon fünf Jahre später wurde es ein Raub der Flammen. Leo von Klenze rekonstruierte das Theater bis 1825. Der klassizistische Bau besitzt prunkvolle Säle und einen königlichen Zuschauerraum. Fünf Uraufführungen von Wagner-Opern finanzierte Ludwig II. im Nationaltheater. Den Vorplatz ziert ein Denkmal von Max I. Joseph. Die

TROMPE-L'ŒIL

Wenn Sie die Maximilianstraße stadtauswärts gehen, dann achten Sie doch auf das erste Haus links nach der Oper! Sehen Sie den Unterschied zu den Nachbarbauten? Wenn nein, dann ist es wirklich gelungen. Hier klaffte bis 2003 eine hässliche Baulücke, die mit den modernen Maximilianshöfen hinter der nach altem Vorbild errichteten Fassade geschlossen wurde.

***Schwanensee* im Nationaltheater**

Italienischer Barock: die Theatinerkirche

Straße von der Residenz nach Osten ließ Maximilian II. ab 1852 von Friedrich Bürklein planen. Prächtig und von Bürgerhäusern flankiert, führt sie zum Maximilianeum (➤ 131) am anderen Isarufer. Heute ist die **Maximilianstraße** die teuerste Einkaufsmeile Münchens; an ihr liegen das Luxushotel *Vier Jahreszeiten* und die renommierten Kammerspiele sowie gleich neben der Oper die schicken Maximilianshöfe.

191 E4 Odeonsplatz
Tram Nr. 19 Nationaltheater
www.bayerische-staatsoper.de

8 Theatinerkirche

Ein bisschen arg barock, sehr gelb und behäbig wirkt die Theatinerkirche, St. Kajetan, zwischen dem klenzeschen Klassizismus um sie herum. Kurfürstin Henriette Adelaide gelobte den Bau 1662, und da sie aus dem Haus Savoyen stammte, brachte sie mit dem italienischen Hochbarock ein Stückchen Heimat nach München: Ein Jahrhundert später besserte Cuvilliés mit Rokoko nach. Schlanke Fronttürme mit barocken Turmhelmen flankieren den aufspringenden Mittelteil der Fassade, im Inneren schenkt reicher Stuckschmuck dem Raum Leichtigkeit.

191 D4 Theatinerstr. 22
210 69 60 Kirche Mo–Sa 7–19, So 8–19 Uhr; Fürstengruft Mai–Okt. Mo–Fr 10–13/13.30–16.30, Sa 10–15 Uhr
Odeonsplatz www.theatinerkirche.de

9 Cuvilliéstheater

Deutschlands schönstes Rokokotheater schuf François Cuvilliés 1751 zusammen mit den besten Hofkünstler seiner Zeit. 1781 wurde Mozarts *Idomeneo* darin uraufgeführt. 1944 fiel das Theater dem Bombenhagel zum Opfer und wurde bis 1958 originalgetreu rekonstruiert. Vom ursprünglichen Bau stammen nur noch die Holzverzierungen der Logen.

191 E4 Residenzstr. 1
29 06 71 April–Juli und 16. Sep.–15. Okt. Mo–Sa 14–18 Uhr, So 9–18 Uhr, Aug.–15. Sep. 9–18 Uhr, 16. Okt.–31. März Mo–Sa 14–17 Uhr, So 10–17 Uhr
Odeonsplatz preiswert
www.schloesser.bayern.de, www.bayerische-staatsoper.de

Glanzvolle Logen im Cuvilliéstheater

Alt und Neu: die Bayerische Staatskanzlei

10 Hofgarten und Neue Staatskanzlei

Ein kleiner Triumphbogen führt vom Odeonsplatz zum im 17. Jh. angelegten Hofgarten mit seinen geometrischen Beeten und Wegen, die auf den zentralen Dianatempel zustreben. Auf ihm wacht *Tellus Bavarica*, die »bayerische Erde« als bronzene Göttin. Östlich schließt der Neubau der Staatskanzlei den Hofgarten ab. Die Münchner wehrten sich heftig gegen den protzigen Regierungssitz, der das alte, 1907 erbaute Armeemuseum mit Glas und Stahlbeton umschließt.

191 E4/5–F4 Karl-Scharnagel-Ring Odeonsplatz Bus Nr. 100 Von-der-Tann-Straße

11 Haus der Kunst

Zur Einweihung des vom Architektenpaar Troost errichteten Nazi-Baus am 18. Juli 1937 kam die gesamte Führungsriege der NSDAP. Die darin abgehaltenen Ausstellungen widmeten sich bis Kriegsende dem, was die Machthaber unter »Deutscher Kunst« verstanden: pompös die Skulpturen, kantig die Gesichter auf den Gemälden, blond die Haare, blau die Augen. Heute zeigt die Galerie im Wechsel Ausstellungen der Klassischen Moderne, aber auch zeitgenössische und avantgardistische Kunst.

191 F5 Prinzregentenstr. 1 21 12 70 10–20, Do bis 22 Uhr Lehel Tram Nr. 17, Bus Nr. 100 Nationalmuseum/Haus der Kunst teuer www.hausderkunst.de

12 Archäologische Staatssammlung

Die Sammlung (vormals Prähistorische Staatssammlung) schlägt den Bogen von der Altsteinzeit über die Antike bis zum frühen Mittelalter und ist damit eine schöne Ergänzung des gleich nebenan liegenden Nationalmuseums, das die Geschichte an dieser Stelle fortsetzt. Grabbeilagen erlauben den Blick auf die Welt der Kelten, Germanen und Römer, Alltagsgegenstände dokumentieren das ganz normale Leben, und sakrale Kunst lässt die Götter der Frühzeit auferstehen.

197 F5 Lerchenfeldstr. 2 211 24 02 Di–So 9.30–17 Uhr Lehel Tram Nr. 17, Bus Nr. 100 Nationalmuseum/Haus der Kunst mittel www.archaeologie-bayern.de

MIT ASTERIX DURCHS MUSEUM

Die Archäologische Staatssammlung organisiert ein buntes Kinderprogramm: Führungen durch die Steinzeit oder mit Asterix zu den Kelten sowie Bastelkurse in der Archäologischen Werkstatt unterhalten kleine und große Kinder. Über Termine informiert die Homepage.

Wohin zum ... Essen und Trinken?

Preise
Die Preisangaben gelten pro Person für ein Essen ohne Getränke:
€ unter 12 Euro **€€** 12–25 Euro **€€€** über 25 Euro

RESTAURANTS

Austernkeller €€€
Das Traditionsrestaurant ist die Münchner Adresse für Liebhaber von Fisch und Meeresfrüchten. Die etwas plüschige Einrichtung mit Lüstern und Antiquitäten ist schnell vergessen, wenn die Bouillabaisse oder Irischer Angellachs auf der Zunge zergehen. Natürlich werden auch Kaviar und Austern serviert. Aufmerksame, flinke Kellner umsorgen die Gäste. Preiswert schlemmen kann man mit den günstigen Drei-Gänge-Menüs.
191 F3 Stollbergstr. 11
29 87 87 Mo–Fr 11.30–14 und ab 17 Uhr Tram Nr. 19 Kammerspiele

Brenner €€–€€€
Rote Polsterbänke, hölzerne Stühle und dorische Säulen bilden den extravaganten Rahmen für ein ausgezeichnetes Essen aus der großen Speise- oder der Pastakarte. Wer nur einen Aperitif zur blauen Stunde möchte, ist ebenfalls gerne gesehen, und wer sich auf die Wohlgerüche des eigenen Tellers konzentrieren will, ist gut beraten, bei der Vorbestellung um einen Tisch möglichst entfernt vom zent-ralen Grillbereich zu bitten.
191 E3 Maximilianstr. 15
452 28 80 Mo–Fr 12–14.30/ 17.30–24, So 12–24 Uhr Odeonsplatz

Conviva im Blauen Haus €€–€€€
Das Blaue Haus ist die Probebühne der Münchner Kammerspiele und in ihm hat das Conviva Platz gefunden, das mit einem ungewöhnlichen Konzept Gäste lockt. Man sitzt kommunikationsfreundlich an langen Holztischen, und das Personal rekrutiert sich zu mehr als 50 % aus Münchnern mit geistigem oder psychischem Handicap. Obwohl man schon vom Anspruch her keine Sterneküche sein will – die Gerichte sind ausgezeichnet und mit allerfrischesten Zutaten bereitet. Nicht ohne Grund darf man auch die Theaterkantine mit ihren durchaus kapriziösen Essern bewirtschaften.
191 F3 Hildegardstr. 1
23 33 69 77 Mo–Sa 11–1, So 17–1 Uhr Marienplatz

Dallmayr €€€
Dallmayr ist eine der ersten Adressen für alles, was es auf der Welt an feinen Lebensmitteln gibt. Die Küche des Restaurants mit internationalen und einfallsreichen Gerichten wird berechtigterweise hoch gelobt. Der Küchenchef legt großen Wert auf geradlinige, feine Speisen und verzichtet auf modischen Schnickschnack. Das Ambiente ist gediegen-elegant, die Gäste haben sich im Laufe ihres Lebens eine wohlsituierte Position geschaffen und schätzen den Blick von den Tischen am Fenster auf Marienhof und Frauenkirche.
191 D3 Dienerstr. 14/15
213 51 00 Di–Sa 12–15, 19–23 Uhr
Marienplatz

Dukatz €€
Seine Sporen als Stern am kulinarischen Stadthimmel hat sich das Dukatz an seinem früheren Standort im Literaturhaus erworben. Heute residiert es in einem Glastempel und serviert weiterhin

leichte französisch-feine Küche von höchster Qualität. Parterre darf man sich im Bistro mit einer kleineren Karte zufrieden geben oder Milchshakes und Cocktails schlürfen, in der 1. Etage läuft die Küche zu breitgefächerter Kochkunst auf. Auf der Terrasse kann man sowohl als auch genießen.

191 D4 Schäfflerhof (Maffeistr. 3a)
710 40 73 73 10–1 Uhr
Marienplatz

Gandl €€–€€€

Eine ebenso originelle wie delikate Kombination von Feinkostgeschäft und Restaurant: Tagsüber gibt's in Bistroatmosphäre im Laden italienisch inspirierte und eher preiswertere Gerichte, abends, in formellerem Ambiente und von aufmerksamen Kellnern umsorgt, französische Küche vom Feinsten. Am schönsten aber ist das *Gandl* im Sommer, wenn ein paar Tische am St.-Anna-Platz romantische Gefühle wecken und man sich irgendwo in der Provence wähnt.

197 F4 St.-Anna-Platz 1
29 16 25 25 Mo–Sa 10–0.30 Uhr
Lehel

Hofer – der Stadtwirt €€

Der Gastwirt möge verzeihen, wenn zunächst das Haus im Vordergrund steht: *Hofer* residiert nämlich im ältesten Haus Münchens, und dessen um 1550 errichteten, gotischen Gewölbe alleine sind den Besuch wert. Zum kulinarischen Wohlbefinden tragen Weißwürste, Leberkäs' oder Geröstete Knöd'l bei, und um der italienischen Seele des Münchners zu schmeicheln, gibt's natürlich Büffelmozzarella und Vitello Tonnato – im Sommer auch im Innenhof.

191 D3 Burgstr. 5
24 21 04 44 Mo–Sa 10–1 Uhr
Marienplatz

Kaimug €–€€

In der Thai-Garküche in den Fünf Höfen duftet es verführerisch nach allen Genüssen Asiens. Die Gäste holen Essen und Trinken selbst und lassen sich an den stets gut besetzten Tischen oder entlang der Glasfront auf Barhockern nieder. Grünes Thai-Curry oder Tigergarnelen in Chillipaste machen Lust auf eine Thailandreise. Ein Tipp: wenn's zu voll ist, kann man die Speisen auch mitnehmen und sie beispielsweise auf einer Bank am Marienhof hinter dem Rathaus verzehren.

191 D4 Theatinerstr. 15
20 60 33 27 Mo–Sa 11–22 Uhr
Marienplatz

Nage und Sauge €

Das Lokal mit italienisch beeinflusster Küche und einfacher Einrichtung wird wegen der Preise und besonders wegen des lockeren Ambientes von jüngeren Gästen aufgesucht. Da man hier nicht reservieren kann, empfiehlt es sich, früh zu kommen. Spezialitäten sind beispielsweise Tortellini mit Spinat-Gorgonzola-Sauce. Zu späterer Stunde stattet dem *Nage und Sauge* auch die »Szene« ab und an einen Besuch ab, um im Gewühl einen Cocktail zu schlürfen.

197 E4 Mariannenstr. 2
29 88 03 17.15–1 Uhr
Tram Nr. 17 Mariannenplatz

Schuhbeck's in den Südtiroler Stuben €€€

Die Einrichtung mit Holztäfelungen unter Stuckdecken im Hauptrestaurant, der Münchner-Kindl-Stube oder in der Barockstube ist elegant. Die Küche nimmt Südtiroler und bayerische Einflüsse auf und führt sie zur Perfektion. Die Zubereitung der Gerichte kann man am Bildschirm verfolgen, wenn Herr Schuhbeck im Bayerischen Fernsehen in der Serie *Hausmannskost für Feinschmecker* kocht. Probieren Sie Böfflamott mit Gänseleber und Brez'n-Knöd'l, die bajuwarische Version des *Bœuf à la mode*.

191 E3 Platzl 6/8
216 69 00 Mo–Sa 18–23, Di–Sa auch 12–14.30 Uhr Marienplatz

Spatenhaus €€

In den holzgetäfelten Räumlichkeiten sitzen die Gäste im Erdgeschoss in lauschigen Ecken oder an großen Tischen, im 1. Stock etwas eleganter. Bayerisch-rustikal ist die Küche mit großen Portionen, die in Windeseile serviert werden. Das Publikum ist international, aber auch Einheimische kommen wegen der Atmosphäre ins Spatenhaus.

191 D4 Residenzstr. 12
290 70 60 9.30–24 Uhr
Tram Nr. 19 Nationaltheater

Tambosi €€

Das üppig mit Stuck geschmückte Kaffeehaus, dessen Tradition bis ins 18. Jh. zurückreicht, ist vor allem im Sommer ein Muss: Dann wird nämlich die Terrasse im Hofgarten eröffnet und die Gäste genießen die italienischen Snacks vor der Kulisse des Renaissancegartens. Die Küche bietet mit Bruschette, Crostini und Pasta die üblichen Münchner Italospezialitäten in guter Qualität, an Wochenenden manchmal begleitet von live gesungenen Opernarien.

191 E5 Odeonsplatz 18 29 83 22
7–1 Uhr Odeonsplatz

Zum Franziskaner €€–€€€

Die Alt-Münchner Traditionsgaststätte wirkt nach einem Facelifting luftiger und heller, ohne ihren bayerischen Charme verloren zu haben. Auf der Speisekarte rangieren alle bayerischen »Schmankerln«, vom Presssack bis zur Weißwurst, vom Schweinsbraten bis zum Lüngerl mit Knödel. Vor allem Geschäftsleute und viele Touristen schätzen den schnellen Service und die deftige Kost.

191 D4 Perusastr. 5, zweiter Eingang Residenzstr. 9 231 81 20
9–24 Uhr Marienplatz

CAFÉS

Bar Centrale

Eng und rauchig ist es in der nun schon seit Jahren angesagten Bar, wo junge Menschen und Geschäftsleute das gemütlich-holzgetäfelte Ambiente, die bequemen Sessel und das Sehen und Gesehenwerden genießen, bevor sie in die Clubs weiterziehen.

191 E3 Ledererstr. 23
22 37 62 7.30–1, So ab 9 Uhr
Marienplatz

Kreutzkamm

Das hell eingerichtete Café ist die Adresse für das Kaffeekränzchen älterer Damen, die es gewohnt sind, an ihrem angestammten Tisch Platz zu nehmen und den besten Baumkuchen Münchens zu bestellen.

191 D3 Maffeistr. 4 29 32 77
Mo–Sa 8–19, So 12–18 Uhr (im Sommer So geschl.) Tram Nr. 19 Theatinerstraße

Schumann's Tagesbar

Charles Schumann ist vielleicht kein Münchner Original, stadtbekannt ist er trotzdem. Sein Tageslokal in den Fünf Höfen ist aber nicht nur deshalb, sondern wegen der wirklich guten Snacks, des hervorragenden Cappuccino und der netten Atmosphäre zu empfehlen.

191 D4 Maffeistr. 6
24 21 77 00 Mo–Fr 8–21, Sa 9–19 Uhr Marienplatz

Wohin zum … Einkaufen?

Abgesehen von der direkten Umgebung des Hofbräuhauses ist dieser Teil des Stadtzentrums der feinere und teurere Shoppingbereich in München. Internationale Designer und große Namen finden sich hier Tür an Tür.

RUND UMS HOFBRÄUHAUS

Das Shoppingangebot um das Hofbräuhaus bestimmen nicht ausschließlich Bayernsouvenirs und Fußball: In der Ledererstraße gibt's beispielsweise das **Shirokko** (Ledererstr. 19) mit Weltmusik und Lounge-Sounds; traditionelle und moderne Folklore, Salsa und Highlife, Jazz und Merengues – es gibt kaum einen Musikstil, der in diesem alteingesessenen Münchner Laden nicht vertreten wäre, und die Beratung ist exzellent. Wer Handschuhe braucht ist bei **Roeckl** (Maffeistr. 1) richtig – seit 170 Jahren. Das Unternehmen hat alle Aufs und Abs erlebt und es gibt es immer noch. Ob den eleganten Damenhandschuh bis zur Ellenbeuge für die Oper, den sportlichen Handschuh für den Ausritt der Lady im Englischen Garten, den durchbrochenen Lederschutz für die das Lenkrad kräftig umpackende Männerhand oder das graue Rehleder des hochchargierten Unifomträgers, Sämischleder, Python, Strauß, Hirsch, was immer die Frau und der Mann von Welt begehren. Im winzigen Laden von Elfriede Mertl **Terzi Stahlwaren** (Orlandostr. 6) wird alles verkauft, »wos schnoad« (was schneidet): Scheren, Messer und eine große Auswahl der bayerischen Hirschermesser, also Messer mit einem Griff aus Hirschhorn. Fans jeglicher Couleur finden im **Fan-Shop** (Orlandostr. 4) Trikots und Devotionalien ihrer favorisierten Fußballmannschaft – einzige Bedingung: Sie spielt in der Bundesliga. Wer ausschließlich Fanartikel »seines« Münchner Vereins sucht, betritt den Fanshop TSV 1860 von München gegenüber oder den FC-Bayern-Shop nebenan. **Schuhbecks Gewürzladen** (Platzl 4a) macht sich nicht mit Plastiktütchen und -dosen gemein. Fein verpackt finden sich mehr als ein Gros unterschiedlicher Pulver und Körner aus aller Herren Länder, darunter 8 Chilisorten, die mit einem Kilopreis von 45 Euro bis knapp unter 500 Euro zu Buche schlagen – man muss aber nicht gleich zwei Pfund nach Hause tragen, 100 g gehen auch.

AN DER MAXIMILIANSTRASSE

Die Maximilianstraße ist Münchens Flanier- und Shoppingmeile für den gut gefüllten Geldbeutel; D&G, Jill Sander und Ralph Lauren zeigen in perfekt gestylten Schaufenstern, was im kommenden Jahr Trend wird. In der **Montblanc Boutique** (Maximilianstr. 14) erhält der/die Geschäftsmann/frau alles, was die tägliche Arbeit angenehm und den Erfolg vorzeigbar macht aus deutscher Produktion: Füllfederhalter und weiteren Luxus aus Hamburg. Ein Münchner Traditionsgeschäft verbirgt sich um die Ecke hinter einer winzigen Auslage: **Elly Seidl** (Am Kosttor 2) ist Spezialistin für Pralinés, und das schon seit 1918! Ausgefallene, aber auch ganz traditionelle Delikatessen – dafür steht **Dallmayr** (Dienerstr. 14/15). Lachs und Austern, Kaffee und Weißwürste, Pralinés und Öle sind von ausgesuchter Qualität. Die **Caravanserai** (Maximilianstr. 42) versteckt sich in den erlauchten Hallen des Völkerkundemuseums und verkauft Orientalika, sprich Schmuck und Textilien: von der usbekischen Pferdedecke über das Brottuch aus Persien bis zum Fußreif aus Rajasthan.

ZWISCHEN MAFFEISTRASSE UND RESIDENZ

Angefangen hat **Lodenfrey** (Maffeistr. 7) mit Trachten, inzwischen ist das Geschäft Münchens führendes Haus für Designermode. Die Trachtenabteilung ist nach wie vor eine der besten in der Stadt und präsentiert sowohl traditionelle Lederhosen und Dirndl als auch folkloristische Abendgarderobe und trendige Tracht. Münchens ganzer Shopping-Stolz gilt den **Fünf Höfen**, in denen Modeläden wie Zara, Strenesse und Emporio Armani, der Schuhpapst Camper und die Wellness-Lounge von Beauty Spy die exquisite Architektur von Stararchitekten wie Herzog & de Meuron füllen. Was die wenigsten wissen: gut versteckt im Tiefgeschoss residiert ein bestens sortierter **Supermarkt**, in dem es den ganzen Alltagskram zu kaufen gibt, der in die gestylte Welt »oben« nicht so recht passt. Sportliche Mode hat das Label von Willy und Sônia Bogner berühmt gemacht. Im **Bogner-Haus** (Residenzstr. 14/15) zeigt das Ehepaar die Vielseitigkeit seiner Entwürfe. Seit 1596 ist die Familie Meier im Schuhmacher-Metier, und im herrlich nostalgischen

Laden von **Eduard Meier** (Residenzstr. 22) wird diese Tradition weiter gepflegt. Die hier nach Maß gefertigten Schuhe sind zwar ein sehr teurer Spaß, halten dafür aber ein Leben lang. Allein der Duft des frischen Leders ist schon eine Verlockung. Auch **Kandis** (Residenzstr. 23) ist ein Münchner »Kindl«; man sieht das der schlicht-eleganten Mode mit leicht afrikanischem Einschlag allerdings nicht an. Naturmaterialien wie Leinen, Baumwolle und Seide werden hier zu zeitlosen Modellen für Damen und Herren verarbeitet. Ob **Schlichting** (Weinstr. 8) eher Kinder oder deren markenbewussten Mütter anspricht, sei dahingestellt. Auf jeden Fall gibt's hier vom Häkelmützchen bis zum Kommunionkleidchen, vom Strampler bis zu den hipsten Jeans die tollsten Klamotten für kleine und große Kinder, dazu wunderschöne, italienische Schuhe für die Kleinen von Welt und Spielzeug – selbstverständlich aus Holz.

Wohin zum … Ausgehen?

BARS MIT ESSEN

Schumann's (Odeonsplatz 6–7, Tel. 22 90 60, Mo–Fr 9–3, Sa/So 18 bis 3 Uhr): Die Meldung, Charles Schumann könne sich die Miete an der Maximilianstraße nicht mehr leisten und müsse schließen, ließ 2003 die Münchner Nachtschwärmer erbeben. Aber der Grand Homme der Barszene hatte Mitleid und eröffnete ein neues Domizil am Odeonsplatz. Dort können alle, die bekannt sind, aber auch ganz normale Menschen von Schumanns Charme, den schmackhaften Snacks und exzellenten Cocktails zehren.

Das **Eisbach Bar & Küche** (Marstallplatz 3, Tel. 22 80 16 80, 10–1 Uhr) ist todschick, mehr Restaurant denn Bar und nicht nur von den Forschern der Max-Planck-Gesellschaft (in deren Haus man residiert) beschwärmt. Die endlose Glasfront lässt den Blick über den großzügig geplanten Marstallplatz schweifen (wenn auf dem Freisitz alles besetzt ist), die Küche zeigt sich leicht und einfallsreich mit z. B. Rote-Bete-Mohn-Süppchen mit Shrimps oder Filet vom Baramundi auf Süßkartoffel-TrockenfrüchteCousCous – und Cocktails gibt es eben auch.

In der **Kulisse** (Maximilianstr. 26, Tel. 29 47 28, Mo–Sa 8.30–1 Uhr, So ab 17 Uhr) treffen sich seit 50 Jahren die Schauspieler der umliegenden Theater nach getaner Arbeit und manchmal vor den Proben zum Frühstück, sonst: Shopping-Publikum für Kaffee, Cocktail oder eine Pasta.

BARS

Die Cocktails sind gut geschüttelt, das Publikum entspannt. In der traditionellen American Bar **Pusser's** (Falkenturmstr. 9, Tel. 22 05 00, Mo–Sa 17–3, So 18–3 Uhr) genießt man unaufgeregt den Abend.

Tiefe Ledersessel und schummerige Baratmosphäre laden nicht nur zum Nikotingenuss im **Tabacco** (Hartmannstr. 8, Tel. 22 72 16, 17–1, Fr/Sa bis 3 Uhr). Auch die guten Cocktails sind zu empfehlen.

Der Ruf des **Schumann's** (Odeonsplatz 6/7, Tel. 22 90 60, Mo bis Fr 17–3, Sa/So 18–3 Uhr) eilt seit Jahrzehnten seinen Gästen voraus und sorgte so bereits vor dem Umzug in das neue Ladenlokal am Hofgarten für die künftige drangvolle Enge des einzigen wirklichen Dauerbrenners im Münchner Nachtleben. Wichtige Regel für Besucher und Besucherinnen: Cool sein – und zwar weit, weit unterhalb des Gefrierpunktes.

Falk's Bar im Hotel *Bayerischer Hof* (Promenadeplatz 2–6, Tel. 212 09 56, 11–2 Uhr) begeistert mit üppigem Stuckdekor und entspannter Atmosphäre im 1839 eröffneten Spiegelsaal.

DISKOTHEKEN

Ganz gleich, wie viele Pachas neu eröffnen, das **P1** (Prinzregentenstr. 1, Tel. 211 11 40, ab 22 Uhr) hält seine Spitzenstellung schon seit Jahrzehnten. Das mag am Geschick des Wirtes aus der Münchner Feinkost-Käfer-Dynastie liegen oder einfach daran, dass es hier wirklich ganz lässig und entspannt ist – wenn man es geschafft hat, am Türsteher vorbeizukommen.

Eigentlich sollte es das **Prinzip** (Maximilianstr. 29, Tel. 0177 / 835 49 97, Do–Sa ab 24 Uhr) nur ein paar Monate geben, aber irgendwie wurde aus dem Provisorium eine Dauereinrichtung. In der Innenstadt die Adresse für House-Fans.

LIVEMUSIK

Früher tobte hier der Brit-Pop, jetzt haben auch andere Stile eine Chance im **Atomic Café** (Neuturmstr. 5, Tel. 228 30 54, Di–So 22–3, Fr/Sa bis 4 Uhr). Vornehmlich junges Publikum lauscht seinen Lieblingsstücken vom Plattenteller, den weltberühmte DJs bedienen. Wenn Livegruppen in den kleinen, auf 1960er gestylten Räumen auftreten, ist die Hölle los.

Der **Night Club** des Hotels *Bayerischer Hof* (Promenadeplatz 2–6, Tel. 212 00, 22–3 Uhr) spricht mit seinem anspruchsvollen Programm aus Jazz, Latin und Soul etwas ältere Semester an; wenn namhafte Bands gastieren, erreicht die Stimmung trotz des eleganten Ambientes schnell den Siedepunkt.

Eigentlicher Sunrise in der **Roten Sonne** (Maximiliansplatz 5, Tel. 55 26 33 30, Öffnung 22/23 Uhr) ist nach Mitternacht. Livemusik immer am Freitag und Samstag, aber auch ab und an sonst. Die besten DJs, die angesagtesten Gruppen und Gäste.

THEATER

Diese Ecke Münchens ist Theaterland. Von der Oper bis zur Boulevardkomödie, vom avantgardistischen Theater zum klassischen Sprechstück wird hier Abend für Abend in höchster Qualität gespielt. Flaggschiff ist das **Bayerische Nationaltheater** (Max-Joseph-Platz 2), dessen Opern- und Ballettvorstellungen meist schon lange vorher ausverkauft sind. Fragen Sie an der Theaterkasse (Marstallplatz 5, Tel. 21 85 19 20) nach, oder versuchen Sie, per Mausklick Karten zu ergattern (www.bayerische-staatsoper.de). Wenn Sie sich nur an den Räumen und der Einrichtung erfreuen wollen, können Sie an einer Führung (meist um 14 Uhr) teilnehmen (Auskunft unter Tel. 21 85 10 25, hier auch Infos zu Führungen für Kinder). Nebenan im **Residenztheater** (Max-Joseph-Platz 1) wird das exzellente Ensemble von Intendant Dieter Dorn regelmäßig mit Standing Ovations gefeiert (Kartenvorverkauf beginnt jeweils 14 Tage vor der Vorstellung, Vorverkaufskasse am Marstallplatz 5, Tel. 21 85 19 40 oder unter www.staatsschauspiel.de). Auf dem Programm stehen die Klassiker des Sprechtheaters, aber auch junge Autoren. Zwischen Tradition und Avantgarde zeigen auch die Ensembles der **Münchner Kammerspiele** (Maximilianstr. 26), des **Neuen Hauses** (Falckenbergstr. 1) und des **Werkraumtheaters** (Hildegardstr. 1) mit großer Spielfreude ihr Können (Kartenvorverkauf 14 Tage vorher, Maximilianstr. 28, Tel. 23 39 66 00). Boulevard und Komödie sind im Programm der **Kleinen Komödie im Bayerischen Hof** (Promenadeplatz 6, Tel. 29 16 05 30, www.komoedie-muenchen.de).

KINO

Etwas plüschig und abgesessen, dafür aber eines der wenigen noch erhaltenen, »richtigen« Kinos in München ist das **Theatiner Filmkunst** (Theatinerstr. 32, Tel. 22 31 83). Hier können Sie die kleinen Kostbarkeiten der Filmkunst aus der Vergangenheit genießen, und das im originalen 1950er-Ambiente.

Maxvorstadt und Schwabing

Erste Orientierung

Rund um die Universität, wo Ende der 1960er-Jahre die Pflastersteine flogen, führen Studenten und Kunstbetrieb heute ein entspanntes Tête-à-tête. Das legendäre Alt-Schwabing ist eine der trendigsten Shoppingecken Münchens, und gleich nebenan lockt die grüne Oase des Englischen Gartens zu Sport und Erholung.

Seite 95:
Zu Füßen des Monopteros im Englischen Garten

Kunst und Kultur konzentrieren sich im Münchner Kunstareal in drei Pinakotheken, dazu in Sammlungen moderner Kunst, expressionistischer Werke und griechischer Heroen. Da trifft es sich gut, dass das Studentenviertel rund um diese Kunst-Stadt voller Cafés und Kneipen ist, in denen die Studenten der hehren Kunst und Architektur ein buntes, quirliges Leben entgegensetzen. Auch Schwabings Flaniermeile, die Leopoldstraße, ist der ideale Ort des Müßiggangs: Zahllose Menschen können es sich offenbar erlauben, den Tag in Straßencafés zu vertrödeln und dabei zuzugucken, wie hinter Sonnenbrillen versteckte Cabrio- und Geländewagenbesitzer die Straße auf und ab brausen und nach hübschen Mädchen Ausschau halten. »Leopoldstraßen-Schick« nennen kritische Geister den hier vorherrschenden Hang zur Angeberei im Outfit und im Auftreten etwas abfällig. Alt-Schwabing rund um die Münchner Freiheit ist ein klassisches Ausgehviertel: Hier gibt's die bissigsten Kabarettbühnen, die abgestürztesten Kneipen und die angesagtesten Läden, zumindest, was die Bedürfnisse der Hip-Hop-Szene angeht.

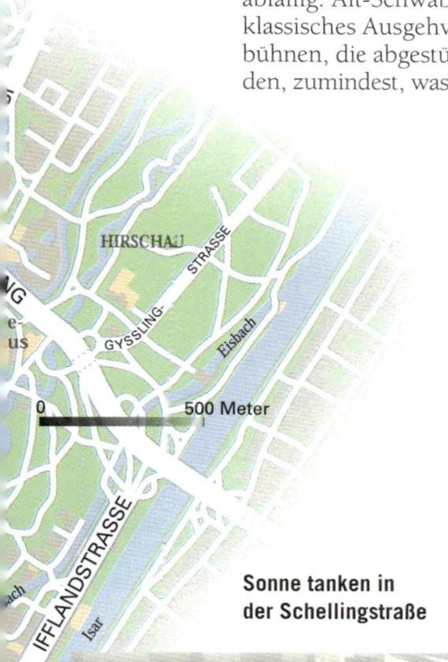

★ Nicht verpassen!

1. Lenbachhaus ➤ 100
2. Königsplatz ➤ 102
3. Pinakothek der Moderne ➤ 104
4. Museum Brandhorst ➤ 106
5. Siegestor ➤ 107
6. Englischer Garten ➤ 108

Nach Lust und Laune!

7. Alte Pinakothek ➤ 110
8. Neue Pinakothek ➤ 110
9. Ludwigstraße ➤ 110
10. Leopoldstraße ➤ 111
11. Alt-Schwabing ➤ 111

Sonne tanken in der Schellingstraße

An einem Tag

Die folgende Route ist eine Möglichkeit, wie Sie einige der interessantesten Sehenswürdigkeiten von Maxvorstadt und Schwabing an einem Tag abklappern können. Nutzen Sie die Karte (➤ 96f) zur Orientierung, die einzelnen Highlights werden im Folgenden (➤ 100ff) näher beschrieben.

9 Uhr

Beginnen Sie den Gang durch die Münchner Kunstgeschichte im Kunstbau des **1 Lenbachhaus** (unten rechts; ➤ 100), das Haus selbst ist leider bis 2012 wegen Renovierung geschlossen. Anschließend geht's zurück in die Antike! Der von Leo von Klenze entworfene **2 Königsplatz** (➤ 102) mit Glyptothek, Staatlichen Antikensammlungen und dem Museum der Abgüsse Klassischer Bildwerke entführt in griechische und römische Zeit.

12.30 Uhr

Ein kurzer Spaziergang bringt Sie zum vietnamesischen Restaurant *Cyclo* (➤ 112), wo Sie sich eine Mittagspause gönnen sollten: Es ist viel gerühmt für seine delikate Küche. So gestärkt können Sie sich zwischen den alten Meistern in der **7 Alten** oder ihren Malerkollegen aus dem 19. Jh. in der **8 Neuen Pinakothek** (unten; ➤ 110) entscheiden. Oder aber Sie verzichten auf beide und machen eine kleine Verschnaufpause, bevor es mit der modernen Kunst weitergeht.

14.30 Uhr

Aber auch hier müssen Sie sich letztlich entscheiden, entweder Architektur, moderne Kunst und Design in der **3 Pinakothek der Moderne** (➤ 104) oder **4 Museum Brandhorst** (➤ 106), 2009 eröffnet, mit lockender Fassade und zeitgenössischer Kunst.

16 Uhr

Eine Reverenz an die Renaissance: die 9 **Ludwigstraße** (➤ 110) zwischen Feldherrnhalle (➤ 79) und 5 **Siegestor** (➤ 107) schwelgt in klassizistischen Linien und hellem Stein, hinter dem Studenten in den Instituten der Universität und im Lesesaal der Staatsbibliothek büffeln. Ein schneller Espresso im *Café an der Uni* (oben; ➤ 114) erwärmt die Seele und stärkt den Geist. Lassen Sie dann die Maxvorstadt hinter sich, und machen Sie einen Bummel durch die Schwabinger 10 **Leopoldstraße** (➤ 111) nach Norden. Selbst an kalten Tagen sind die Straßencafés voll besetzt und die Modeläden (rechts) gut besucht. Von der Münchner Freiheit aus locken die Straßen 11 **Alt-Schwabings** (➤ 111) mit Kneipen und originellen Läden.

17.30 Uhr

Der 6 **Englische Garten** (links; ➤ 108) ist leicht zu finden. Sind Ihre Beine schon sehr müde, dann gönnen Sie ihnen doch eine kurze Rast im *Seehaus* (➤ 113) am Kleinhesseloher See. Japanisches Teehaus und Monopteros sind die Stationen beim Spaziergang durch den Park, der nur an einem Punkt enden kann: am Chinesischen Turm. Unter Kastanien und umgeben von einem bunten Völkchen aus Studenten, Rentnern und Familien, schmeckt die Radler-Maß so gut wie nirgendwo sonst.

20 Uhr

Haben Sie Lust auf politisches Kabarett? Bei der Lach- und Schießgesellschaft (➤ 118) wird scharfzüngig mit Worten geschossen. Oder möchten Sie lieber schöne Menschen gucken? Dann ab in die *Reitschule* (rechts; ➤ 116), einen der bewährten Münchner Singletreffs.

Lenbachhaus

In der Villa Franz von Lenbachs im Museumskomplex »Lenbachhaus Kunstbau« finden sich die schönsten Werke der Künstlergruppe »Der Blaue Reiter« und die größte Ausstellung an Kandinsky-Gemälden Deutschlands. Das Haus selbst weckt Erinnerungen an Italien: Münchens »Malerfürst« wollte partout in einer toskanischen Villa wohnen.

Franz von Lenbach (1836–1904) machte sich Ende des 19. Jhs. einen Namen mit Portraits berühmter Persönlichkeiten. Mehrmals war er in Rom gewesen, und einen italienischen Palazzo wollte er auf dem Zenit seines Erfolges nun auch in München haben. Gabriel von Seidl erfüllte ihm 1891 den Wunsch. Noch heute springt das Italienische den Besucher geradezu an – Fontänen plätschern, die Hecken sind gestutzt, marmorne Bänke laden zur Rast. Das repräsentative Palais sah rauschende Künstlerfeste und prominente Besucher. Reichskanzler Bismarck gefiel es so gut, dass er sich auf dem Balkon des Palais von den Münchnern feiern ließ. Seit 1994 ziert der Neon-Schriftzug »You Can Imagine The Opposite« von Maurizio Nannucci als Objekt zeitgenössischer Kunst die Fassade.

Stuck und Schnitzwerk satt

Der Blaue Reiter

München war in der Regierungszeit des Prinzregenten 1886–1912 ein vitaler Hort der Künste und der Literatur (➤ 27). 1909 formierten sich in München lebende Künstler zur »Neuen Künstlervereinigung München« und organisierten Ausstellungen. Als Wassily Kandinskys Gemälde *Komposition V* für eine Ausstellung 1911 abgelehnt wurde, tat sich Kandinsky mit Franz Marc, Gabriele Münter, Alexej Jawlensky, August Macke, Paul Klee und anderen zusammen und veranstaltete eine eigene Werkschau – der »Blaue Reiter« war geboren. In ihren Ateliers in Schwabing und in Gabriele Münters Haus in Murnau entstanden Meisterwerke des Expressionismus wie Franz Marcs *Der Tiger* (1912), Alexej Jawlenskys *Reife* (1912) und

Wasserspiele im Garten des Lenbachhauses

Lauschiges Idyll mit italienischem Flair

Kandinskys *Impression III (Konzert)* (1911). Die Großzügigkeit zweier Damen führte schließlich die Villa des Malerfürsten und den »Blauen Reiter« zusammen: 20 Jahre nach Lenbachs Tod entschloss sich seine Witwe, das Haus und einen Teil der Werke ihres Mannes an die Stadt München zu verkaufen. Damit war 1924 der Grundstein für die Städtische Kunstgalerie gelegt.

Der Kunstbau

Die Erweiterung des Lenbachhauses mit dem Kunstbau hat sich zufällig ergeben. Beim U-Bahnbau war aus technischen Gründen ein Leerraum entstanden, der 1994 dem Museum zugeschlagen wurde. Seitdem wird die von Uwe Kiessler gestaltete unterirdische Kunsthalle für temporäre Ausstellungen genutzt. 2010 ist u. a. eine Ausstellung mit Aquarellen und Zeichnungen der Gruppe »Blauer Reiter« geplant: Von Kandinsky bis Klee. Bis in das Jahr 2011 hinein soll dann an den Künstler, Spiritisten und Darwinisten Gabriel von Max (1840–1915) erinnert werden.

KLEINE PAUSE

Das **Kaptol** (Briennerstr. 41) gleich um die Ecke ist Bar, Bistro und Café mit mediterraner Küche in eleganten Räumen und mit kleinem Freisitz.

GENERALSANIERUNG

Leider ist das Lenbachhaus wegen Sanierungsarbeiten bis 2012 geschlossen. Der Kunstbau allerdings steht weiterhin offen.

196 C5 Luisenstr. 33 23 33 20 00
Kunstbau: Di–So 10–18 Uhr; Lenbachhaus bis 2012 wg. Renovierung geschlossen Königsplatz teuer
www.lenbachhaus.de

LENBACHHAUS: INSIDER-INFO

Top-Tipp: Augen auf! – Der öffentliche Raum zwischen Lenbachhaus und Kunstbau wird ein- bis zweimal im Jahr von Künstlern mitgestaltet.

2 Königsplatz

Ein antikes Forum mitten in München! König Ludwigs I. Schwärmerei für die Antike und Leo von Klenzes architektonisches Genie haben diesen einmaligen Platz geschaffen, um den sich die Bauten der Propyläen, der Glyptothek und der Antikensammlungen gruppieren. Im Sommer verwandelt er sich in Münchens schönste Konzertarena.

Allerdings liegt auch der Schatten des Nationalsozialismus auf dem Königsplatz: Hitler requirierte die von tempelartigen Bauten umstandene Freifläche für Aufmärsche und ließ sie pflastern. Zwei Ehrentempel für die Gefallenen des Hitlerputsches (1945 gesprengt) sowie Führerbau und Parteiverwaltung (im Osten an Arcis- u. Meiserstraße) veränderten sein Gesicht nachhaltig. Erst 1988 wurde der Belag wieder entfernt und Rasen ausgesät.

NS-Aufmarsch am 9. November 1940 auf dem Königsplatz

Besuch beim Faun

Kern der Ausstellung in der **Glyptothek** ist die berühmte Sammlung antiker Kunst von Ludwig I.; für sie errichtete Leo von Klenze 1816–30 die Glyptothek in Form eines ionischen Tempels. In dem nach dem Krieg restaurierten Museum sind heute Skulpturen und Tempelreliefs ästhetisch äußerst stimmungsvoll arrangiert: Da räkelt sich lasziv der *Barberinische Faun* (220 v. Chr.), kühl und in klassischen Proportionen erstarrt erscheint der *Apoll von Tenea* (560 v. Chr.), lebhaft und scharf gezeichnet sind die Abbilder berühmter Persönlichkeiten wie z. B. die Marmorbüste des *Kaisers Augustus* (30 v. Chr.).

Schönheitskonkurrenz der marmornen Heroen

Hinter römischem Portikus

Georg Friedrich Ziebland baute 1838–48 den römischen Tempel gegenüber der Glyptothek. Darin zeigen

Marmorne Athene als Giebelschmuck der Glyptothek

die **Staatlichen Antikensammlungen** Kleinplastiken und Schmuck, von archaischen Stierplastiken der Kykladenkunst (3. Jt. v. Chr.) über Gefäße aus Mykene (14. Jh. v. Chr.) bis zur Dionysos-Schale aus dem 6. Jh. v. Chr. Auch hier bilden von Ludwig erworbene Exponate den Kern der Ausstellung. Seine Sammlung griechischer Vasen hatte bereits damals Weltruhm. Übrigens verehrte der verliebte König zwei Gefäße seiner Maitresse Lola Montez (➤ 28), die diese flugs in Genf verkaufte. Erst 1905 stellte sich heraus, dass die beiden Vasen gefälscht waren.

MUSEUM DER ABGÜSSE

Über 1700 Gipskopien griechischer und römischer Statuen zeigen die Kunstfertigkeit antiker Bildhauer. Natürlich sind Highlights wie die ***Laokoon-Gruppe*** (50 n. Chr.) oder der ***Diskuswerfer*** (5. Jh. v. Chr.) vertreten. (Meiserstr. 10, Tel. 28 92 76 90, Mo–Fr 10–20 Uhr, Eintritt: frei, www.abgussmuseum.de)

KLEINE PAUSE

Es gibt wohl keinen besseren Ort, die müden Glieder zu entspannen, als das **Café in der Glyptothek**, in welchem man von perfekt geformten Marmor-Hellenen umgeben ist.

197 D5 Königsplatz

Glyptothek

Königsplatz 3 28 61 00

Di–So 10–17, Do bis 20 Uhr mittel

www.antike-am-koenigsplatz.mwn.de

Staatliche Antikensammlungen

Königsplatz 1 59 98 88 30

Di–So 10–17, Mi bis 20 Uhr mittel

www.antike-am-koenigsplatz.mwn.de

KÖNIGSPLATZ: INSIDER-INFO

Top-Tipp: Versuchen Sie nicht, die kompletten Sammlungen zu sehen, sondern beschränken Sie sich auf **wesentliche Einzelstücke**. Im Untergeschoss der Antikensammlungen sollten Sie beispielsweise keinesfalls den *Goldkranz aus Armento* (370 v. Chr.) und das *Große Diadem aus Pantikapaion* (300 v. Chr.) versäumen.

3 Pinakothek der Moderne

Um die Pinakothek der Moderne wurde in München lange gekämpft, weil dem Staat das Geld fehlte. Private Förderer sprangen ein. Heute ist München stolz auf das größte Museumsgebäude Europas, auf dessen außergewöhnliche Architektur und auf mehrere Sammlungen von Weltruf.

Es dauerte 12 Jahre, bis der Beschluss der Staatsregierung, eine dritte Pinakothek zu errichten, 2002 endlich realisiert war. Der rechteckige, eine zentrale Rotunde umschließende Bau mit seinen hohen Glasfassaden geht auf einen Entwurf des Münchner Architekten Stephan Braunfels zurück; die hohen, lichtdurchfluteten Räume bilden einen wunderbaren Rahmen für die darin ausgestellten Sammlungen. Umstritten ist allerdings nach wie vor die äußere Gestaltung der Pinakothek: Während der Architekt darauf besteht, dass nichts den puristischen Eindruck stören darf, empören sich viele Besucher über die Schlichtheit.

Sammlung Moderner Kunst

Malerei, Plastik und neue Medien sind Thema der Sammlung Moderner Kunst im 1. und 2. Obergeschoss. Hier finden sich Werke des Surrealismus und Expressionismus, darunter in ihrer Intensität eindrucksvolle Gemälde von Max Beckmann. René Magritte und Salvador Dalí sowie Pablo Picasso werden mit großen Werkgruppen vorgestellt. Die zweite Hälfte des 20. Jhs.

Licht und Schatten in der zentralen Rotunde

vertreten Joseph Beuys, Andy Warhol und Georg Baselitz; die neuen Medien repräsentieren u. a. Videoprojektionen von Bruce Naumann.

Symbiose von Architektur und Kunst

Design

Eine geschwungene Treppe führt von der Rotunde hinunter in den Designbereich: Hier sehen Sie, beginnend mit den Entwürfen Rudolf Thonets Mitte des 19. Jhs. über das Bauhaus bis zum Popdesign, einen bunten, abwechslungsreichen und spannenden Überblick über die Entwicklung des Designs. Der berühmte Citroën DS 19 von 1955 ist ebenso vertreten wie Thonets klassische Stühle; Schmuckdesign von höchster Qualität können Sie in der »Danner-Rotunde« bewundern.

Architektur

Deutschlands größte Sammlung für Architektur hat in diesem architektonischen Kleinod ebenfalls Platz gefunden. Zeichnungen und Modelle führen quer durch die Architekturgeschichte, angefangen bei den Bauten der Münchner Klassizisten Leo von Klenze und Friedrich Gärtner über Le Corbusier bis hin zum 2004 verstorbenen Otto Steidle.

Joseph Beuys' Vision vom *Ende des 20. Jhs.*

KLEINE PAUSE

Gegenüber der Pinakothek der Moderne lädt das *Timballo* (Gabelsbergerstr. 9) zu Panini oder preiswertem bayerisch-italienischen Mittagessen ein.

197 D5 Barer Str. 40 23 80 53 60 Di–So 10–18, Do bis 20 Uhr Tram Nr. 27, Bus Nr. 100 Pinakotheken teuer
www.pinakothek-der-moderne.de

PINAKOTHEK DER MODERNE: INSIDER-INFO

Top-Tipp: Regelmäßig finden **Konzerte** und **Filmvorführungen** statt; über das Programm informiert die Homepage.

Muss nicht sein! Fröstelnd zwischen grauem Beton und künstlichen Bäumen im **Pinakothekencafé Qivasou** gelangweilten Damen beim Prosecco-Schlürfen zusehen.

4 Museum Brandhorst

Die bunte Fassade birgt Kunst von Größen wie Warhol, Beuys und Naumann. Gezielt für die Sammlung Brandhorst erbaut, konnte sich der Bau an ihr orientieren – so wurden einzelne Räume speziell für bestimmte Kunstwerke konzipiert.

Udo Brandhorst heiratete Anette Petersen, eine Erbin des Waschmittelkonzerns Henkel (»Persil«) und beide sammelten 20 Jahre lang moderne Kunst, stifteten Sammlung und Museum. 2009 war Eröffnung, beide konnten sie nicht mehr erleben.

Kernstück der Sammlung Brandhorst mit ihren Skulpturen, Gemälden und Installationen war und ist das fast vollständige buchillustratorische Werk von Picasso. Brandhorsts interessierten sich eben besonders für die Verbindung von Dichtung und Malerei und ihre Wechselwirkungen.

Insgesamt 700 Werke sind zu sehen, und es hat kein Ende. Die Stiftung ist finanziell so ausgestattet, dass sie sich zukünftig einen guten Überblick der Kunst des 21. Jahrhunderts einverleiben kann – es bleibt also spannend.

Die Keramikstäbe der Außenfassade

Architektur

Das Büro Sauerbruch Hutton durfte aus dem Vollen schöpfen und schuf eine sich verwirrend vielfältig äußernde Fassade aus Keramik in 23 Farben, die je nach Sonneneinstrahlung und Blickwinkel gänzlich unterschiedlich wirkt. Über 3000 m² Ausstellungsfläche erstrecken sich über drei Etagen mit großzügig dimensionierten Sälen – Museumsarchitektur, die Wege weist.

KLEINE PAUSE

Das *Café Puck* (Türkenstr. 33) ist Studentenkneipe, Frühstücksraum und Cocktailbar – für Fingerfood, Salate oder eine Pasta immer gut.

---

197 D5 Theresienstr. 35a 23 80 52 286 Di–So 10–18 Uhr, Do bis 20 Uhr Tram Nr. 27, Bus Nr. 100 Pinakotheken teuer www.museum-brandhorst.de

MUSEUM BRANDHORST: INSIDER-INFO

Top-Tipp: Die unregelmäßig abgehaltenen Workshops des Museums werden von Kunstexperten begleitet und erlauben die intensive Auseinandersetzung mit den Werken bestimmter Künstler.

5 Siegestor

Ein Triumphbogen »zum Ruhme der bayerischen Armee« bildet den nördlichen Abschluss der Ludwigstraße. Dahinter begann früher das flache Land; heute schließt das lebhafte Schwabing an die stille Prachtstraße an.

Triumphbogen für München

Ludwig I. hatte das Tor bereits als Kronprinz vor Augen, aber erst ein Jahr nach seiner Abdankung konnte es 1849 eingeweiht werden. Leo von Klenze plante es, doch den Auftrag erhielt schließlich Friedrich von Gärtner, der seinem König ein Duplikat des Konstantinbogens in Rom vorschlug und das Tor dann auch so realisierte. Der hohe Mittelbogen ist von zwei kleineren Seitenbögen flankiert, korinthische Säulen schmücken und strukturieren dieses Empfangstor, das alle von Norden nach München Reisende mit majestätischer Wucht empfing.

Stadtauswärts

Stadtauswärts gerichtet ist nicht nur die Inschrift für die bayerische Armee, sondern auch die Figurengruppe der Löwenquadriga mit der Bavaria, die 1852 als krönender Abschluss des Siegestores hinzugefügt wurde. So blickt nun das Stein gewordene Symbol Bayerns auf die beiden Türme des »Münchner Tors« (➤ 25/174), die den Schwabinger Himmel über der Leopoldstraße beherrschen.

KLEINE PAUSE

Das *CADU* (Café an der Uni, ➤ 114) stellt im Sommer Tische und Stühle in seinen idyllischen Innenhof.

194 C1 Ludwigstr. Universität

SIEGESTOR: INSIDER-INFO

Top-Tipp: Besuchen Sie das Siegestor **nicht am Wochenende**, wenn rundherum Gebrauchtwagen verkauft werden. Rasselnde Motoren und auf- und zuschlagende Wagentüren trüben dann den Architekturgenuss.

6 Englischer Garten

Ende des 18. Jhs. angelegt und 1808 der Öffentlichkeit übergeben, war der Englische Garten einer der ersten Volksparks« Europas. Wenn Sie am Wochenende einen Spaziergang durch den Park unternehmen, werden Sie sehen, dass der Begriff »Volk« wirklich zutrifft: Alt und Jung, Familien und Pärchen, Hundebesitzer und Radfahrer, Rollerblader und »g'standene« Bayern, elegante Damen und Punks – alle lieben sie diese grüne Oase im Herzen der Stadt.

Der englische Physiker Sir Benjamin Thompson (1753–1814), in München besser bekannt als Graf von Rumford, gilt als Begründer des Parks. Er überredete Kurfürst Karl Theodor, das Jagdgebiet nördlich der Residenz einem nützlichen Zweck zuzuführen, nämlich eine Veterinärstation des Militärs einzurichten. Friedrich Ludwig von Sckell (1750–1823) schuf daraus eine englische Gartenanlage. Rund 5 km ist der Park entlang der Isar zwischen dem Haus der Kunst (➤ 88) und dem Oberföhringer Stauwehr (➤ 177) lang und ca. 1 km breit. Nördlich vom Haus der Kunst treffen sich die Studenten.

Rikschastop am Chinesischen Turm

Boote und Schwäne

Drei Inseln dümpeln auf dem künstlich geschaffenen Idyll des **Kleinhesseloher Sees**. Schwäne und Enten sehen den Münchnern im Sommer beim Bootfahren und im Winter beim Schlittschuhlaufen auf dem zugefrorenen See zu. Gartenvater Sckell erhielt hier auf einer Landzunge ein eher sprödes Denkmal, eine mit Pinienzapfen geschmückte Säule (1824 nach einem Entwurf von Klenze geschaffen). Gleich nebenan herrscht im Biergarten des eleganten Restaurants *Seehaus* (➤ 113) Hochbetrieb, sobald sich die ersten Sonnenstrahlen zeigen.

Englisches Gartenidyll im Herzen der Stadt

HIRSCHAU UND AUMEISTER

Nördlich des Kleinhesseloher Sees führt eine Fußgängerbrücke über den Isarring in den nördlichen Teil des Englischen Gartens. Hier können Sie durchaus noch Füchsen oder Rehböcken begegnen! In der *Hirschau* (➤ 114) allerdings gibt's kein Rotwild, sondern Bier, bayerische Gerichte und dazu Jazzmusik. An der Isar entlang oder über die sich vielfach verzweigenden Wege, erreichen Sie schließlich das bei den Münchnern beliebte Ausflugslokal *Aumeister* am nördlichen Ende des Parks (➤ 177).

Auf Umwegen zum Chinaturm

Umrunden Sie den See, und folgen Sie dem westlichen Weg nach Süden, vorbei am **Rumfordhaus**, einstmals als Offizierskasino gedacht und heute Münchens am schönsten gelegener Kindergarten. Unter alten Kastanien und Buchen überqueren Sie auf einem Brücklein den Entenbach und erreichen jenen Teil des Englischen Garten, der für seine »Nackerten« berühmt ist: Am **Schwabinger Bach** dürfen seit 1982 die Sonnenanbeter alle Hüllen fallen lassen. Getan haben sie es allerdings schon vorher, aber weil's illegal war, stellten Polizisten ihnen Bußgeldbescheide aus, was immer wieder für lustige Szenen sorgte. Seit es erlaubt ist, ist das FKK-Dasein im Park langweiliger, und die extra angereisten Fototouristen gucken in die Röhre.

An seinem südlichen Ende wird der Park ganz japanisch: Von einem See umgeben, empfängt das **Teehaus** im Sommer am Wochenende Gäste zur Teezeremonie. 1972 wurde es anlässlich der Olympischen Spiele in München errichtet. Sollten Sie keine Zeit haben, nach Berlin zu reisen, dann finden Sie wenige Schritte entfernt, an der Einmündung der Königinstraße, ein Stück der **Berliner Mauer**, die hier an die deutsche Teilung bis 1989 erinnert. Zurück nach Norden, passieren Sie nun den auf einem Hügel stehenden **Monopteros**, ein ionisches Tempelchen (1836) und Treffpunkt der Jugend. Oft wird am Hügel Musik gemacht und gelegentlich auch nicht ganz legalen Genüssen zugesprochen. Der **Chinesische Turm**, bereits 1790 als Holzpagode in den Park gestellt, ist Wahrzeichen für den beliebtesten Biergarten des jüngeren und studentischen Publikums (➤ 114). Unter Kastanien nehmen die lauen Sommernächte hier kein Ende.

Das alte Karussell neben dem Chinesischen Turm macht Kleinen wie Großen Spaß; Kinder freuen sich am Karussellfahren, die Eltern über das Jugendstilschmuckstück mit seinen schön restaurierten Pferdchen.

KLEINE PAUSE

Wie wär's mit einer Runde **Bootfahren** auf dem Kleinhesseloher See?

---

194 C1–195 D1/2–F5 Universität, Giselastraße, Münchner Freiheit

ENGLISCHER GARTEN: INSIDER-INFO

Top-Tipp: Zwischen 1. April und 31. Oktober können Sie einmal im Monat an einer **Japanischen Teezeremonie** im Teehaus teilnehmen (Sa/So 15, 16, 17, So auch 14 Uhr; Eintritt: mittel, Tel. 22 43 19).

Geheimtipp: Müde Beine? Am Chinesischen Turm stehen fast immer ein paar **Kutschen**; die bringen Sie durch den Park zurück ins Hotel.

Nach Lust und Laune!

7 Alte Pinakothek

Die Alte Pinakothek birgt eine der bedeutendsten Gemäldesammlungen alter Meister in Deutschland. Alleine der lang gestreckte Bau, von Klenze 1826–36 nach klaren museumsarchitektonischen Kriterien wie dem optimalen Lichteinfall konzipiert und im Stil der Florentiner Renaissance errichtet, ist aber eine Sehenswürdigkeit für sich. Dank der Sammelleidenschaft der Wittelsbacher besitzt die Pinakothek viele Werke von Weltruhm, darunter Albrecht Dürers *Vier Apostel*, Albrecht Altdorfers *Alexanderschlacht* und Raffaels *Madonna des Hauses Tempi*. Unbedingt sehenswert sind die Säle der Flämischen Malerei des 17. Jhs., u. a. mit Peter Paul Rubens' *Medici-Zyklus*.

197 D5 Barer Str. 27, Eingang Theresienstr. 23 80 52 16 Di–So 10–18 Uhr, Di bis 20 Uhr Königsplatz Tram Nr. 27, Bus Nr. 100 Pinakotheken teuer www.alte-pinakothek.de

Kunstgenuss mit alten Meistern

8 Neue Pinakothek

Henry Moores *Große Liegende* begrüßt die Besucher vor der Neuen Pinakothek. Die Sammlung mit Gemälden und Plastiken des 19. Jhs. gilt nach der Berliner Nationalgalerie als zweitwichtigste Deutschlands. 1981 wurde das Museum der Öffentlichkeit übergeben. Der Entwurf des Architekten Alexander von Branca setzte auf eine etwas monumentale Sandsteinfassade mit hohen Oberlichtern. Anliegen der Pinakothek ist es, die Befreiung von den Konventionen und die Individualisierung zu zeigen, die im 19. Jh. die Kunstentwicklung u. a. von Francisco Goya, William Turner, Eduard Manet und Paul Cézanne prägten. Die deutschen Romantiker sind ebenfalls ausführlich gewürdigt.

197 D5 Barer Str. 29, Eingang Theresienstr. 23 80 51 95 Mi–Mo 10–18 Uhr, Mi bis 20 Uhr Königsplatz Tram Nr. 27, Bus Nr. 100 Pinakotheken teuer www.neue-pinakothek.de

9 Ludwigstraße

Die Prachtstraße für Ludwig I. zwischen Feldherrnhalle (➤ 79) und Siegestor (➤ 106) entspricht nicht ganz den Vorstellungen, die Architekt Leo von Klenze sich gemacht hatte: Seine Vorgabe lautete nämlich: kein

Kein Alien, sondern Schwabings *Walking Man*

Grün und wenige, aber große Fenster! Eine gerade, klassizistische Linie sollte die Straße werden mit dem Siegestor im Fluchtpunkt – aber die zukünftigen Besitzer und Mieter der Palazzi wehrten sich und forderten Nachbesserung. Mit dem eleganten Rondell der Universität und der klaren Fassade der Staatsbibliothek ist die Ludwigstraße dann unter Bauherr Friedrich von Gärtner doch noch gelungen, und die Studenten sorgen dafür, dass der steinerne Ernst nicht allzu schwer auf ihr lastet.

197 E4–5 Odeonsplatz

10 Leopoldstraße

Die Fortsetzung der Ludwigstraße nach Norden ist ihr völliges Gegenteil: Von einer Pappelallee gesäumt, uneinheitlich bebaut, der Gehsteig gepflastert mit Straßencafés, wirkt sie lebhaft und lebendig. Vor der Uni-Mensa verkaufen Studenten und Händler antiquarische Bücher, weiter nach Norden bummeln junge und ältere Semester entlang der Schaufenster der Modeläden. Als Symbol für die Schwabinger Flaniermeile könnte man die 17 m hohe Skulptur *Walking Man* vor dem Gebäude der »Münchner Rück« ansehen – spazieren gehen und gesehen werden heißt die Devise.

194 C1–5 Giselastraße

DIE WEISSE ROSE

An der Münchner Universität gründeten 1942 die Geschwister Hans und Sophie Scholl zusammen mit Freunden die »Weiße Rose«. In Flugblättern riefen sie zum Widerstand gegen das Naziregime auf. Am 18. Februar 1943 wurden sie verraten, verhaftet und vier Tage später hingerichtet

11 Alt-Schwabing

Vom Platz mit dem Namen Münchner Freiheit gelangen Sie ins Herz des »alten« Schwabing, in die Feilitzsch-, Occam- und Haimhauser Straße oder zum Wedekindplatz. Schwabing ist ein Zustand, wird gemeinhin gesagt. Keine explizite Sehenswürdigkeit ist hier zu entdecken, sondern die besondere Atmosphäre: ein bisschen Vorstadt, viel Jugend, zahllose Kneipen, Kinos, Cafés und Diskotheken. Ein Focus ist das Café *Münchner Freiheit*, in dem sich gelegentlich auch gerne prominente Schwabinger einen Kaffee bestellen. Helmut Fischer, der unvergessene *Monaco-Franze* (► 6) war z. B. Stammgast.

194 C2–3 Münchner Freiheit

Wohin zum ... Essen und Trinken?

Preise
Die Preisangaben gelten pro Person für ein Essen ohne Getränke:
€ unter 12 Euro **€€** 12–25 Euro **€€€** über 25 Euro

RESTAURANTS

Alter Simpl €
Das Lokal ist eine Institution in der Maxvorstadt und vor allem beim jungen, studentischen Publikum beliebt, denn es gibt deftige, einfache Küche wie »Fleischpflanzerl« mit Kartoffelsalat oder Gulasch mit Semmelknödel, und das zu moderaten Preisen. Mittags können Sie sich hier an einem preiswerten Menü satt essen.
194 B1 Türkenstr. 57
272 30 83 11–3, Fr/Sa bis 4 Uhr
Universität

Atzinger €
Studentisches Publikum liebt diese Eckkneipe seit Jahrzehnten, und nicht nur, weil das Essen relativ günstig ist. Der *Atzinger* ist einfach ideal gelegen als Treffpunkt zwischen den Vorlesungen oder nach dem Seminar. Und auch wenn die Einrichtung aufgefrischt wurde und die Speisekarte der „Moderne" angepasst, man hält dem *Atzinger* weiterhin die Treue.
194 B1 Schellingstr. 9
28 28 80 10–3 Uhr
Universität

Cyclo €€
An diesem edlen Vietnamesen ist fast alles perfekt: Einrichtung, Blumenschmuck, wunderschön arrangierte Gerichte, diskret-aufmerksamer Service. Und das Essen? Noch perfekter: Versuchen Sie den köstlich-scharfen Rindfleischsalat mit knackigem Gemüsebouquet oder die Hühnerbouillon mit Ingwer! Übrigens gibt's alles auch zum Mitnehmen!
194 B1 Theresienstr. 70
28 80 83 90 Mo–Fr 12–15/ 18–1, Sa/So 18–1 Uhr Universität

Deeba €€
Eines muss gleich vorab gesagt werden: Abends sollten Sie besser reservieren, denn im *Deeba* ist fast immer viel los. Das liegt an der köstlich gewürzten, stets frisch zubereiteten pakistanischen Küche, aber auch am Personal, das mit Leidenschaft berät, scherzt, improvisiert und einfach immer flott und gut drauf ist. Ob Huhn mit Zitrone und süß-saurer Sauce oder Lammeintopf – immer gibt es einen köstlich duftenden Basmatireis mit Safran als Beilage.
194 B1 Barerstr. 42
28 34 07 Mo–Do 9–1, Fr/ Sa 18–24 Uhr Universität

Kaisergarten €–€€
Das rustikale bayerische Lokal in der hübschen Kaiserstraße hat im Sommer einen wunderbaren, kleinen Biergarten. Gekocht wird nach bayerischen und österreichischen Rezepten, so z. B. Sauerbraten, »Fleischpflanzerl« oder Tafelspitz, doch stets mit einer modernen Note, die den Speisen die Schwere nimmt. Das Publikum ist bunt gemischt.
194 C2 Kaiserstr. 34
34 02 02 03 10–1 Uhr
Münchner Freiheit

Last Supper €€
Münchens Restaurant für Heavy-Metal-Fans und Punks, die kein Problem damit haben, unter Marienbildern in einer Art bayerischen

Skihütte zu tafeln. Die durchwegs tätowierten, den Rocker mimenden Kellner bringen fein zubereitete Fleisch- und Pastaspeisen auf den Tisch; es gibt nur Menüs, allerdings stets mit Alternativen zum Austauschen, wenn etwas nicht zusagt. Die Küche ist hervorragend, das Ambiente und die mit fortgeschrittenem Abend immer lauter werdende Musik muss man mögen.
197 E5 Fürstenstr. 9 28 80 88 09
17–1 Uhr Odeonsplatz

Lemar €€

Der Ableger in Schwabing knüpft nun an den grandiosen Erfolg des afghanischen Restaurants im Zentrum an. Auf bequemen Polstern liegt man fast und studiert die Speisekarte nach den Rezepten des zwischen Iran und Pakistan gelegenen Landes. Hinweise auf die Schärfe der Gerichte erlauben auch sensibleren Gourmets ein Festmahl – nur von den Pfefferschoten sollte man die Finger lassen. Selbstverständlich gibt es eine Weinkarte, passender ist aber ein angenehmes Getrank auf Joghurt-Basis als Begleiter zu Vor- und Hauptgericht. Selbstredend sind die Nachspeisen ein Gedicht (die man nach den üppigen Portionen aber nur schwer unterbringt).
194 B2 Viktor-Scheffel-Str. 23
39 76 77 18–24 Uhr
Tram Nr. 27 Kurfürstenplatz

Mocca €€

Mit dem Café, Bar, Restaurant Mocca hat der Orient endgültig seinen Weg nach München gefunden. Gibt es eine bessere Visitenkarte als ständiger Besuch von Gästen von der arabischen Halbinsel, die meist in der 1. Etage (ab 17 Uhr offen) in den Nischen abfeiern und vom Hamburger bis zur Mezza-Platte querbeet auftafeln lassen? Wer schon satt ist, ist auch zum Schmauchen einer Shisha gerne gesehen.
194 C2 Herzogstr. 2
0178 329 02 72 Mo–Do 9–1, Fr/Sa bis 3 Uhr Münchner Freiheit

Osterwaldgarten €–€€

Ein idyllisches, kleines Wirtshaus in Alt-Schwabing mit hübschem Biergarten und wohlschmeckender bayerischer Küche. Am Wochenende kommen viele Fahrradausflügler, dann ist draußen nur schwer ein Platz zu ergattern.
195 D2 Keferstr. 12
38 40 50 40 10–1 Uhr
Münchner Freiheit

Rolandseck €–€€

Einer der wenigen Orte in Schwabing, an dem die Leute nicht gucken und selbst gesehen werden können, denn die Tische draußen sind durch eine absolut dichte Hecke vor neugierigen Passantenblicken geschützt. Im rustikalen Restaurant wird bayerisch gekocht, und zwar relativ schnörkellos. Wenn Sie deftige Speisen und große Portionen lieben, sind Sie hier ziemlich sicher richtig.
194 C3 Viktoriastr. 23
308 37 17 10–1 Uhr
Bonner Platz

Seehaus €€–€€€

Elegant-bayerisches Ambiente und ebensolche Küche in unvergleichlicher Lage direkt am Kleinhesseloher See. Spezialitäten sind beispielsweise Zanderfilet oder feiner Tafelspitz. Zum Restaurant gehört eine wunderschöne Terrasse; im angrenzenden Biergarten geht's etwas volksnaher zu, und das Essen ist günstiger.
195 D2 Kleinhesselohe 3
381 61 30 10–1 Uhr
Münchner Freiheit

Tantris €€€

Seit Jahren ist dieses Restaurant mit schönstem 1970er-Jahre-Interieur Münchens Gourmet-Spitzenreiter und mit Michelin-Sternen gekrönt. Solche Qualität hat natürlich ihren Preis, für ein Menü sollten Sie abends mit rund 100 Euro rechnen. Das *Tantris* ist einfach eine Klasse für sich.
194 C3 Johann-Fichte-Str. 7
361 95 90 Di–Sa 12–15 / 18.30–1 Uhr
Dietlindenstraße

Wirtshaus Zur Brez'n €€

Ursprünglich ein echt bayerisches Lokal, inzwischen leider mit viel Schnickschnack zum Leopoldstraßen-Bayer umdekoriert. Trotzdem ist die *Brez'n* eines der beliebtesten Restaurants am Leopold-Boulevard, und die Küche mit »Schmankerln« wie »Knöd'lgröstel« (geröstete Semmel- und Kartoffelknödel) oder Tafelspitzbrühe kann sich durchaus sehen lassen.

194 C2 Leopoldstr. 72
39 00 92 9–3 Uhr
Münchner Freiheit

BIERGÄRTEN

Chinesischer Turm €

In Münchens buntestem Biergarten treffen sich rund um die Holzpagode alle Nationalitäten und Altersstufen zum gemeinsamen, fröhlichen und entspannten Feiern auf 7000 Sitzplätzen! Essen gibt's an diversen »Brotzeitstandln«, das Bier stammt von Löwenbräu und die Weiße vom Franziskaner. Kinder verjubeln derweil das Geld ihrer Eltern auf dem Jugendstilkarussell nebenan.

195 D1 Englischer Garten 3
383 87 30 10–23 Uhr
Giselastraße

Hirschau €–€€

Mit 1700 Plätzen ein überschaubarer, netter Biergarten im ruhigen Teil des Englischen Gartens nördlich des Isarrings. »Wiesnhendl« und »Steckerlfisch« schmecken hier besonders gut, dazu wird Helles von Spaten ausgeschenkt, und eine Jazzband sorgt für beschwingte Unterhaltung. Kinder können auf dem Abenteuerspielplatz neben dem Biergarten toben.

195 E2 Gyßlingstr. 15
322 10 80 11–24 Uhr
Münchner Feiheit

CAFÉS

Altschwabing

Immer noch schwebt ein Hauch von Nostalgie über diesem schönen, alten Kaffeehaus, wenn auch der Zeitgeist nicht davor Halt gemacht hat. Heutzutage gibt's Muffins, Donuts oder Café Macchiato anstatt einer Portion Kaffee, doch das Jugendstilinterieur macht diesen »Makel« wieder wett.

194 B1 Schellingstr. 56
273 10 22 8–1 Uhr
Universität

CADU/Café an der Uni

Gegenüber dem Uni-Hauptgebäude und an einem ruhigen Innenhof gelegen, ist dieses nette Café erste Wahl bei den Studenten. Neben Kaffee und Kuchen gibt's auch preiswerte kleine Snacks wie z. B. Baked Potatoes.

194 C1 Ludwigstr. 24
28 98 66 00 8–1 Uhr, Sa/So ab 9 Uhr
Universität

Münchner Freiheit

Diese Torten! Diese Eisbecher! Das Café mit seinen fünf winzigen Etagen an der Münchner Freiheit ist nicht nur der Treff der Schwabinger, sondern auch eine kulinarische Offenbarung für alle Leckermäuler. Während es sich »oben« an der Münchner Freiheit eher die älteren Semester bequem machen, hocken die Jüngeren lieber im Ableger »unten«, im Forum am U-Bahn-Ausgang.

194 C2 Münchner Freiheit 20
33 00 79 90 7.30–22 Uhr
Münchner Freiheit

Puck

Sie haben verschlafen, es ist 17 Uhr, und Sie würden gerne frühstücken? Kein Problem im Café *Puck*. Hier gibt's Kaffee, Eier, Müsli und Toast bis 18 Uhr, schließlich möchte man dem studentischen Publikum etwas bieten. Aber auch ohne Frühstück ist das Café ein angenehmer Ort für die Zeitungslektüre oder das Treffen mit Freunden am Abend, und die dunkle Holztäfelung ist ein angenehmer Kontrast zum sonst üblichen Chrom und Glas.

194 B1 Türkenstr. 33
280 22 80 9–1 Uhr
Universität

Wohin zum ... Einkaufen?

In der Maxvorstadt und in Schwabing dreht sich alles um Mode. Das Angebot in den Geschäften richtet sich an das junge, studentische Publikum und an die modebewussten Schwabinger, rund um die Münchner Freiheit auch ans Hip-Hop-Volk. Vor 10 Uhr macht hier kaum ein Laden auf.

RUND UM DIE UNIVERSITÄT

Därr Travelshop (Theresienstr. 66) ist die Münchner Institution, was Reisen und Trekking angeht. Hier gibt es Bekleidung und Ausrüstung. Sie sind weder fernwehkrank noch sportlich, sondern modisch interessiert? Nun, wenn Ihr Geldbeutel gut gefüllt ist, dann statten Sie doch **Projekt.3** (Türkenstr. 71) einen Besuch ab: Edle Schlichtheit empfängt Sie, und ebenso edel ist das Sortiment von Designern wie D&G oder Cinque. Nicht minder edel ist das Sortiment bei **Carta Pura** (Schellingstr. 71), allerdings dreht sich hier alles um feines Papier, das in Einzelbögen aber auch en gros verkauft wird. Bücher antiquarisch verkauft die **Basis Buchhandlung** (Adalbertstr. 41b-43). Hier findet nicht nur linke Literatur und Fachwissenschaft den Weg zu neuen Besitzern, ein Plausch mit anderen in der Vergangenheit Stöbernden ist immer drin. **Antike Lampen** (Türkenstr. 90) verkauft Kristalllüster, Kronleuchter und Tischlampen aus den Anfängen der Elektrifizierung.

RUND UM DIE MÜNCHNER FREIHEIT

Beginnen Sie den Shoppingbummel im **Robot** (Leopoldstr. 69), ein ehemaliger Punkladen, der in den 1980er-Jahren die Münchner Szene mit mutwillig abgewirtschafteter Kleidung und Sicherheitsnadeln versorgte. Auch heute hat man die Finger noch am Puls der Zeit. Angesagte Kleidung, hippe Accessoires und natürlich die allerheißesten Turnschuhe locken die Kunden an. Trendklamotten und Musik aus den Sparten House, Techno und Trance finden Sie im **Neutronic** (Feilitzschstr. 15) auf zwei Etagen. Haben Sie wohlgefüllte Einkaufstüten bei sich? Dann geben Sie alles bereits Gekaufte brav am Eingang ab, bevor Sie das **Flip** (Feilitzschstr. 6) betreten, so will es die Hausordnung. Drinnen finden Sie die neuesten und angesagtesten Designerklamotten und schicke Accessoires – wohlgemerkt, keine klassischen Label, sondern flippiges Zeug. **Mighty Weeny** (Siegesstr. 23) ist Hip-Hop-Land und berühmt für seine Graffiti-Spraydosen sowie die wirklich große Auswahl an Streetwear und Sneakers. **Kunst&Spiel** (Leopoldstr. 48) ist ein Spielzeug-, Spiele- und Kreativtempel für anthroposophisch ausgerichtete Menschen, aber auch andere werden fündig.

RUND UM DIE HOHENZOLLERNSTRASSE

Im **Africa House** (Hohenzollernstr. 50) dreht sich alles um den schwarzen Kontinent. Der Schmuck und die aus afrikanischen Stoffen nach zeitlosen Entwürfen genähte Kleidung sind ein Traum! Wenn Sie auf der Suche nach hippen Designerklamotten aus Italien sind, werden Sie bei **Irina Scarpe & Vestiti** (Ainmillerstr. 2) fündig. Die Alternative mit den angesagtesten Labels aus allen Teilen Europas und der USA ist **Off & Co** (Belgradstr. 5) am Kurfürstenplatz. Miu Miu, Prada, D&G schmücken die Schaufenster und die Regale. Bei Hanf & Schokolade (Belgradstr. 6) erhält man beides. Die Peifen- und Tabakstube **Lichtenstern** (Belgradstr. 6) gleich daneben verkauft Knaster aus allen Teilen der Welt, am teuersten natürlich aus Kuba; dazu eine Flasche Rum aus Nicaragua oder Haiti? Retro heißt der Trend der Kollektionen bei **Luis Trenker** (Hohenzollernstr. 62): Die originelle Mischung aus Tracht und Fashion schöpft aus den realen Modevorbildern der Luis-Trenker-Filme. Jede nur erdenkliche Farbe, für Künstler wie auch für Heimwerker, gibt's bei **Living Colour** (Hohenzollernstr. 39), dazu optimales Zubehör und kompetente, aufmerksame Beratung. Eine Schwabinger Institution ist die **Strumpftante** (Hohenzollernstr. 45) mit einer Riesenauswahl klassischer und ausgefallener Seidenstrümpfe, Socken und Füßlinge sowie stets freundlichem Personal. Ins **Kinderzimmer** (Kurfürstenstr. 55) gehen Sie besser alleine, denn wenn Kinder dieses Zauberreich betreten, in dem es die schönsten Spielsachen der Welt gibt, sind Sie gezwungen, ihnen etwas zu kaufen. Und wenn Sie hier im westlichen Schwabing Lust auf Gemüse oder Obst verspüren, dann bummeln Sie doch zum **Elisabethmarkt** (Elisabethplatz) einer kleineren, aber ähnlich feinen Ausgabe des berühmten Viktualienmarktes (➤ 52).

Wohin zum ... Ausgehen?

BARS MIT ESSEN

In der **Brasserie Tresznjewski** (Theresienstr. 72, Tel. 28 23 49, So–Mi 8–1, Do–Sa bis 4 Uhr) fühlen sich manche Gäste besonders wichtig, aber abgesehen davon, ist das gemütlich eingerichtete Lokal ein angenehmer Ort, um den Abend mit einem gepflegten Pils, knackigem Salat oder Pasta zu beginnen.

Im **Café Reitschule** (Königinstr. 34, Tel. 388 87 60, 9–1 Uhr) können Sie tatsächlich den Reitern beim Trainieren zusehen. Aber die meisten kommen hierher, um sich an asiatischen und italienischen Snacks zu delektieren und sich aneinander satt zu gucken. Die Hoffnung, nach einem flirtintensiven Abend nicht alleine nach Hause gehen zu müssen, erfüllt sich leider nicht immer.

Die **Garibaldi-Bar** (Schellingstr. 60, Tel. 28 67 36 70, 12 bis 24 Uhr) ist ein Stück italienische Lebensart im Univiertel: Espresso, Panini, delikate Antipasti, vor allem aber köstliche Weine aus dem eigenen Laden gleich nebenan.

Im **Lardy** (Leopoldstr. 49, Tel. 34 49 49, 17–3 Uhr) geht's um »Tapas & Soul«. Der In-Mexikaner an der Leopoldstraße ist der ideale Ort für heftige Flirts oder auch nur stumme Bewunderung, denn viele Gäste gelten als prominent.

Ein Traditionslokal ist das **Max Emanuel** (Adalbertstr. 33, Tel. 271 40 38, 10–1 Uhr) in vielerlei Hinsicht. Erstens besitzt es einen beliebten, lauschigen Biergarten mit guter bayerischer Küche, zweitens einen Nebenraum, in dem mittwochs und freitags die Münchner Latinos auf die hübschesten Salsa-Tänzerinnen treffen und das zur Musik des besten Salsa-DJs Chuck Hermann. Sonntags mutiert der Salsa-Schuppen zu einem Fifties-Club, da schwingen die Pferdeschwänze und Petticoats. Anbaggern ist Ehrensache, Erfolg aber nur bei guten Tanzkenntnissen garantiert.

Das **News Café** (Leopoldstr. 74, Tel. 38 38 06 00, So–Mi 8–2, Do–Sa bis 3 Uhr) ist ein typisches Leopoldstraßen-Café mit Publikum, das gerne guckt und flirtet. Die amerikanisierte Speisekarte offeriert Noodles und Bagles.

Im **Roxy** (Leopoldstr. 48, Tel. 34 92 92, 8–3 Uhr) bereitet sich die Leopoldstraßen-Szene auf den Abend vor. Hier müssen Sie unbedingt einen Tisch im Freien ergattern, einen Riesen-Eisbecher bestellen und dann möglichst ebenso cool gucken wie die anderen.

Im **Cafe Jasmin** (Steinheilstr. 20, Tel.45 22 74 06, 10–1 Uhr) traf man sich einst zum Kaffeekränzchen – bis die Szene es für sich entdeckt hat. Die Britpop-Beseelten kommen ab 20 Uhr auf Cocktails und intellektuelle

Gespräche über Mode und alles andere, was junge Erwachsene so bewegt, zusammen.

Billiardfreunde kennen in der Maxvorstadt nur eins: ab in den **Schellingsalon** (Schellingstr. 54, Tel. 272 07 88, Do–Mo 10–1 Uhr). Das uralte Lokal mit seinen ebenso alten Spieltischen ist mit mancherlei prominentem Namen verbunden: Angeblich war es Hitlers Stammkneipe, und später wurde der kleine Franz Josef Strauß zum Bierholen in den Salon geschickt. Davon sollten Sie sich aber nicht abhalten lassen, denn hier herrscht eine derart abgestürzt-bayerische Atmosphäre, dass es fast schon wieder schön ist. Und wie gesagt, die Billiardspieler lieben es.

Sie ist eine Institution und gilt als ältestes Lokal in Schwabing: die **Schwabinger 7** (Feilitzschstr. 7, Tel. 34 84 70, 11–1 Uhr). Wirklich gut bekommen ist ihr das Altwerden nicht, denn ganz offensichtlich halten sich hier einige Gäste bereits seit Jahrzehnten an ihrem Bier fest, und es wurde auch schon lange nicht mehr richtig gelüftet. Aber ein Alt-Schwabing-Bummel ohne Stippvisite in der »7« – kaum vorstellbar!

Im **Steinheil** (Steinheilstr. 16, Tel. 52 74 88, 10–1 Uhr) sind die Studenten der nahen TU Stammgäste, und das unter anderem auch, weil's hier Riesenportionen zu günstigen Preisen gibt. Abends ist die Kneipe fast immer rappelvoll, die Luft zum Schneiden und die Stimmung bestens.

Lauer Sommerabend und keine Lust auf Biergarten? Dann nichts wie auf die Terrasse des **Tijuana** (Leopoldstr. 13, Tel. 33 04 07 24, 17–1 Uhr), Tacos und einen Happy-Hour-Cocktail bestellen und gucken: Die gestyltesten »Madln« und schnittigsten »Buam« plustern und gockeln hier um die Wette.

Der **Volksgarten** (Briennerstr. 83, Tel. 57 87 78 59, 11–1 Uhr, Sa ab 17 Uhr) besitzt wie so viele Münchner Lokale einen schönen Garten, und der befindet sich im Innenhof des Volkstheaters. So treffen sich Familien und Theatergäste entspannt zu gutem Wein, Antipasti und Apfelstrudel.

Das **Vorstadt Café** (Türkenstr. 83, Tel. 272 06 99, 8–1, Fr/Sa bis 2 Uhr) ist immer voll, Jung und Alt kommt zum Frühstück, auf einen Mittagssnack oder um den Abend mit Rotwein und Frittata ausklingen zu lassen.

Das **Zest** (Adalbertstr. 23, Tel. 280 06 66, 17–1 Uhr) ist eine feste Institution im Univiertel. Dunkle Wände, eine lange Bar und ein kleiner Restaurantbereich sorgen für angenehm-zurückhaltende Atmosphäre. Die Tageskarte bietet italienisch beeinflusste Gerichte und auch Salate.

BARS UND DISKOTHEKEN

Ein bisschen arg klein ist das barocke **Pomp** (Georgenstr. 50, Tel. 271 18 89, 21–3 Uhr) mit seinen roten Wänden, aber der Besuch lohnt sich, denn hier sind Cocktail-Könner am Werk und die DJs erstklassig.

Im **Barer 61** (Barerstr. 61, Tel. 32 60 24 96, 7–22 Uhr, So ab 8 Uhr) trifft sich die Schwabinger Szene im besten Sinn morgens zum Frühstück und abends zum Drink im außergewöhnlichen Ambiente.

Das **Barschwein** (Siegesstr. 19, Tel. 01 72 83 11 939, 19–3 Uhr) ist bekannt, für „Abfeiern, Runden schmeißen und Sau raus lassen“, so die Eigenwerbung; aber im Ernst, die Getränke sind wirklich günstig und das Publikum durchaus gemischt und angenehm.

Im **Titanic City** (Nordendstr. 64, ab 21 Uhr) gehen die Freunde von nebenan mit guter Musik und preiswerten Getränken miteinander unter; Kellerclub mit der Musik, die zwischen 1970 und 1990 super war – im letzten Jahrhundert also, dennoch junges, ungespreiztes Publikum, bis Mitternacht ist Happy Hour.

Das **Jennerwein** (Belgradstr. 27, Tel. 30 87 221, 20–3 Uhr) gibt es seit 1961 – früher Wohnzimmer der Abgedrehten im Viertel hat es die Kurve gekriegt und ist heute mit DJs unterschiedlichster Couleur (Soul, Ska, Swing, Surf und alles andere auch noch) Sammelplatz Aller, die es überschaubar lieben.

Im **Eat the Rich** (Heßstr. 90, Tel. 18 59 82, Mo–Sa 19–3 Uhr) geht's hingegen immer sehr laut und hoch her, was nicht zuletzt an den Riesencocktails liegt, die hier ausgeschenkt werden.

Leopoldstraße und Alt-Schwabing locken Cocktailfreunde beispielsweise mit der **Vanilla Lounge** (Leopoldstr. 65, Tel. 38 66 68 36, 7–3 Uhr) und dem **Cocktailhouse** (Feilitzschstr. 25, Tel. 39 80 19, So–Do 19–1, Fr/Sa bis 3 Uhr), wo die gemixten Drinks in einem angenehm mit DJ-Sounds untermalten Ambiente oder im Sommer draußen auf der Terrasse genossen werden.

Das **Skyline** (Leopoldstr. 82, Tel. 33 31 31, wochentags bis 4, am Wochenende bis 5 Uhr) ist Schwabings bekannteste Diskothek und ein Hit bei jüngerem und internationalem Publikum. Auf dem Plattenteller drehen sich Salsa und Black Music.

Im **Popclub** (Ainmillerstr. 1, Di/Mi ab 21, Do–Sa ab 22 Uhr) fühlt sich junges Indie-Volk bei Brit-Pop wohl; mittwochs kommen Jazzfans zu ihrem Recht.

Das **Pathos Transport Theater** (Dachauer Str. 110d, Tel. 12 11 10 75, offen bei Theatervorstellungen, meist am Wochenende ab 22 Uhr) feiert nach dem Theater Party mit unterschiedlichen Musikrichtungen, häufig aber mit Drum' n' Bass. Und die freie Theaterszene versteht es, bis in die Morgenstunden abzutanzen.

THEATER

Weit über München hinaus ist die **Lach- und Schießgesellschaft** (Haimhauser-/Ecke Ursulastr., Tel. 39 19 97, www.lachundschiess.de) bekannt. Hier regiert das politische Kabarett mit wechselndem Programm und Gastspielen. Berühmte Komiker und Kabarettisten wie Willy Michl und Michael Mittermeier treten gleich um die Ecke im **Lustspielhaus** (Occamstr. 8, Tel. 34 49 74, www.lustspielhaus.de) auf.

In der **Schauburg** (Franz-Joseph-Str. 47, Tel. 23 33 71 71, www.schauburg.de) wird anspruchsvolles Theater für Jugendliche und Kinder gemacht. Ab und an, ein Geheimtipp, treten in der angeschlossenen Kneipe der Schauburg lokale Kabarettisten auf und erklären blendend lustig ihre Sichtweise der Welt.

In der alten Szenekneipe **Heppel & Ettlich** (Kaiserstr. 67, Tel. 34 93 59, www.heppel-ettlich.de) werden Theater und Kabarett geboten.

Das **Münchner Volkstheater** (Brienner Str. 50, Tel. 52 35 50, www. muenchner-volkstheater.de) hat nichts mit bayerischer Folklore am Hut, es sei denn, sie lässt sich frech und dem Zeitgeschmack entsprechend präsentieren wie z. B. mit dem überaus erfolgreichen Stück *Geierwally*.

Zeitgenössische Autoren und die Klassische Moderne sind Programm im **Theater 44** (Hohenzollernstr. 20, Tel. 322 87 48, www.theater44.de). Das kleine Theater legt besonderen Wert auf die Nähe von Zuschauer und Schauspieler; übrigens haben hier Prominente wie Margarethe von Trotta und Otto Sander erste Theaterluft geschnuppert.

KINO

Viele der Schwabinger Studentenkinos sind mittlerweile verschwunden oder wurden modernisiert. Aber das **Arri** (Türkenstr. 91, Tel. 38 89 96 64) mit unheimlich bequemen Polstersesseln und großer Beinfreiheit trotz dem Trend der Multiplexe mit anspruchsvollem Programm.

Kinderfilme zeigt die Theaterkneipe **Heppel & Ettlich** (Kaiserstr. 67, s. Theater) jeden Sonntagvormittag.

Rechts der Isar

Erste Orientierung

Haidhausen und Bogenhausen, aber auch die Au lagen einst »weitab« der Stadt München, erreichbar über eine einzige Isarbrücke, die Ludwigsbrücke beim heutigen Deutschen Museum. Heute ist Haidhausen dank der »größten Partymeile Europas« ein absoluter Szenetreff, während in Bogenhausen das feine Geld regiert.

Haidhausen sollte mal als »Zweites Schwabing« Karriere machen, doch so weit ist es – glücklicherweise – dann doch nicht gekommen. Es war ein weiter Weg vom Proletarierviertel, wo die Arbeiter Lehm abbauten und Ziegel brannten, bis zum Szenerevier: In den 1970er-Jahren wurde das ehemalige »Glasscherbenviertel« Hochburg der jungen alternativen Szene und ist das bis heute geblieben. Nur den einst so billigen Wohnraum gibt's nicht mehr. Seit der Erklärung zum »Sanierungsgebiet« 1976 regiert die Sanierungswut, und die Mieten sind drastisch gestiegen.

Seite 119: Friedensengel

Damit rückt Haidhausen dem nördlich gelegenen Bogenhausen näher! Hier sind die klassizistischen und Jugendstilfassaden noch eindrucksvoller renoviert, und in der Mauerkircherstraße residiert der städtische Reichtum in Loftwohnungen

Jung und Alt liebt die Auer Dult

und Edelvillen. Wesentlich bodenständiger geht es im früheren Überschwemmungsgebiet der Isar, dem heutigen Stadtteil Au zu. Er hat sich den Ruf des Arbeiterviertels bewahrt.

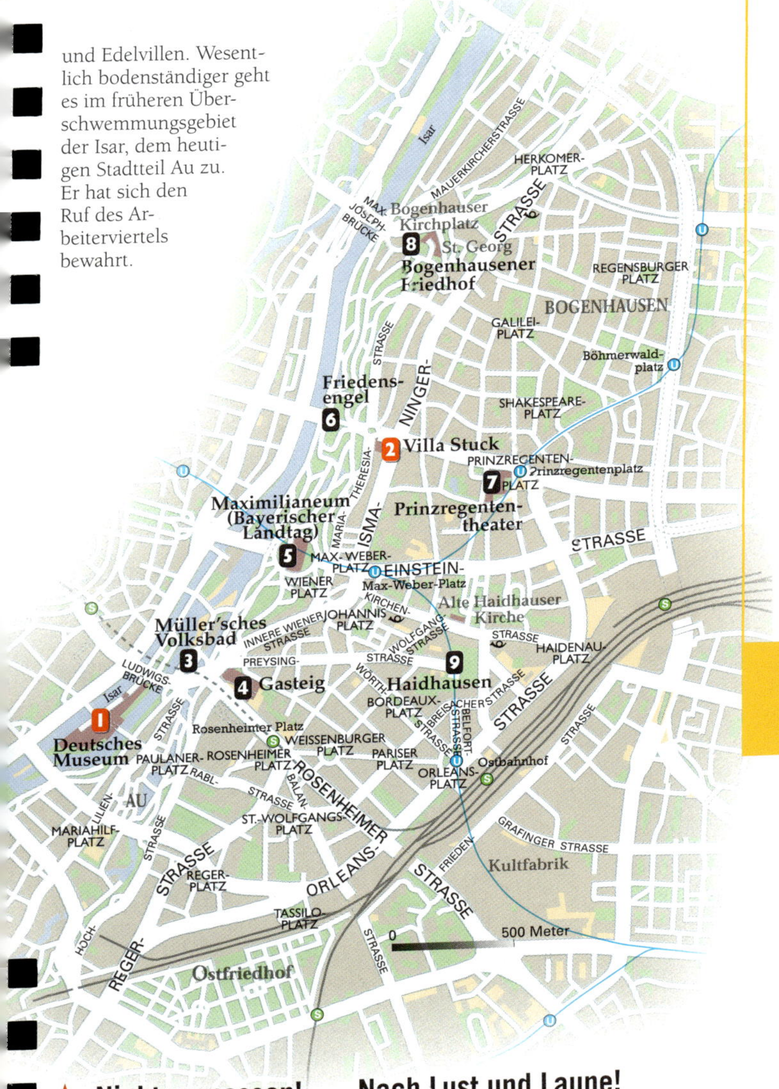

★ Nicht verpassen!

1 Deutsches Museum ➤ 124
2 Villa Stuck ➤ 128

Nach Lust und Laune!

3 Müller'sches Volksbad ➤ 130
4 Gasteig ➤ 130
5 Maximilianeum ➤ 131
6 Friedensengel ➤ 131
7 Prinzregententheater ➤ 131
8 Bogenhausener Friedhof ➤ 132
9 Haidhausen ➤ 132

An einem Tag

Die folgende Route ist eine Möglichkeit, wie Sie einige der interessantesten Sehenswürdigkeiten rechts der Isar an einem Tag abklappern können. Nutzen Sie die Karte (➤ 120f) zur Orientierung, die einzelnen Highlights werden im Folgenden (➤ 124ff) näher beschrieben.

9 Uhr

Beginnen Sie den Tag mit einem Besuch im größten und bedeutendsten Technikmuseum der Welt: Das **1 Deutsche Museum** (➤ 124) auf der ehemaligen Kohleninsel in der Isar erklärt Natur und Technik mit Originalflugzeugen und chemischen Experimenten, mit Riesen-Modelleisenbahnen und Musikinstrumenten, mit Sternenhimmeln und Flugmaschinen auf so unterhaltsame Weise, dass die Zeit nur so verfliegt.

12 Uhr

Bevor Sie einen Mittagsspaziergang die Isar entlang machen, bewundern Sie das wunderbar restaurierte Jugendstilbad, das **3 Müller'sche Volksbad** (unten; ➤ 130): Im *Café Volksbad* (➤ 135) stärken Sie sich mit einem

Imbiss oder Kaffee. Am **5 Maximilianeum** (➤ 131) können Sie während der Sitzungsperiode die bayerischen Parlamentarier debattieren hören. Eine Isarbrücke weiter blickt man vom **6 Friedensengel** (➤ 131) hinunter auf die Prinzregentenstraße und über das Lehel.

13 Uhr

Münchner Jugendstil außen wie innen wartet in der nahen 2 **Villa Stuck** (➤ 128), die in einigen Räumen Wechselausstellungen zeigt. Und auch das hübsche 7 **Prinzregententheater** (links; ➤ 131) ist nicht weit. Quer durchs feine, alte Bogenhausen steuern Sie den 8 **Bogenhausener Friedhof** (➤ 132) an, wo Münchner Prominenz zur letzten Ruhe gebettet ist. Müde vom bisherigen Spaziergang? Dann steigen Sie jetzt besser in die Tram und fahren rasch und Füße schonend zum Max-Weber-Platz.

15 Uhr

Im Traditionsgasthaus *Unionsbräu* (➤ 134) können Sie bei bayerischen Spezialitäten und Bier zu neuen Kräften kommen. Am Sonntag gibt's hier sogar Weißwürste. Allerdings sollten diese eigentlich schon bis zum 12-Uhr-Läuten verspeist sein!

16 Uhr

Jetzt tauchen Sie ein ins lebhafte 9 **Haidhausen** (➤ 132). Durch die Kirchenstraße, vorbei am Haidhausen-Museum und zur Alten Haidhauser Kirche, passieren Sie die Szenekneipe *Wasserwerk*, wo bis in die 1990er-Jahre im Bordell *Blauer Engel* derber Striptease und mehr geboten wurde. Hier ist auch das Herbergenviertel mit seinen idyllischen Häuschen. Die Haidhausener Lädchen, Ateliers und Boutiquen laden zum »Window Shopping« und manchen vielleicht auch zum Kauf! Am besten widmen Sie sich nun auch schon der Frage, wo Sie essen wollen – Sie haben die Qual der Wahl. Entscheiden Sie sich für etwas Kräftiges, die Nacht könnte noch lange werden!

21 Uhr

Allmählich erwacht jenseits des Ostbahnhofs in der *Kultfabrik* und auf dem Gelände der Optimolwerke (unten; ➤ 137) das Leben. Nightlife im Trend der Zeit, und für jeden Geschmack ist etwas dabei – stürzen Sie sich hinein, Sie haben Ausgang bis zum Wecken …!

I Deutsches Museum

1,2 Mio. Besucher pro Jahr sprechen für sich! Das Deutsche Museum gilt mit 47 000 m² Ausstellungsfläche immer noch als eines der führenden Museen seiner Art weltweit. Seit über 100 Jahren veranschaulicht es die Entwicklung der Technik, der Naturwissenschaften und der Forschung und regelmäßig kommen neue Ausstellungen hinzu.

Ein Reich der Technik im Isar-Idyll

Oskar von Miller, der Gründer des Museums, hatte sich von Anfang an Interaktivität auf die Fahnen geschrieben, auch wenn das Wort damals noch nicht existierte. Ein Technikmuseum zum Anfassen, das obendrein Spaß macht – so sein damals völlig neuartiges Konzept. Ziele waren Bildung, Verständnis, Neugierde, alles zu erreichen mit Hilfe von Vorführungen, Dioramen, Eigeninitiative und Vielseitigkeit. Eine Bibliothek und ein Archiv sollten gleichzeitig zur vertiefenden Beschäftigung mit den Themen anregen. Am 70. Geburtstag von Millers wurde der Bau 1925 an seinem heutigen Standort auf der Isarinsel eingeweiht. Die Feierlichkeiten nutzte der gerade erst gegründete Bayerische Rundfunk symbolträchtig

Abteilung Solarenergie

zur Einführung einer unglaublichen Neuerung: der ersten Liveübertragung im Radio! Den 65 m hohen Turm des Museums, in dem übrigens in foucaultscher Tradition ein Pendel die Erddrehung sichtbar macht, sah von Miller als ein Münchner Wahrzeichen; von seiner Aussichtsplattform blickt man über die Stadt und die Isarauen bis zur Alpenkette.

Bis heute heißt das Motto der Kuratoren, immer dem aktuellen Stand der Technik auf der Spur zu bleiben. 1931 etwa konnte man im Museum die erste Fernsehsendung sehen! Nach dem Krieg, als 80 % der Gebäudesubstanz und 20 % der Exponate beschädigt oder zerstört waren, verlagerte sich der Schwerpunkt, den Forschungstendenzen folgend, auf die Naturwissenschaften. Seit den 1990er-Jahren zeigt man auch gegenüber den schöngeistigen Bereichen keinerlei Berührungsängste, vielmehr sucht man neuerdings den Kontakt zur Kunst.

Technik live auf Knopfdruck

Von Millers konzeptionelle Vorstellungen prägen noch heute die Ausstellung. »Bitte berühren« heißt das Motto: Auf Knopfdruck spielen verkleinerte Wellen Gezeiten und demonstrieren damit die Sandverfrachtung, Blitze entladen sich während der Vorführung in der Hochspannungsanlage, eine riesige Modelleisenbahn beweist, dass sich Züge auch an Fahrpläne halten können. Im Projektionsplanetarium jagt ein monströser, computergesteuerter Roboter Sterne und Planeten über den Mini-Himmel, im Bergwerk schieben verschmutzte Kumpel schwere Loren, und maßstabsgetreue Modelle illustrieren die Entwicklung von Brücken- und Straßenbau. Vom begehbaren Schiffsdeck mit Sonnenstühlen fällt der Blick bei Mövengeschrei auf Helgoland, Dioramen lassen an den ersten Flugversuchen der Gebrüden Wright teilnehmen, und der Seenotrettungskreuzer »Theodor Heuss« liegt im Freigelände auf dem Trockenen. Und wo sonst kann man so einfach einen Blick ins Cockpit eines Kampfjets werfen? Auf spezielle Interessen zugeschnitten sind Abteilungen wie Glastechnik, Werkzeugbau und Drucktechnik.

Wie man mit dem Fortschritt Schritt hält

Den modernen Entwicklungen trägt die Auseinandersetzung mit zukunftsträchtigen Wissenschaftsbereichen wie Pharmazie und Medizintechnik Rechnung. Die im Jahr 2002 eröffnete

KINDER IM MUSEUM

Das Bergwerk fasziniert alle, die Kinderwelten fesseln die Kleinen, Jungen begeistern sich für die Modelleisenbahn, die Größeren können der Technik einiges abgewinnen. Höhepunkt für junge Besucher ist aber das Kinderreich mit seinen diversen Attraktionen vom Computer bis zu den Wasserspielen. Und in der Adventszeit werden im Museum Märchen vorgelesen – natürlich in der zur Geschichte passenden Abteilung.

Abteilung Gentechnik war da eine konsequente Folge der aktuellen Entwicklungen im Bereich Forschung. Dort kann man sogar durch eine »begehbare Zelle« spazieren. Weitere Attraktionen sind eine Nachbildung der Altamira-Höhle in Spanien mit ihren prähistorischen Zeichnungen, Musikinstrumente von der Äolsharfe bis zur Zither, ein Modell der Raumstation »Spacelab« in Originalgröße – die Vielfalt ist beeindruckend! Kein Wunder also, dass das Museumskonzept häufig kopiert wurde! Allerdings machte es die Ausweitung des Exponatenbestands auch zunehmend notwendig, Teile der Sammlungen auszulagern. Seit 1992 konzentriert sich die **Flugwerft Schleißheim** auf die Historie der Fliegerei (➤ 170), und 2003 entstand in den historischen Hallen auf der Schwanthaler Höhe das **Verkehrszentrum** (➤ 155), das alle Aspekte der Mobilität anspricht.

Spielen erwünscht!

Im Forum am Deutschen Museum

Im Kongressbau des Museumskomplexes pflegt das **Forum am Deutschen Museum** mit drei Filmtheatern ebenfalls die anschauliche Wissensvermittlung bei gleichzeitig hohem Unterhaltungsfaktor. 352 m² Leinwandfläche samt einem eindrucksvollen Soundsystem ziehen den Zuschauer hinab in die Unterwasserwelt, entführen ihn auf den Mount Everest oder zeigen ihm eindrucksvoll eine Reise auf dem Ganges in bestechend scharfer, digitaler Projektionstechnik. Neu sind 3D-Filme, die ein besonders intensives Erlebnis versprechen. Ergänzt wird das Programm durch aktuelle Spielfilme. Einen unterhaltsamen, schrillen und doch altmodischen Kontrast bieten die **Museum-Lichtspiele** (Lilienstr. 2, www.museum-lichtspiele.de) wenige Schritte weiter am östlichen Isar-Ufer, in denen seit 30 Jahren die *Rocky Horror Picture Show* in einem eigens dafür ausgestatteten Kinosaal gezeigt wird.

Projektionskoloss im Planetarium

KLEINE PAUSE

Ein Selbstbedienungs-Restaurant, ein Imbiss, das Internetcafé im 3. Stock und ein Café in der Luftfahrtgalerie – die Verpflegung im Museum ist gesichert. Außerhalb der Öffnungszeiten des Museums bietet das Restaurant ***Bernstein*** (10–22 Uhr, Fr/Sa bis 23 Uhr) im Forum am Deutschen Museum preiswerte, frische Küche.

197 E3 **Museumsinsel 1**
217 91 **9–17 Uhr**
Isartor **Tram Nr. 18 Deutsches Museum** **teuer**
www.deutsches-museum.de

DEUTSCHES MUSEUM: INSIDER-INFO

Top-Tipp: Im Zentrum für Neue Technologien wird im Besucherlabor Gen-Technik erklärt. Beispielsweise bei »Wer war der Täter?« begibt man sich auf die Spuren eines fiktiven Verbrechers und analysiert dessen genetischen Fingerabdruck.

- Täglich um 11, 14 und 16 Uhr entfesseln die Mitarbeiter des Deutschen Museums in der **Hochspannungsanlage im Erdgeschoss** ein Gewitter, dessen Blitzeinschläge ein Freiwilliger in der metallummantelten Kugel des faradayschen Käfigs unversehrt überlebt – Spannung pur!

2 Villa Stuck

Franz von Stuck spielte um die Wende vom 19. zum 20. Jh. im Kunstleben Münchens eine bestimmende Rolle. Deshalb hat man ihn auch zum »Malerfürsten« geadelt. Und entsprechend fürstlich fiel seine Villa aus!

Ein Edelmix aus klassizistischen Elementen und verspieltem Jugendstil dominiert das ehemalige Wohn- und Atelierhaus von Franz von Stuck (1863–1928). Schon an der Fassade des Haupthauses sind die Bezüge zur Antike unübersehbar. Klar durch rechteckige Felder und die beiden Eckrisalite strukturiert, wird sie von vier Kopien berühmter antiker Statuen gekrönt, und auch im Innern sind antikisierende Elemente zu finden.

Klassizistische Formen, Mosaiken, Gemälde, selbst entworfenes Mobiliar, Teppiche und Accessoires im Schnörkellook der damaligen Zeit – der Bau war von Anfang an als Gesamtkunstwerk konzipiert. Bei derart musealem Charakter musste das Gebäude fast zwangsläufig zum Ausstellungshaus avancieren, was – nicht ohne Hindernisse – bis 1992 endlich gelang.

In den historischen Räumen fällt unter den Kunstwerken von Stucks erster Malerfolg, das Bild *Der Wächter des Paradieses*, auf, außerdem das ehedem aufgrund seiner erotischen Ausstrahlung heftig umstrittene Bild *Die Sünde* aus dem Jahr 1893. Aus dem goldgerahmten Bild sticht ein blasser, durch dunklen Stoff teilweise verhüllter Frauenkörper heraus, für den Anna Maria Brandmaier Modell gestanden haben soll, die Mutter von Franz von Stucks Tochter Mary. Diskussionen und Klatsch

Fürstlicher Wohnkomfort für einen genialen Künstler

Stucks malerische Reverenz an die Tochter

belebten aber auch damals schon das Geschäft – die Folge: von Stuck schob zahlreiche Fassungen des »anstößigen« Gemäldes nach! Eindrucksvoll auch die Wandbemalung im Salon: Farbton, stilistische Elemente und nicht zuletzt die Figuren erinnern an die Dekoration römischer Villen, wie sie in Pompeji gefunden wurden.

Im Ostflügel, dem früheren Atelierbau, verbergen sich hinter der dekorativen Jugendstilfassade modern gestaltete Ausstellungsräume. Sonderausstellungen spüren dort dem Jugendstil in all seinen Ausprägungen weltweit nach. Hier präsentiert sich das Werk von Stucks und seiner Zeitgenossen aus der Umbruchzeit zum 20. Jh. im Zusammenhang. Dabei stehen vor allem historische Aspekte und die Wechselwirkungen zu allen Bereich der Bildenden und Angewandten Kunst des 20. Jhs. im Vordergrund.

KLEINE PAUSE

Am besten gehen Sie noch ein paar Meter bis zum Prinzregententheater, wo im Seitentrakt das hübsche Café-Restaurant ***Prinzipal*** (Prinzregentenplatz 12) dazu einlädt, sich unter opulent mit Theaterszenen bemalten Wänden oder auf der Terrasse vor dem Theater zu stärken.

198 B4 **Prinzregentenstr. 60** **455 55 10** **Mi–So 11–18 Uhr** **Max-Weber-Platz, Prinzregentenplatz** **Tram Nr. 18 Friedensengel** **mittel** **www.villastuck.de**

VILLA STUCK: INSIDER-INFO

Top-Tipp: Beachten Sie die **Decke in Franz von Stucks »Salon«**! Auf ihr hat der Maler die Sternenkonstellation verewigt, die zum Zeitpunkt der Zeugung seiner Tochter Mary am Himmel standgearbeitet, dass die Familie daran fast pleite ging.

Nach Lust und Laune!

3 Müller'sches Volksbad

Ein wahrer Badetempel! Das Bad des Ingenieurs Karl Müller gilt als eines der schönsten Jugendstilbäder weltweit. In der 1879–1901 »hauptsächlich für das unbemittelte Volk« er-

Badespaß wie zur Zeit des Jugendstils

bauten Badeanstalt spiegeln sich orientalische und römische Bädertraditionen, kunstvoll überhöht mit Stuck, Goldreliefs, dekorativen Geländern und Schnörkeln im Stil der damaligen Zeit. Einziger »Wermutstropfen«: ein Blick auf das eindrucksvolle Innere ist nur im Rahmen eines Badebesuchs möglich – aber Schwitzbad, Dampfbad, finnische Sauna, Solarien, Massagen und das letzte Münchner Wannen- und Brausebad versprechen ein Rundum-Wohlfühl-Erlebnis.

197 F3 Rosenheimer Str. 1 01801 / 79 62 23 Di–So 7.30–23, Mo bis 17 Uhr Tram Nr. 18 Deutsches Museum mittel

4 Gasteig

Die Architektur des Kulturzentrums, das ab 1975 am »gachen Steig« (steiler Weg) entstand und u. a. die Münchner Philharmoniker, das Richard-Strauss-Konservatorium und die Stadtbibliothek beherbergt, ist nicht unumstritten. Böse Zungen sprechen noch heute von der »Kulturvollzugsanstalt«, während andere die klaren Linien und die Vielgliedrigkeit der Raumgestaltung loben! Breit zeigt sich das Spektrum der 1700 Veranstaltungen im Jahr mit hochkarätig besetzten Konzerten in der Philharmonie sowie Vorträgen im Carl-Orff-Saal. Frühjahrsbuchwochen im März und die Münchner Bücherschau im November und Dezember präsentieren das Programm der Münchner Verlage. Leben bringt aber vor allem das Filmfest Ende Juni mit einer Openair-Großleinwand.

197 F3 Rosenheimer Str. 5
48 09 80 Rosenheimer Platz
Tram Nr. 18 Am Gasteig
www.gasteig.de, www.muenchnerphilharmoniker.de

HITLER-ATTENTAT

Hinter der überdimensionalen, Wasser speienden Trompete an der Südostseite des Kulturzentrums Gasteig erinnert eine in den Boden eingelassene Platte an Georg Elser. Im Bürgerbräukeller, der damals an dieser Stelle stand, hatte er am 8. November 1939 erfolglos versucht, Adolf Hitler durch ein Attentat zu beseitigen.

5 Maximilianeum

Es war die Idee Maximilians II., »auf der Isarhöhe ... einen großen Nationalbau« zur »Hebung des monarchi-

Münchens Kulturtempel

Nike und Victorien auf dem Maximilianeum

schen nationalen Volksgeistes‹ zu errichten – der monarchische Volksgeist ist dennoch verschwunden, auch wenn manche in Bayern anderes vermuten! Der symmetrische Prachtbau im Stil der Neorenaissance mit seinen offenen Arkaden bildet den optischen Abschluss der exklusiven Maximilianstraße (► 86). Seit 1949 tagt im Maximilianeum Bayerns Parlament. Besucher können nach Vorlage von Personalausweis oder Pass beim Pförtner während der Sitzungsperiode das parlamentarische Geschehen verfolgen. Ein Flügel ist den Maximilianeums-Stipendiaten vorbehalten: Bayerische Abiturienten mit der Traumnote 1,0 bekommen hier die Möglichkeit, nach bestandener Aufnahmeprüfung bei freier Kost und Logis ihr Studium zu absolvieren.

197 F4 Max-Planck-Str. 1
412 60 Max-Weber-Platz
Tram Nr. 19 Maximilaneum frei
www.bayern.landtag.de

6 Friedensengel

Nike, die Siegesgöttin, gab das Vorbild für den goldenen Friedensengel ab, der seit 1899 über der Isar an den Frieden von Versailles 1871 erinnert. Unter seinen golden glänzenden Fittichen treffen sich die Münchner an Silvester, um dem Feuerwerk zuzuschauen. Ursprünglich sollte eben hier Richard Wagners Münchner Opernhaus stehen. Ludwig II. gab es in Auftrag, Gottfried Semper arbeitete an den Plänen, doch die Münchner protestierten. Wagner musste die Stadt verlassen und schenkte seine Gunst Bayreuth.

197 F4 Prinzregentenstr.
Bus Nr. 100 Friedensengel

7 Prinzregententheater

Ein Festspielhaus nur für die Opern Richard Wagners – diese Idee griff knapp 40 Jahre nach Gottfried Semper Ernst von Possart wieder auf. So entstand in den Jahren 1900/01 das Prinzregententheater. 1964 wurde das Theater dann für baufällig erklärt und blieb über lange Jahre für den Spielbetrieb geschlossen. Erst im Jahr 1996 konnte man es nach einer umfassenden Restaurierung mit einer Wagner-Oper neu eröffnen. Seither finden hier Konzerte, Opernaufführungen und Lesungen statt – der Bau wird insbesondere für seine gute Akustik sehr gelobt.

198 B4 Prinzregentenplatz 12
21 85 28 99 Prinzregentenplatz
www.prinzregententheater.de

Aussichtspunkt zu Füßen des Friedensengels

8 Bogenhausener Friedhof

Besuch bei der Prominenz, wenn auch der toten! Im Schatten der Bogenhausener Kirche wollten sie begraben sein, die Berühmtheiten. Unter einem roten Herz ruht die Schauspielerin Liesl Karlstadt

Dorfkirche im schicken Bogenhausen

(➤ 64), unter einem geglätteten Steinblock der Regisseur Rainer Werner Fassbinder (➤ 23), außerdem fanden unter efeuumrankten Bäumen und hübschen Grabkreuzen auch Erich Kästner, der Schauspieler Walter Sedlmayr (➤ 23), der von den Nazis hingerichtete Pater Alfred Delp und die Autorin Annette Kolb ihre letzte Ruhe. Genauso sehenswert wie der romantische Gottesacker ist die Kirche St. Georg, eine Dorfkirche in prächtigem Rokoko, in der sich die großen Künstler der Zeit wie Johann Baptist Straub und Ignaz Günter verewigt haben.

198 B5
Bogenhausener Kirchplatz 1
tägl. bis zum Einbruch der Dunkelheit
Tram Nr. 18 Sternwartstraße

9 Haidhausen

Einkaufen und Ausgehen – das ist Haidhausen heute. Hier lebt eine bunte Bevölkerung, denn viele sind schon zugezogen, als die Mieten noch erschwinglich waren. Wie es im 18./19. Jh. in Haidhausen aussah, zeigen die noch erhaltenen historischen Häuschen vor allem im Herbergenviertel, wo der **Kriechbaumhof** (Preysingstr. 71) und das Herbergenmuseum im **Üblackerhäusl** (Preysingstr. 58, Tel. 480 76 79, Mi/Do 17–19, Fr, So 10–12 Uhr) von den äußerst beengten und oft hygienisch zweifelhaften Wohnumständen der Arbeiter erzählen. Ergänzend beleuchtet das **Haidhausen-Museum** (Kirchenstr. 24, Tel. 448 52 92, Mo–Mi 16–18, So 14–18 Uhr) mit wechselnden Ausstellungen Kultur und Sozialgeschichte des Viertels. Die **Alte Haidhauser Kirche** (Kirchenstr.) war früher Mittelpunkt des Dorfes Haidhausen, und am **Wiener Platz** mit den Marktständen rund um den Maibaum ist diese dörfliche Stimmung noch heute zu spüren.

198 A/B 3–4
zwischen Rosenheimer Str., Orleansstr. und Einsteinstr.
Rosenheimer Platz, Max-Weber-Platz

Kneipe in der Kultfabrik

Wohin zum ... Essen und Trinken?

Preise
Die Preisangaben gelten pro Person für ein Essen ohne Getränke:
€ unter 12 Euro **€€** 12–25 Euro **€€€** über 25 Euro

RESTAURANTS

Atelier Gourmet €€–€€€
Klein und fein, hell und modern ... und vor allem klasse! Fisch und Meeresfrüchte dominieren die reichhaltige Speisekarte. Ein Tipp: Das Menü bestellen, das es in mehreren Ausbaustufen gibt. Helles Holz, die Wände im cremefarbenen Ton, aber auch der freundliche Service und nicht zuletzt der liebenswürdige französische Akzent tun das ihrige zum Wohlfühl-Gefühl. Sollte es mal voll sein, dann gibt's gleich nebenan mit dem *Le Bousquérey* die Konkurrenz – mit ähnlichem Angebot, ähnlichem Flair, ähnlichen Preisen!
198 A3 Rablstr. 37 44 48 96 72
Mo–Sa 18–1 Uhr
Rosenheimer Platz

Augustiner Haidhausen €
Eine solche Gaststätte darf natürlich auch in Haidhausen nicht fehlen: Man sitzt an langen, dunklen Tischen, trinkt, ratscht und isst »Bayerisches, Mexikanisches und Internationales«. Frühstück für Langschläfer gibt es bis 16 Uhr! Je später der Abend, desto dämmriger wird das Licht, desto lauter spielt die Musik, desto dichter wabern die Rauchschwaden ... Im Sommer sitzt man draußen vor dem Lokal auf dem Fußweg und beobachtet die Passanten. Kreditkarten werden hier nicht akzeptiert.
198 B3 Wörthstr. 34 62 28 62 15
10–1 Uhr Ostbahnhof

Bogenhausener Hof €€€
Ein äußerst adrettes, exklusives Restaurant, das zum Stadtteil passt! In diesem unter Denkmalschutz stehenden Haus kommt verfeinerte bayerische Küche auf den Tisch, begleitet von edlen Weinen. Kein Wunder, dass sich ab und zu auch Prominenz blicken lässt! Im idyllischen Sommergarten mit der ausladenden Kastanie erinnert nichts mehr daran, dass in den 1950er-Jahren an gleicher Stelle regelmäßig der »Münchner Zamperlmarkt« (Hundemarkt!) abgehalten wurde!
198 B5 Ismaninger Str. 85
98 55 86 Mo–Sa 12–16/ 18–1 Uhr
Tram Nr. 18 Sternwartstraße

Dreigroschenkeller €–€€
»Henkersmahlzeit« verspricht die Speisekarte unter anderem – da fühlt man sich gleich magisch hinuntergezogen in die urigen Backstein-Kellergewölbe unter den Museums-Lichtspielen, wo jeder Raum anders eingerichtet ist. Die »Kulturspelunke zum Futtern, Feiern und Fabulieren« serviert aber auch Schöngeistiges: Gelegentlich bringen Schauspielschüler brechtsche Moritaten zur Aufführung! Da ist man dann kulinarisch schon bei »Pfarrer's Süßspeis« angelangt ...!
197 F3 Lilienstr. 2 489 02 90
So–Do 17–1, Fr/Sa bis 3 Uhr
Tram Nr. 18 Deutsches Museum

Juleps €€
In rustikalem Ambiente, bei dezentem Licht und unter leise kreisenden Ventilatoren kommt amerikanische Küche mit einem Schuss Tex-Mex auf den Tisch – nichts für Vegetarier! Es empfehlen sich Steaks, diverse Burger-Varianten oder die

leckeren Fajitas. Zum Abschluss gibt's internationale Cocktails. Die Restaurant-Bar kann schon als Klassiker gelten, das Publikum ist gemischt.

198 B3 · Breisacher Str. 18
448 00 44 · 17–1 Uhr · Ostbahnhof

Käfer Schenke €€€

»Wer gerne isst, der lächelt« – so lautet die Küchenphilosophie in diesem stilvollen Restaurant. Und es gibt wahrlich viel zu lächeln bei der mediterranen Küche in den kleinen, privaten Stuben. Besondere Anlässe zu zweit begeht man am besten im Porzellankabinett … Als Klassiker gilt die »Käfer-Ente«, gern serviert man aber auch Fleischspeisen en gros, die dann am Tisch tranchiert werden. Alles ist vom Feinsten, dem Ruf des Hauses entsprechend wird natürlich sehr auf Topqualität geachtet.

198 B4 · Prinzregentenplatz 73
416 82 47 · Mo–Sa 11.30–1 Uhr
Prinzregentenplatz

Lisboa Bar €€

Café, Bar und Restaurant in einem! Im ältesten portugiesischen Lokal Münchens sollten Sie Fisch essen, etwa Bacalhau Assado ou Cozido. Gelegentlich gibt's Livemusik, mal schwermütigen Fado, mal mitreißende brasilianische Rhythmen – zu Letzterem passen die Cocktails besser …! Am Wochenende kann es schon mal sehr voll werden, wenn ab 22 Uhr lateinamerikanische DJs mit brasilianischen und Salsa-Rythmen zum Tanzen animieren.

198 B3 · Breisacher Str. 22
448 22 74 · Mo–Sa 18–1, So 10–1 Uhr
Ostbahnhof

No Mi Ya €–€€

Hirschgeweih und japanische Schrift – das passt doch zusammen! Sushi und Unertl-Weißbier auch! Das Lokal schafft den Spagat zwischen Bayern und Japan problemlos! *No Mi Ya* heißt übersetzt nichts anderes als »Trinklokal«, dabei sollte man hier unbedingt etwas essen – Sashimi etwa oder Sushi an der kleinen Sushi-Theke. Alles ist obendrein erschwinglich, die Atmosphäre im kleinen Gastraum ist entspannt, und an den Tischen im Freien kann man hervorragend das Defilee der Nachtbummler abnehmen.

198 A3 · Wörthstr. 7
448 40 95 · 18–1 Uhr
Tram Nr. 19 Wörthstraße

Ritzi €€–€€€

Hier treffen sich Bogenhausener Jeunesse dorée, Schauspieler, Business People und Politprominenz aus dem nahen Landtag, aber eben auch – also keine Angst! – Durchschnittsmenschen ... Es gibt Frühstück, Mittagssnacks und Business Lunch, Kaffee und Kuchen und exzellentes Dinner mit euro-asiatischer Ausrichtung. Im edel-vornehmen Ambiente mit Art-déco-Anklängen bekommt man ganztags Exzellentes vorgesetzt. Für den Brunch am Sonntag ab 10.30 Uhr sollten Sie unbedingt reservieren. Und danach geht's zum Spaziergang ins Isar-Grün, das direkt vor der Haustüre liegt.

198 A4 · Maria-Theresia-Str. 24
470 10 10 · 6.30–1 Uhr
Max-Weber-Platz

Rue des Halles €€€

Feine französische Küche serviert Bernard Le Port in seinem etablierten Restaurant. Das Innere prägt ein klassischer Pariser Stil – keine Eleganz, dafür angenehm einfache Lokal-auf-dem-Montmartre-Stimmung. Im lichten Ambiente fallen die Schwarzweißfotos aus der französischen Hauptstadt besonders ins Auge. Nein, billig ist es hier nicht, aber bei der abwechslungsreichen Speisekarte kann es trotzdem nicht bei einem Gang bleiben – man gönnt sich ja sonst nichts …

198 A3 · Steinstr. 18
48 56 75 · 18–1 Uhr
Tram Nr. 18 Wiener Platz

Unionsbräu Haidhausen €€

Am urigsten ist es im Bräukeller, wo man an langen Tischen im

Angesicht des Braukessels und unter Utensilien der Brauer das selbst gebraute naturtrübe Helle trinkt. Das Restaurant im Erdgeschoss strahlt bayerische Gediegenheit aus, im Sommer lassen sich die deftigen »Schmankerl« auch im Garten genießen. Von Donnerstag bis Samstag reichern Dixie, Swing und Blues die Stimmung an. Am Sonntag ist Weißwurst-Frühstück – wo sonst bekommt man heute die Wurst noch für 50 Cent!

198 B4 · Einsteinstr. 42 · 47 76 77 · Bräukeller Mo–Sa 16–1, So 10–16 Uhr, Restaurant Mo–Sa 11–23.30, So bis 16 Uhr · Max-Weber-Platz

Zum Kloster €

Vielleicht wirkt der Gastraum auch deshalb so liebenswürdig, weil die Wandverkleidung farblich nicht mehr ganz im Trend liegt? Aber das nette Restaurant ist eine Institution, es ist beliebt bei den Haidhausenern und garantiert Schickimicki-frei. Im Sommer sitzen Sie draußen an der verkehrsberuhigten Straße und genießen einfache Küche oder einen Kaffee zum Kuchen aus der Vitrine.

198 B3 · Preysingstr. 77
447 05 64
Mo–Sa 10–1, So 17 bis 24 Uhr
Tram Nr. 19 Wörthstraße

BIERGÄRTEN

Hofbräukeller €€

Unter breiten Holzbalken und ausladenden Gewölbedecken trinkt man sein Bier hier im Winter. Schöner ist's aber im Sommer im Biergarten dahinter, wenn sich unter den Kastanien Schickimicki-Volk und alteingesessene Haidhausener die Holzbänke teilen. Allerdings wird's dann auch schnell sehr eng! Und zum Lachen gehen Sie am besten in den Keller: ins Valentin-Karlstadt-Theater, wo man dem schrägen Humor in alten und neuen Stücken huldigt.

198 A4 · Innere Wiener Str. 19
459 92 50 · 10–24 Uhr
Tram Nr. 18 Wiener Platz

Paulaner am Nockherberg €€

Dieses Lokal ist der Nabel der Bierwelt, zumindest während Münchens Fünfter Jahreszeit, der Starkbierzeit vor der Karwoche. Dann erreicht die Trachtendichte hier fast Oktoberfestniveau und der malzige Salvator wirkt so anziehend, dass die Wirte für den Biergarten und den nach einem Brand neu erstandenen Festsaal sogar Eintritt verlangen! Zum hochprozentigen Bier gibt's zünftige Musi' und – wie den Rest des Jahres im von Kastanien beschatteten Biergarten auch – Kräftig-Deftiges aus der Küche.

197 F3 · Hochstr. 77 · 459 91 30
Wirtshaus 10–1 Uhr, Biergarten 12–23 Uhr
Tram Nr. 27 Ostfriedhof
www.nockherberg.com

CAFÉS

Café Solo

Kleines, unaufgeregtes Café mit leckeren, selbstgemachten Croissants und Kuchen, besonders empfehlenswert sind die Quiches und Gratins, dazu Kaffee oder Trinkschokolade: der Tag kann beginnen!

197 F3 · Preysingstr. 42 · 01 77 96 47 636 · Mo–Fr 8–18, Sa 9–16 Uhr
Rosenheimer Platz

Café Volksbad

Die Gäste sitzen entweder in der glasüberdachten Säulenhalle des Müller'schen Volksbads oder im Garten vor dessen dekorativem Eingang. Wenn Sie nicht baden gehen wollen, können Sie hier eine Kleinigkeit zu sich nehmen, um wenigstens ein bisschen Jugendstil zu genießen.

198 A3 · Rosenheimer Str. 1
44 43 92 50 · 10–1 Uhr
Tram Nr. 18 Deutsches Museum

Cafiko

Das Café-Bistro trotzt dem Trend zu Coolness und Neon. Gemütliche Bistrotische, Bilder an den Wänden, kleine Snacks und köstlicher Kaffee locken Gäste aller Altersklassen.

198 B3 · Breisacher Str. 8
0173 / 368 33 95 · Mo–Fr 8–24, Sa 9–1 Uhr, So bis 20 Uhr · Ostbahnhof

Johannis-Café

Lassen Sie sich bloß nicht von der orangefarbenen Blumentapete am Eingang abschrecken, auch nicht vom biederen Innenleben! Hier treffen sich die Insider der Nacht zum Absacker, dazu noch eine Brotzeit und dann ins Bett!

198 A4 · Johannisplatz 15 · 480 12 40 · ab 11 Uhr bis spät, Di geschlossen · Tram Nr. 18 Wiener Platz

Wiener Platz

Hier findet man großflächige Bilder, Spiegel und lauter modische Menschen – kurz: Das Café ist immer noch trendy! Hinter reflektierenden Sonnenbrillen lässt sich an den Tischchen vor dem Café das Treiben beobachten, während die Tram vorbeirattert. Sehr beliebt fürs Frühstück, aber auch am Abend empfehlenswert.

198 A4 · Innere Wiener Str. 48 · 448 94 94 · 8–1 Uhr · Tram Nr. 18 Wiener Platz

Wohin zum ... Einkaufen?

Schmuckateliers und Antiquitätenhändler, Buchhandlungen und Boutiquen, Delikatessläden und Papeterien, Galerien und unzählige Friseure – die Viertel rechts der Isar, allen voran Haidhausen, bieten Extravagantes, Traditionelles, Kreatives und Alternatives.

MÄRKTE

Der größte Openair-Markt ist die traditionelle **Auer Dult**. Auf der Maidult (bis zum 1. Mai), der Jakobidult (ab 25. Juli) und der Herbstdult (ab 3. Oktobersonntag) bersten die Verkaufsstände jeweils eine Woche lang vor Nostalgie. Aber machen Sie sich keine Illusionen – Antiquitätenschnäppchen sind auf dem großen Platz zu Füßen der Auer Kirche am Mariahilfplatz kaum mehr zu machen! Die tägliche Versorgung stellen die kleinen Buden des **Markts am Wiener Platz** sicher, wo auch die Feinschmecker gut bedient werden. Im Advent bietet der **Haidhauser Christkindlmarkt** (Weißenburger Platz) einen ruhigeren Gegenpol zum Mega-Weihnachtsmarkt auf dem Marienplatz.

HAIDHAUSEN

Hörbücher liegen nich immer voll im Trend: **Parzival** (Breisacher Str. 15) hat eine Riesenauswahl an Literatur, Krimis, Kindergeschichten, Ratgebern, Reiseführern, Märchen zum Hören, viele auch in englischer Sprache. Nur ein paar Häuser weiter verkauft **Lebascha** (Breisacher Str. 12) seit 1978 Naturkost – er war der erste Bio-Laden in München! Berühmt ist vor allem Lebaschas wohl sortiertes Lakritz-Regal. Aufstellen und Benützen offeriert **Le Bazar de Cuisine** (Balanstr. 8) – Hübsches für die Küche zwischen Design und Nostalgie! Wer gern in alten Platten und CDs wühlt, sollte sich ins große Angebot im **M2** (Rosenheimer Str. 77) vertiefen – eine wahre Fundgrube für Musikfans. Flotte Mütter samt ihren Töchtern finden trendig-peppige Mode führender Labels in der Boutique **Venus** (Wörthstr. 1). Hübsche Kinderkleidung – neu und auch secondhand – bietet **Rapunzel** (Preysingstr. 67), ein Laden, der sich als »der ausgeflippte Kinderladen« tituliert. Individuellen Schmuck – Reifen, Ringe, Ohrschmuck, Ketten, Broschen – entdeckt man im **Ventil** (Steinstr. 17). **Blumen, die leben** (Max-Weber-Platz 9) können Sie in diesem wunderbar dekorierten und sich immer wieder neu erfindenden Blumenladen kaufen, in dem selbst ein Gänseblümchen zur Königin wird. Hunderte verschiedener Messer, dazu Scheren für Linkshänder und allerlei andere schneidende Gerätschaften gibt's bei **Messer & Scheren** (Rosenheimer Str. 42). Im **Münchner Blech** (Gebsattelstr. 11) klingt und tönt es aus allen Ecken, denn natürlich dürfen die Kunden in diesem einmaligen Laden für Blech- und Holzblasinstrumente erst mal ordentlich ausprobieren, bevor sie sich entscheiden. Probieren dürfen auch die Kunden des **Liquid** (Pariser Str. 36). Allerdings sollten sie es nicht übertreiben, denn das Sortiment an exzellenten Weinen und Hochprozentigem steigt schnell zu Kopf.

BOGENHAUSEN

Bei **Feinkost Käfer** (Prinzregentenstr. 73) ist das Wort »Feinkost« noch wörtlich zu verstehen – ein feines, ausgewähltes und teils exklusives Sortiment, das sehr verlockend aussieht. Auch wenn man nichts kauft oder probiert, einen echten Augenschmaus hat man hier auf jeden Fall!

Wohin zum ... Ausgehen?

FUN AREAS, DISKOS, MUSIK

Fun all night long: Jenseits des Ostbahnhofs liegt in ehemaligen Industriehallen das unbestrittene Zentrum des Münchner Nachtlebens. Allein die **Kultfabrik** (Grafinger Str. 6, Tel. 49 00 90 70, www.kultfabrik.de, unterschiedliche Öffnungszeiten und Eintrittspreise für die einzelnen Clubs) mit ihren 25 Locations kann sich mit dem Titel »Europas größte Partymeile« brüsten. Dazu kommen noch neun Clubs und weitere Restaurationsbetriebe auf dem Gelände der **Optimolwerke** (Friedenstr. 10, Tel. 450 69 20, www.optimolwerke.de, alle Clubs haben verschieden Öffnungszeiten und Eintrittspreise) – wem hier langweilig wird, dem ist nicht zu helfen. Ob man sich bei der Ü-30-Party trifft oder in/auf der Spielwiese zum »Miezentheater mit allem für die Naschkatze (Erdbeeren, Sahne, Sweets und langen Pralinen...)« oder im rockigen Schallgewitter des *Titty Twisters*, ob angesichts gut gebauter Jungs und Mädels im *NY Tabledance* oder bei Liveperformance und Show-Acts im *Rafael*, ob beim Karaokeabend im *Kuhstall* oder Latinosound im do *Brasil*, das größte Problem stellt zweifelsohne die Auswahl dar. Aber da helfen die Websites der beiden Fun Areas sowie die beiden Magazine *Kultfabrik – Das Magazin* und *go Nightlife*. Oder man lässt sich einfach treiben, die Nacht ist ja lang! Und die bis zu 30 000 Besucher am Wochenende müssen sich ja irgendwie verteilen!

Irgendwo zwischen trashig und schick ist die **Rakete Bar** anzusiedeln (Johannisplatz 11, kein Tel., Mo–Sa 20–2 Uhr). Im Licht von Raketenlampen ist legere Kleidung angesagt, wenn wechselnde DJs die Bar beschallen, samstags übrigens mit feinsten Elektro-Sounds.

Im Tanzcafé **Maratonga** (Innere Wiener Str., Tel. 48 84 25) schwingen die »Junggebliebenen« in entspannendem Tempo das Tanzbein, aber das von 13–1 Uhr!

Wo der Auer Mühlbach einst die mächtigen Turbinen des ersten Dampfkraftheizwerks (1894) antrieb, gibt heute die moderne Musik mit all ihren Facetten in der **Muffathalle** (Zellstr. 4, Tel. 45 87 50 10, www.muffathalle.de) den Ton an. In der ehemaligen Turbinenhalle mit ihrer guten Akustik treten die Stars der »Weltmusik« auf. Unter dem markanten, denkmalgeschützten Schornstein kommen im Biergarten leichte mediterrane Speisen, ökologische Fleischspezialitäten, Fisch und Vegetarisches auf den Tisch. Das zugehörige Café öffnet bei Liveveranstaltungen, also fast täglich. Klein, aber fein ist der Club Ampere (Adresse und Tel. wie Muffathalle). Hier bekommen unbekanntere Bands und Künstler eine Chance. Das Programm ist ein bunter Stilmix aus allen modernen

Musikrichtungen mit gelegentlichen Ausflügen in exotische Weltmusik-Gefilde.

Die Haidhauser Salsa-Szene trifft sich jeden Dienstag und Samstag abend im **Circulo** (Rosenheimerstr. 139, Tel. 48 48 88) zur Party, los geht's etwa um 22 Uhr, ab 21 Uhr aber werden Noviz(en)innen die Grundschritte beigebracht, so dass man richtig mitmischen kann, wenn die Party eingeläutet wird.

Wacker hält die **Unterfahrt** (Einsteinstr. 42, Tel 448 27 94, Mo–So 19.30–1 Uhr, www.unter fahrt.de) das Jazz-Fähnchen aufrecht in der Jazz-Einöde München. In den ehemaligen Bierkellern kommt ein abwechslungsreiches und attraktives internationales Programm auf die Bühne.

KNEIPEN, BARS, CLUBS

Die klassische Kneipe ist am Aussterben, jedes Lokal serviert zumindest Barfood, fast alle führen den Untertitel »Café Bar Restaurant«. Das Pub **Molly Malone's** (Kellerstr. 21, Tel. 688 75 10, Mo–So 17 bis 1 Uhr) hingegen pflegt noch die Tradition, hier trifft sich die irische Community zu Guinness, Kilkenny und irischem Whiskey.

Ausgefallen präsentiert sich auch das **Maria Passagne** (Steinstr. 42, Tel. 48 61 67, 18–1 Uhr), allerdings muss man erst klingeln, bevor Einlass gewährt wird in den kleinen, mit Afrikanippes dekorierten Club.

Voll im Trend liegt derzeit die Unterwelt im **Nektar** (Stubenvollstr. 1, Tel. 45 91 13 11, Di–So 19 Uhr bis open end), wo man sich im *Salle Blanche* auf der weißen Liegewiese räkelt und exzellente Menüs genießt oder im *Cabinet Plasma* zu Videoclips und Clubsound tanzt – eine der coolsten Bar-Club-Lounges für die Jungen und Schönen mit dem nötigen Kleingeld in München!

Dicke Wasserrohre schlängeln sich unter der Decke, ein alter Zähler schmückt die Wand, ansonsten aber ist das Interieur im **Wasserwerk** (Wolfgangstr. 19, Tel. 48 90 00 20, 18–1 Uhr) kühl-elegant; das Publikum schätzt die exzellent gemixten Drinks.

THEATER

Kleinkunst, Kabarett und Konzerte, vornehmlich aus Bayern und trotzdem allgemeinverständlich, bringt die **Drehleier** (Rosenheimerstr. 123, Tel. 48 27 42, www.theater-drehleier.de) auf die Bühne, auch die zugehörige Gaststätte *Szenerie* wird für Veranstaltungen genützt.

KINO

In den **Museums-Lichtspielen** (Lilienstr. 2, Tel. 48 24 03) laufen anspruchsvolle Hollywoodfilme und ausgefallenere Streifen im Programmkino, gewöhnlich in der Originalfassung; außerdem sind in den kleinen, kuscheligen Sälen viele Kinderfilme zu sehen. Nicht weniger intellektuell als das sonstige Publikum begreifen sich die Besucher des seit 30 Jahren einem einzigen Film vorbehaltenen Kinosaales der Museums Lichtspiele: der Rocky Horror Picture Show – man kennt sich, man feiert!

Im **Rio** (Rosenheimer Str. 46, Tel. 48 69 79) läuft ein ähnliches Programm, allerdings wird hier den synchronisierten Fassungen der Vorzug gegeben.

SPORT UND SPASS

Wer's nicht selbst versuchen will, sollte zumindest beim Klettern zuschauen: In der Kletteranlage **Heavens Gate** in der Kultfabrik (Grafingerstr. 6, Tel. 40 90 88 03, www.kletternmachtspass.de, 10 bis 23 Uhr) steht Ausrüstung zum Verleih, und dann ran an die Boulder im Freien oder die senkrechte Wand in der früheren Siloanlage hinauf! Ein Spaß auch für Kinder! Die kommen in der Kultfabrik auch bei **Kulti-Kids** (www.kulti-kids.org) in einer 800 m2 großen Halle bei Sport, Tanz, Kunst, Literatur, Werken auf ihre Kosten.

Der Westen

Erste Orientierung

Das Grün von Olympiapark, Nymphenburger Schlosspark und Botanischem Garten rahmt im Westen die eleganten Viertel Nymphenburg und Neuhausen ein. Das große Sport-, Freizeit- und Kulturangebot, die schönen Gründerzeithäuser und feinen Restaurants machen diese Stadtviertel zur bevorzugten Wohngegend der betuchteren Münchner. Fürs Kontrastprogramm sorgt das traditionelle Arbeiterrevier Schwanthaler Höh' mit seinen multikulturellen Bewohnern.

Die grünen Hügel und die silbrig glänzenden Dächer der Sportstätten im Olympiapark locken täglich Hunderte von Sportbegeisterten und Spaziergängern an. Das gutbürgerliche Neuhausen birgt mit der modernen Herz-Jesu-Kirche ein aufsehenerregendes Monument zeitgenössischer Kirchenarchitektur, und in Nymphenburg erinnern Wittelsbacher-Schloss und -Park an Zeiten, als die Münchner gekrönten Häuptern zujubelten. Vor allem Nymphenburg und Neuhausen haben in den vergangenen Jahren einen Renommee-Zuwachs erlebt und sind zu einem beliebten, aber teuren Wohnviertel avanciert. Hierher kommen die Münchner aber auch zum Ausgehen auf leicht gehobenem Niveau. Im Westend hingegen kann man richtiges Multikulti-Flair genießen. Stehkneipen und rustikale Lokale geben den Ton an, aus den Hinterhöfen klingt die Musik des Balkan. Lebhaftigkeit kann man dem Viertel wahrhaft nicht absprechen, und noch bunter wird es, wenn auf der Theresienwiese das Oktoberfest (➤ 13) seine Pforten öffnet.

★ Nicht verpassen!

1 Olympiapark ➤ 144
2 Herz-Jesu-Kirche ➤ 147
3 Schloss Nymphenburg und Neuer Botanischer Garten ➤ 149

Seite 139: Schloss Nymphenburg

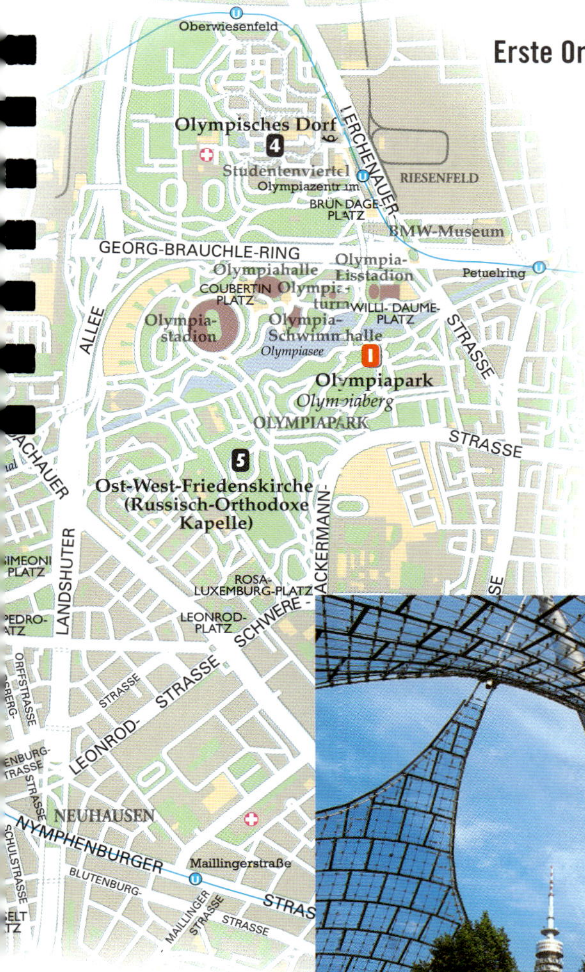

Das berühmte Zeltdach des Olympiastadions

Nach Lust und Laune!

4 Olympisches Dorf ➤ 153
5 Ost-West-Friedenskirche ➤ 153
6 Kindermuseum ➤ 154
7 Alter Botanischer Garten ➤ 154
8 Zirkus Krone ➤ 154
9 Bavaria ➤ 155
10 Deutsches Museum Verkehrszentrum ➤ 155

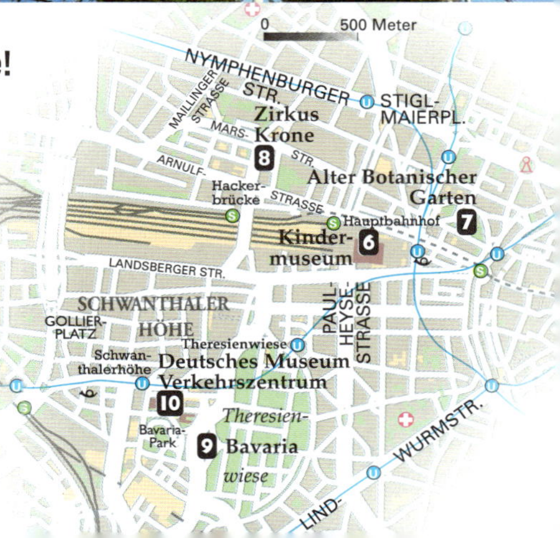

An einem Tag

Die folgende Route ist eine Möglichkeit, wie Sie einige der interessantesten Sehenswürdigkeiten des Westens an einem Tag abklappern können. Nutzen Sie die Karte (➤ 140f) zur Orientierung, die einzelnen Highlights werden im Folgenden (➤ 144ff) näher beschrieben.

9 Uhr

Am besten, Sie sehen sich den **1 Olympiapark** (➤ 144) zunächst von oben an. Von der Plattform des Olympiaturms (links) hat man – bei schönem Wetter – einen herrlichen Blick auf die bayerische Metropole. Auch Ihre Tagestour lässt sich im Westen bereits erkennen. Aber Achtung bei Föhn: glauben Sie nicht, noch bis zur Zugspitze weiterspazieren zu können! So nah sie auch scheint – es sind doch 100 km!

10 Uhr

Fahren Sie gemütlich einmal mit der Bimmelbahn übers Olympiagelände: unter dem Zeltdach hindurch, an den Sportstadien vorbei, um den Olympiasee herum – Orientierung im Schnelldurchgang. Schließen Sie sich um 11 Uhr der Fußballtour durchs Olympiastadion an! Sie sind kein Fußballfan? Dann bummeln Sie besser durch das **4 Olympische Dorf** (links; ➤ 153), vorbei an den bunt bemalten Studentenbungalows!

12 Uhr

Südlich des Olympiastadions verlassen Sie das Areal und folgen, vorbei am Olympischen Radstadion, dem Canaletto, der direkt nach Schloss Nymphenburg führt. Zweigen Sie in die ruhige Taxisstraße ab. Das straffe Vormittagsprogramm ist abgeschlossen, da kommt der hübsche *Taxisgarten* (➤ 157) gelegen. Hier gönnen Sie sich eine kräftigende Biergarten-Brotzeit.

13.30 Uhr

Frisch gestärkt, erreichen Sie durch ruhige Neuhausener Wohnstraßen die **2 Herz-Jesu-Kirche** (➤ 147). Der Kubus aus Glas mit den größten Kirchentüren der Welt ist ein Platz der Ruhe und eine Begegnung mit der modernen Architektur. Danach gehen Sie nordwärts zum Hubertusbrunnen, wo die Auffahrtsallee beginnt. In der Ferne zeichnet sich bereits der nächste Höhepunkt Ihrer Tour ab: **3 Schloss Nymphenburg** (oben; ➤ 149). Im Prachtbau geht es vorbei an Spiegeln, Gemälden, Gobelins. Sie sehen auch, wo »Kini« Ludwig II. das Licht der Welt erblickte. Machen Sie dann einen Spaziergang zu den anderen Schlösschen im Nymphenburger Park, oder besichtigen Sie alternativ die Porzellansammlung Bäuml. Beides könnte ein Besuch im *Schlosscafé im Palmenhaus* (links) abschließen. Bei Kaffee und Kuchen träumen Sie von Ihrer Bavarian Beauty in der Schönheitsgalerie des Königs Ludwig I.

16.30 Uhr

Nochmals staunen: diesmal über die Blumenpracht im **3 Neuen Botanischen Garten** (➤ 151), der vom Nymphenburger Park aus, vorbei an der Magdalenenklause, zugänglich ist.

18 Uhr

Nun setzen Sie sich am besten in die Trambahn und fahren stadteinwärts bis zum Romanplatz. Im nahen *Hirschgarten* (➤ 157) können Sie mit einer Maß Augustiner, bei »Radi« und Brez'n und unter der aufmerksamen Beobachtung der Damhirsche den Tag ausklingen lassen.

Olympiapark

Welch eine Karriere! Exerziergelände, Zeppelinlandeplatz, Halde für Bombenschutt und dann, 1972, Schauplatz der XX. Olympischen Sommerspiele mit einer einzigartigen Zeltdacharchitektur! Noch heute lockt der Sport, aber auch die Kultur auf das ehemalige Oberwiesenfeld.

Der Olympiapark ist eines der größten innerstädtischen Erholungsgebiete. Das Olympiastadion dient als Veranstaltungsort für sportliche Wettkämpfe und Riesenbühne für Popkonzerte. In der Olympiahalle finden Sportwettkämpfe, Großkonzerte, Messen und Ausstellungen statt. Im Eisstadion jagen die Kufencracks des EHC München dem Puck nach. Am Olympiaberg treffen sich im Winter Skifahrer und Snowboarder – die Profis zu Weltcuprennen, die Amateure (auch) zum Einkehrschwung in der Original-Skihütte!

Das Zeltdach ist ein architektonischer Geniestreich

Inlineskater sausen um den Olympiasee, Jogger keuchen bergauf, Kinder lassen Drachen steigen oder fahren Schlitten; das Schwimmstadion ist heute ein beliebtes, öffentliches Schwimmbad. Der Theatron-Musiksommer präsentiert auf der Bühne am See fetzige Newcomer-Bands und internationale Gruppen. Und beim Sommer-Tollwood (► 14) jenseits des Olympiabergs geben sich im Juni Rockgrößen, Kleinkunstdarsteller und die alternative Szene ein Stelldichein. Wenn nur das »Tollwood-Wetter« nicht immer so feucht wäre!

Ein Blick von oben

Überragt wird das Areal vom fast 290 m hohen **Olympiaturm**. Von der Aussichtsplattform in 190 m Höhe ist der Blick phänomenal, vor allem wenn der Föhn die Bergkette der Alpen täuschend nah an Münchens Stadtgrenze holt. Ein ähnlicher

Eröffnung der Olympischen Spiele 1972

Rundumblick aus nur 52 m Höhe bietet sich vom **Olympiaberg**, unter alten Münchnern immer noch als Schuttberg bekannt, denn nichts anderes als der Schutt des bombardierten München verbirgt sich unter den Hügeln des Olympiaparks. Verbindendes architektonisches Element des Olympiageländes ist das vom Architekturbüro Behnisch & Partner entworfene **Zeltdach**. Seine Form nimmt die Topografie auf und passt sich den landschaftlichen Gegebenheiten mit leichter Eleganz an. Dabei spannt sich dieses Stahl-Acryl-Konstrukt über 75 000 m², insgesamt 58 bis zu 81 m hohe Masten halten das riesige Dach.

Im **Olympiastadion** verfolgten während der Olympiade 80 000 begeisterte Zuschauer die Leichtathletikwettkämpfe, später diente es auch König Fußball. Doch die Arena, so meinten 2003 die Vereinsobersten der »Blauen« und der »Roten« (➤ 16), entspricht nicht mehr den Anforderungen des heutigen Spitzenfußballs. So finden die Fußballspiele der Topclubs seit 2006 in der Allianz-Arena in München-Fröttmaning statt.

Nördlich des Mittleren Rings ist der Autobauer BMW im größten »Vierzylinder der Welt« zu Hause. Gleich davor ist in der »Schüssel« das **BMW-Museum** untergebracht, gegenüber erstreckt sich postmodern das Auslieferungszentrum

XX. OLYMPISCHEN SOMMERSPIELE

Die Olympischen Spiele von München vom 26. August bis zum 11. September 1972 galten als die »heiteren Spiele«. Zumindest bis zum 5. September, als ein palästinensisches Terrorkommando die israelische Männermannschaft überfiel. Nach der Ermordung zweier Sportler und quälenden Verhandlungen wurden Entführer und Geiseln nach Fürstenfeldbruck gebracht, wo eine Befreiungsaktion im Blutbad endete. Die Spiele gingen weiter. Auf dem Gedenkstein vor dem Haus Connollystraße Nr. 31 legen Besucher nach jüdischem Brauch Steine nieder. An die sportlichen Highlights erinnern die Siegertafeln am Coubertinplatz mit Namen wie Mark Spitz, Heide Rosendahl und Olga Korbut, dem »Spatz von München«.

KINDERSPASS

Wie wär's mit einer Ruderpartie auf dem Olympiasee? Die Kähne mietet man nahe dem Olympiaturm. Und beim Sommerfest im August geht's rund ... auf unzähligen Fahrgeschäften!

des Autobauers mit weiteren Ausstellungen, Veranstaltungssälen und Gastronomieeinrichtungen nicht nur für die, die sich ein schnelles Auto abholen.

KLEINE PAUSE

Im **Drehrestaurant** im Olympiaturm gibt's mittags leichte Bistroküche mit der besten Aussicht über die Stadt und das Umland.

193 E/F 3–4 306 70; Olympiaturm 30 66 85 85; Olympiastadion 30 67 27 07 Olympiaturm 9–24 Uhr; Olympiastadion Sommer 8.30–20.30, Winter 9–16.30 Uhr Olympiazentrum Olympiaturm und Olympiastadion preiswert www.olympiapark.de

BMW Museum
38 22 56 52 10–20 Uhr
preiswert
www.bmw-museum.de

Oben: Fensterloses BMW-Museum

Unten: Für Schwindelfreie: Die Zeltdachtour

OLYMPIAPARK: INSIDER-INFO

Top-Tipp: Der **Munich Olympic Walk of Stars** am Ufer des Olympiasees beim Olympiaturm nimmt Formen an. Die Hand- und Schuhgrößen von Carlos Santana, Elton John und Bon Jovi kann man schon nachmessen.

Geheimtipp: Auf der **»Zeltdach-Tour«** können Sie, gesichert mit Karabiner und Seil, das Olympiastadion von oben betrachten (April–Okt. tägl. 14.30 Uhr, Treffpunkt Stadionkasse am Eingang Nord) und mit dem Flying Fox abfahren.

Muss nicht sein! Bei **Sommerdunst** bringt die Fahrt auf den Olympiaturm wenig – selbst die Frauenkirche ist kaum auszumachen!

2 Herz-Jesu-Kirche

Die größten Kirchentüren der Welt laden ein, weit geöffnet, zumindest wenn das Wetter stimmt ... Der Aufschwung der modernen Architektur in München hat auch den Kirchenbau erreicht: Die Herz-Jesu-Kirche in Neuhausen setzt neue Maßstäbe.

Nachdem ein Feuer 1994 die alte Herz-Jesu-Kirche an der Lachnerstraße völlig zerstört hatte, bot sich an gleicher Stelle die Gelegenheit für einen Kirchenneubau. Die Gemeinde wünschte ein modernes Gotteshaus, ungewöhnlich, wegweisend, offen. Der Kirchenraum solle konzeptionell einheitlich, wie es in der Ausschreibung hieß, »Klarheit, Ruhe und Geborgenheit ausstrahlen. Besonderes Augenmerk ist der Lichtführung zu widmen, die die Feierlichkeit des Raumes steigern und den Altar als Mittelpunkt herausheben soll«. Das Architekturbüro Allmann/Sattler/Wappner erhielt den Zuschlag. Die 2000 geweihte Kirche besteht, vereinfacht gesprochen, aus zwei Kuben, die gleichsam übereinander gestülpt wurden. Die Wand des inneren »Würfels« machen Lamellenwände aus Ahornholz aus, die äußere Raumhülle aus Glas wirkt wie über den inneren Schrein gesetzt. Mit Hilfe der Lamellen und des Glases führen die Architekten geschickt Lichtregie.

Spiel mit dem Licht in der Kirche

Die Passion Christi

Zwischen den beiden Würfeln verläuft ein hoher Wandelgang mit einem modernen Kreuzweg. Im Eingangsbereich fällt das Kruzifix auf – eines der wenigen Objekte, die den Brand von 1994 überstanden haben. Die Passion Christi nehmen die 14 m hohen Portalflügel ikonografisch auf: Der Künstler Alexander Beleschenko hat den Text aus dem Johannesevangelium, der von der Öffnung der Seite Jesu mit der Lanze berichtet, in einen speziell für die Tore entwickelten Code aus Nägeln umgewandelt – Geheimschrift also, Dechiffrierung unmöglich! Im Kirchenraum führen die *Fünf Wunden* das Thema Leidens-

geschichte fort: Fünf kleine Fenster im Boden symbolisieren die Wundmale Jesu. Zentraler Blickfang und Höhepunkt der konzeptionellen Ausrichtung des Gotteshauses auf die Passion ist der Kreuzvorhang hinter dem Altar. Das Metallgewebe lässt durch unterschiedliche Webtechniken und durch verschiedene Dichte in der doppelt gearbeiteten Struktur ein Kreuz deutlich gegenüber dem Rest des Vorhangs hervortreten – ein Effekt, den Kunstlicht am Abend noch intensiviert. Der Kreuzvorhang nimmt also, ähnlich wie das halb durchscheinende Portal aus blauen Glastäfelchen, die Leitlinie des gesamten Kirchenbaus auf: mit Hilfe von Licht das Leiden Christi darzustellen.

Was jenseits aller architektonischen und konzeptionellen Programmatik die Kirche bemerkenswert macht, ist die einzigartige Akustik. Unter Münchens Hobbychören hat es sich bereits herumgesprochen, dass selbst zarte Stimmchen nirgends schöner klingen als hier.

Gespiegeltes Blau zum Ruhme Gottes

KLEINE PAUSE

Verfeinerte italienische Küche in vornehm-modernem Flair bietet das Restaurant ***Romans*** (Romanstr. 1) in der Nähe der Herz-Jesu-Kirche. Eine Portion Nudeln oder ein Risotto – und weiter geht's.

192 C2 **Lachnerstr. 8** **130 67 50** **8–19 Uhr** **Rotkreuzplatz**
www.herzjesu-muenchen.de

HERZ-JESU-KIRCHE: INSIDER-INFO

Geheimtipp: Zuhören – Nachdenken – Staunen! Jeden Sonntag um 19.30 Uhr (außer August und September) gibt es **die besondere Stunde mit Musik und geistlichen Texten**. Dazu öffnen sich, wenn es die Witterung erlaubt, die großen Portale. Anschließend sind Sie auf ein Glas Wein in den Pfarrhof eingeladen.

3 Schloss Nymphenburg & Neuer Botanischer Garten

Wenn es den Kurfürsten zu heiß wurde und wenn sie erschöpft waren vom Regieren, flüchteten sie in ihre Sommerresidenz. Nicht weit, vor die Tore der Stadt, wo Schloss Nymphenburg südliches Flair verströmte.

Im Audienzzimmer des Schlosses

Geschenke erhalten die Freundschaft ...! Deshalb schenkte Kurfürst Ferdinand Maria – ganz großzügiger Kavalier – seiner Frau Henriette Adelaide zur Geburt des Sohnes Maximilian Emanuel 1663 die Schwaige Kemnath, die »Urzelle« von Schloss Nymphenburg. Die Crème de la Crème der europäischen Baumeisterszene gestaltete in den nachfolgenden Jahrzehnten die Schlossanlage im Stil des Barock, später des Rokoko. Zunächst lieferten die Italiener Agostino Barelli, Enrico Zuccalli und Antonio Viscardi ihr Know-how. Die Münchner Baumeister Joseph Effner, François Cuvilliés d. Ä. und später Johann Baptist Zimmermann trieben den Ausbau unter Max II. Emanuel (bis 1726), Karl Albrecht (bis 1745) und Maximilian III. Joseph (bis 1777) voran. So entstand die weitläufige symmetrische Schlossanlage. Sie fungierte bis zum Ende der Monarchie 1918 als Sommerresidenz der Wittelsbacher.

Pracht und Prunk im Rokokostil dominieren auch das **Innere**. Stuck Fresken, Gold, Gobelins, Gemälde, wohin man auch blickt. Am eindrucksvollsten ist der zentrale Steinerne Saal, über dem sich Johann Baptist Zimmermanns Riesenfresko wölbt. Da saust Apollo im Sonnenwagen durch die Sphären, olympische Götter von Venus bis Apoll frönen dem Müßiggang, während – eine allegorische Anspielung auf »Nymphenburg« – Nymphen der Naturgöttin Flora huldigen.

Königliche Parkpromenade

Der Gartenarchitekt Dominique Girard wurde 1715 für die Anlage des **Schlossparks** verpflichtet. Als Ende des 18. Jhs. der Adel das Volk nicht mehr auf Distanz halten konnte, übergab Kurfürst Karl Theodor den Barockpark 1792 der Öffentlichkeit. Allerdings wollte man auch weiterhin up to date sein, weshalb Ludwig von Sckell die Parkanlage ab 1804 zum englischen Landschaftsgarten umgestaltete.

Für Feierlichkeiten, als Repräsentationsobjekte oder als Rückzugsmöglichkeiten wurden schon Anfang des 18. Jhs. als Dependancen ein paar »Schlösschen zum Schloss« in Auftrag gegeben und »geplant zufällig« über den Schlosspark verteilt. Die **Gartenschlösser** Amalienburg, Badenburg (mit »Hallenbad«) und die ganz ostasiatisch gehaltene Pagodenburg zeigen Prunk en miniature. Vor allem das von Cuvilliés 1734–39 erbaute Jagdschlösschen für Kurfürstin Amalie ist ein wahres Rokokoprachtstück von beispielloser Eleganz und Leichtigkeit! Dagegen sollte die Magdalenenklause als künstlich geschaffene Ruine, ganz im Sinn der Romantik, die Suche nach Weltabgeschiedenheit verkörpern.

LOLA MONTEZ UND DIE ANDEREN MODELS

Züchtig und keusch und fast ein wenig zu naiv blicken die 35 Damen der Schönheitsgalerie Ludwigs I. dem Betrachter entgegen. Ab 1823 malte Hofmaler Joseph Stieler die hübschen Damen aus allen Gesellschaftsschichten. Die Wahl der Schönsten fällt schwer – ist es die Schuhmacherstochter Helene Sedlmayer, die himmelwärts blickende Lady Jane Ellenborough oder Anna Hillmayr, mit gesenktem Blick und von einem Gebetbuch geschützt? Oder doch Maria Dolores Elisa Gilbert in Puffärmeln und hoch geschlossenem Spitzenkragen, besser bekannt als Lola Montez (► 28)?

Koketterie in Porzellan: Bustelli-Figuren

Rokokojuwel Amalienburg

Kutschen und Porzellan

Mobilität war schon den Kurfürsten ein hoher Wert. Allerdings haben die meisten Prunkkutschen im **Marstallmuseum** im Südtrakt des Schlosses keine hohe Kilometerleistung hinter sich, sie dienten hauptsächlich dem Repräsentieren. Handarbeit vom Feinsten findet man deshalb an allen Kutschen und Schlitten. Den Höhepunkt bildet die Krönungskarosse, die 1742 bei der Inthronisation Karl Albrechts als Kaiser Karl VII. über Frankfurts Pflaster holperte.

Noch filigranere Handwerkskunst zeigt die **Porzellansammlung Bäuml**. Was Fingerfertigkeit und künstlerisches Geschick von 1747 bis zum Jugendstil in den 1930er-Jahren alles an zerbrechlichen Kunstwerken schufen ...! Künstler wie Aurliczek und Bustelli, der erste Modellmeister der Nymphenburger Porzellanmanufaktur, hatten die Münchner Porzellankunst im 18. Jh. zu einer ersten Hochblüte gebracht.

Im Nordflügel des Schlosses warten die Dinosaurier und andere Höhepunkte der erdgeschichtlichen Entwicklung. Erwachsenen wie Kindern vermittelt das **Museum Mensch und Natur** mit Dioramen, Schautafeln und Modellen Einblicke in die Evolution. Junge Besucher zieht es in die Abteilung »Spielerische Naturkunde«, wo sie ihr Wissen testen und erweitern können. Zuletzt eröffnete – höchst aktuell – die Abteilung »Gen-Welten«.

Prunkkutsche im Marstallmuseum

Blütenpracht und Palmen

Im Norden des Nymphenburger Parks begegnen Sie nochmals der Natur, diesmal mit Schwerpunkt auf der lebenden Pflanzenwelt: Im **Neuen Botanischen Garten** entführen die Gewächshäuser in den Dschungel und in die Wüste, das Freigelände präsentiert die Vielfalt der einheimischen Flora. In Alpinum und Arboretum, Rosengarten und Farnschlucht, Kräuter- und Arzneipflanzengarten wachsen auf 20 ha 15 000 Pflanzen – eine der umfassendsten und schönsten Anlagen dieser Art in Europa. Als Besuchszeit empfiehlt sich die Periode von Mai bis Juni, wenn die Bergblumen am Alpinum blühen und der Rhododendronhain in voller Pracht steht.

FÜR KINDER
Spielerisch und interaktiv erfährt man Wissenswertes aus der Natur im **Museum Mensch und Natur** (links). Durchs Wasserpflanzenhaus im Botanischen Garten flattern bunt schillernde tropische **Schmetterlinge**, aber nur von Neujahr bis Ende März. **Kinderführungen** werden dafür in unregelmäßigen Abständen ganzjährig angeboten. Und die **Eisbecher** im Café des Botanischen Gartens sind klasse!

KLEINE PAUSE
Im ***Schlosscafé im Palmenhaus*** (in der früheren Orangerie) genießen Sie unter einem riesigen Ludwig II. in Öl und unter Palmen – oder im Sommer im Freien – Kaffee und Kuchen.

192 A2

Schloss Nymphenburg, Marstallmuseum, Porzellansammlung Bäuml
17 90 80 9–18, Winter bis 16 Uhr
Tram Nr. 17 Schloss Nymphenburg
teuer www.schloesser.bayern.de

Museum Mensch und Natur
179 58 91 20 Di–So 9–17 Uhr, Do bis 20 Uhr, Sa/So ab 10 Uhr preiswert

Neuer Botanischer Garten
Menzinger Str. 65 17 86 13 10
Nov.–Jan. 9–16.30 Uhr; Feb./März/Okt. 9 bis 17 Uhr; April/Sept. 9–18 Uhr; Mai–Aug. 9–19 Uhr; Gewächshäuser mittags 11.45–13 Uhr geschl.
Tram Nr. 17 Botanischer Garten preiswert

Seerosenteich im Botanischen Garten

NYMPHENBURG/BOTANISCHER GARTEN: INSIDER-INFO

Top-Tipp: Machen Sie einen **Spaziergang durch den Park**, vorbei am Monopteros, bis zur Kaskade. Der Schlossrummel ist weit weg, Sie können in Ruhe die Statuen griechischer und römischer Gottheiten betrachten.

- Klassische Musik im kürzlich restaurierten Hubertussaal bieten die **Nymphenburger Schlosskonzerte** (www.hubertussaal.de).

Geheimtipp: Im Südlichen Schlossrondell Nr. 1 sind im **Erwin-von-Kreibig-Museum** (Di–Do, Sa/So 14–17 Uhr) Werke des Münchner Malers und Grafikers zu sehen – ein Tipp für Kunstinteressierte.

Nach Lust und Laune!

4 Olympisches Dorf

Hier wohnten im Sommer 1972 für ein paar Wochen die Sportler aus aller Welt, in den Hochhäusern genauso wie in den kleinen Bungalows. Die Mehrzahl der Sportlerunterkünfte ist längst zu Eigentumswohnungen umfunktioniert. Die Zimmer in einem der Hochhäuser sowie die Bungalows lindern dagegen das Wohnungsproblem für Studenten in München. Und die lassen ihrer Kreativität freien Lauf, wie ein Bummel durch die Gässchen der Bungalowanlage zeigt: Viele Häuschen sind phantasievoll bemalt, mal windet sich Nessie über die Hausfront, mal spitzen Giraffen ihre Köpfe aus dem Efeu. Allerdings blättern überall Putz und Farbe, aber vielleicht gehört das ja zum leicht anarchischen Touch der kleinen Siedlung.

193 E4
Olympiazentrum

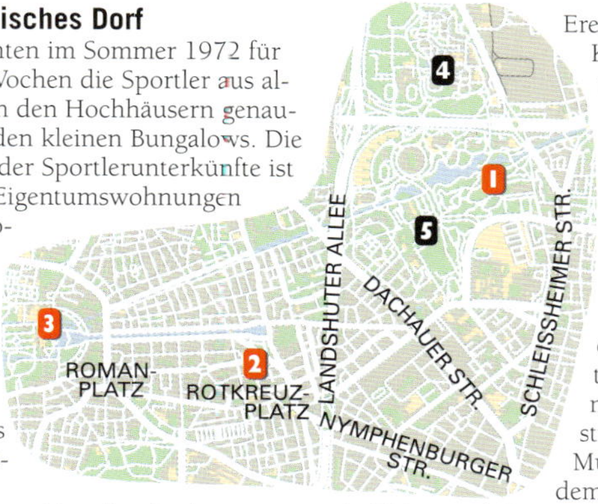

5 Ost-West-Friedenskirche

Das skurrile russisch-orthodoxe Kirchlein aus Zivilisationsmüll wie Schokoladenpapier und Blechdosen südwestlich des Olympiabergs und sein Erbauer, der russische Einsiedler Väterchen Timofej, genießen unter eingesessenen Münchnern fast so etwas wie Kultstatus. Timofej hat hier nicht nur seit 1952 über Jahrzehnte autark gelebt und Eremitage und Kirche errichtet, er hat auch der Bürokratie die Stirn geboten: Als auf »seinem Areal« das olympische Reiterstadion entstehen sollte, trotzte er – mit Unterstützung der Münchner – dem Räumungsbefehl ... und das Stadion wurde im fernen Riem erbaut! 2004 ist Timofej, um dessen angeblich weit über 100 Lebensjahre sich endlose Spekulationen ranken, im Altersheim gestorben.

193 E3 10–16 Uhr
Olympiazentrum

Olympisches Dorf mit den beliebten Studentenbungalows im Vordergrund

TRADITIONSBRAUEREI

Rote Ziegelbauten mögen heute architektonisch nicht mehr *state of the art* sein. Aber als aufgrund der zunehmend industriellen Bierproduktion die Augustinerbrauerei Mitte des 19. Jhs. auf die Schwanthaler Höhe an die Landsberger Straße zog, galt der Gebäudekomplex als bemerkenswerte Industriearchitektur. Er ist das letzte Beispiel für die traditionelle Münchner Brauereiarchitektur – und die Anlage ist noch in Betrieb! Frischer kann also der Edelstoff nicht sein als in der Schwemme im Augustiner Bräuhaus (Landsberger Str. 19, Tel. 50 70 47), wo Sie an langen Holztischen eine ordentliche Brotzeit bekommen.

6 Kindermuseum

Die Kinder neugierig zu machen, sie zum Staunen, Mitmachen, Lernen und Verstehen zu bringen – das hat sich das Museum in einem Seitentrakt des Hauptbahnhofs zum Ziel gesetzt. Dementsprechend breit präsentiert sich das Spektrum an Kinder- und Jugendthemen: Mal können die Kleinen Riesenseifenblasen machen – eine ziemlich schmierige Sauerei, aber schön! –, mal dürfen sie die Wunderwelt der Chemie erforschen, mal gehen die Ausstellungsmacher das Tabuthema Tod kindgerecht an.

196 C4 Arnulfstr. 3 54 54 08 80 Di–Fr 14–17.30, Sa/So und Schulferien 11–17.30 Uhr Hauptbahnhof mittel www.kindermuseum.muenchen.de

7 Alter Botanischer Garten

Vom ersten Botanischen Garten Münchens aus dem Jahr 1804 ist bis auf das klassizistische Portal an der Ostseite nichts erhalten. Vom so genannten Glaspalast – damals ein architektonisches Wunderwerk, in dem die »1. allgemeine deutsche Industrie Ausstellung im Jahre 1854« abgehalten wurde – spricht man heute noch, auch wenn die Glas-Eisen-Konstruktion 1931 einem Brand zum Opfer fiel. Mit der im Sommer üppigen Blütenpracht um den 1937 aufgestellten Neptunbrunnen, dem offensichtlich Michelangelos *David* Pate stand, ist der Alte Botanische Garten heute eine kleine Oase, in der man etwas Entspannung inmitten der Großstadthektik finden kann. Das *Park Café* (➤ 158) an der Stelle des Glaspalastes ist heute ein beliebter Anlaufpunkt für Nachtschwärmer.

190 A4 Elisenstr. Stachus

8 Zirkus Krone

Der größte Zirkus Europas hat an der Marsstraße sein Zuhause. Von April bis November aber sind die Clowns, Artisten und Dompteure samt ihren dressierten Freunden auf Reisen. Dann mutiert der Zirkusbau zur Konzerthalle. Von Ende Dezember bis März gilt dann für die Stars wieder »Manege frei!«. Eine Statue von Charlie Rivel, dem bekanntesten Clown der Welt, weist den Weg in die Arena, die 3000 Besucher fasst.

196 B5 Marsstr. 43 545 80 00 Hackerbrücke www.circus-krone.de

Der unvergessene Carl Sembach Krone

Bayerns kräftigste Dame: die Bavaria mit dem Löwen

9 Bavaria

Wollten Sie schon immer wissen, wie eine Dame von innen aussieht? In Ludwig von Schwanthalers 1560 Zentner schweren Erz-Matrone können Sie über 130 Stufen sogar bis in den Kopf vordringen! Mit Eichenkranz und Schwert wacht die Symbolfigur Bayerns zusammen mit dem ehernen Löwen über die Theresienwiese und – für zwei Wochen im Herbst – über den Trubel des Oktoberfests. (Übrigens: Auch wenn Sie es als Kompliment meinen, nennen Sie eine Münchnerin nie eine »Bavaria« – das kommt nicht gut an, schließlich impliziert es übermäßige Leibesfülle!) Hinter der Bavaria befindet sich die dorische Ruhmeshalle, errichtet 1834 von Klenze, eine Gedenkstätte mit Büsten von 95 herausragenden bayerischen Persönlichkeiten.

196 B3 Theresienhöhe 16
29 06 71 Apr.–15.Okt. 9–18 Uhr, beim Oktoberfest bis 20 Uhr
Schwanthaler Höhe preiswert

10 Deutsches Museum Verkehrszentrum

Dem Thema Verkehr und Mobilität widmet sich der Ableger des Deutschen Museums in den drei denkmalgeschützten Hallen auf der Münchner Theresienhöhe. Technologie, Geschichte und Zukunftsperspektiven des Verkehrs stehen im Mittelpunkt. Halle I demonstriert »Chaos und Ordnung des Stadtverkehrs«. Halle II beschäftigt sich mit dem Thema Reisen – von den verschiedensten Verkehrsmitteln bis hin zu den problematischen Folgen unbegrenzter Mobilität. Von Kutschen über Dampflokomotiven bis hin zum Transrapid reicht der Bogen, den die Ausstellung in Halle III schlägt, und dabei kommen natürlich auch alle Freunde historischer Automobile voll auf ihre Kosten.

196 B4 Theresienhöhe 14a
500 80 67 62 9–17 Uhr
Schwanthaler Höhe preiswert

Wohin zum … Essen und Trinken?

Preise
Die Preisangaben gelten pro Person für ein Essen ohne Getränke:
€ unter 12 Euro **€€** 12–25 Euro **€€€** über 25 Euro

RESTAURANTS

The Big Easy €€
Hier sind Südstaaten-Töne angesagt, vor allem auch kulinarisch! In behaglichem Ambiente sollten Sie Spezialitäten wie Gebackene Datteln im Speckmantel mit Red Pepper Jam oder den Südstaaten-Klassiker Jambalaya probieren. Donners-tags begleitet abends Livejazz, von Mainstream bis zum Classic-Cocktail-Jazz, die kräftig gewürzten Speisen. Sonntags gibt's den Jazz Cooking Breakfast Brunch: Zu Austern, Müsli, Pancakes und Kuchen spielt eine Band, die »jungen Bruncher« sind derweil gut in der Spielecke aufgehoben.
193 D2 Frundsbergstr. 46
15 89 02 53 17–1, So 10–1 Uhr Rotkreuzplatz

Broeding €€€
Es gibt nur ein täglich wechselndes Menü, aber das ist vom Feinsten! Frische, Kreativität und Stil vereinen sich hier zu einem wahren Hochgenuss. Die sechs Gänge in modern-puristischem Ambiente begleiten exzellente österreichische Weine – ein Genuss, für den man sich Zeit nehmen sollte! Sind Sie begeistert von einem der edlen Tropfen, dann können Sie eine Flasche davon im zugehörigen Weinhandel zur Erinnerung mitnehmen oder über www.broeding.de im Internet bestellen.
193 D1 Schulstr. 9
16 42 38 Di–Sa 19–1 Uhr
Rotkreuzplatz

Löwengarten €–€€
In dieser Mischung aus bayerischem Wirtshaus und anspruchsvollem Restaurant lässt es sich zu jeder Jahreszeit gut aushalten, im Sommer gibt's sogar einen kleinen Biergarten und am Wochenende ausgiebigen Brunch. Die Küche jongliert gerne und erfolgreich mit verschiedenen Traditionen. Dabei gelingen Schweinebraten und Kässpätzle ebenso gut wie Thai-Curry und amerikanischer Käsekuchen. Das Verhältnis von Preis und Qualität stimmt, und an Spielzeug für die Kleinen ist auch gedacht.
193 D2 Volkartstr. 32
16 13 73 Mo–Fr 11–1, Sa/So 10–1 Uhr Rotkreuzplatz

Osteria Mugolone €€–€€€
In diesem stilvollen, modernen Restaurant bringt Tom Wening seine mediterran und toskanisch inspirierten Eigenkreationen auf den Tisch. Die Speisekarte wechselt täglich, verwendet werden nur ökologische Zutaten von höchster Qualität. Alle zwei Monate wechselnde »Ausstellungen« – Fotografien und Gemälde – dekorieren das empfehlenswerte Restaurant. Auch dank des zuvorkommenden Service wird das Essen in dem kleinen, hellen Raum zum echten Genuss. Unbedingt reservieren!
193 E1 Maillingerstr. 12
12 73 98 36
Mo–Fr 11.30–15/ 18–24, Sa 18–24 Uhr
Maillinger-straße

Ruffini €–€€
Das *Ruffini*, ein »Betrieb in Selbstverwaltung« mit 25 Gesellschaftern, ist ein Klassiker (seit 1978). Auf beste Qualität wird geachtet, das Fleisch ist rein biologisch. Der kulinarische Schwerpunkt liegt auf

Italien, hinzu kommen »weltweite Gerichte«. Auf der Speisekarte wurde auch an die Vegetarier gedacht. Mit Weinseminaren, Livemusik und Lesungen betreibt man Kulturpflege. Im Sommer kann man auch auf der Terrasse essen.

193 D2 Orffstr. 22
16 11 60 Di–So 10–24 Uhr
Rotkreuzplatz

Ysenegger €

Das *Ysenegger* ist eher eine Kneipe als ein Restaurant! Die Speisekarte ist international: Der Bogen spannt sich von Chili con Carne über Allgäuer Kässpätzle bis zum Victoriabarschfilet! In dem dunkel vertäfelten Lokal im Kaffeehausstil trifft sich ein typisch Neuhauser Publikum: vom Studenten bis zum Anzugträger. Tipp für alle Cocktailfreunde: am Montag kann man doppelt so viele Mixgetränke zum Standardpreis trinken …

193 D1 Ysenburgstr. 3
16 27 91 9–1 Uhr
Rotkreuzplatz

BIERGÄRTEN

Augustinerkeller €–€€

Unter den riesigen, teils über 100 Jahre alten Kastanien verstreicht die Zeit schnell bei einer Brotzeit aus der »Schmankerlngasse« und einer Maß aus dem Holzfass. Bis zu 5000 Besuchern geht es an schönen Sommerabenden so …! Rasch vergisst man, wie nah der Hauptbahnhof ist! Und dass der Zug abfährt …! Bei schlechtem Wetter gibt's bayerisch-deftige Gerichte auch im historischen Bierkeller.

196 B5 Arnulfstr. 52
59 43 93 10–1 Uhr
Tram Nr. 16, 17 Hopfenstraße

Hirschgarten €

Wo ehedem die adeligen Jäger dem Rotwild nachstellten, können die Damhirsche im Wildgehege heute ohne jeden Argwohn zuschauen, wie bis zu 8000 Münchner Maß um Maß Augustiner und bayerische »Schmankerln« an ihnen vorbeitragen. Der Biergarten ist einer der beliebtesten (und größten) in München. Immer noch ein Geheimtipp ist das Magdalenenfest Mitte Juli, eine kleine »Dult« (Jahrmarkt) gleich beim Biergarten.

192 B1 Hirschgarten 1
17 25 91 11.30–23.30 Uhr
Bus Nr. 51, 151 Hirschgartenallee

Löwenbräukeller €–€€

Das riesige Wirtshaus mit dem Türmchen und dem Biergarten am Stiglmaierplatz ist nicht zu verfehlen! Im Bräustüberl servieren gestandene Kellnerinnen Deftiges, wobei das Studium der Speisekarte schon einem Grundkurs Bayerisch gleichkommt. Zur Starkbierzeit vor der Karwoche kann man seine Kräfte an einem 508 Pfund schweren Stein versuchen.

196 C5 Nymphenburger Str. 3
52 60 21 10–24 Uhr
Stiglmaierplatz

Taxisgarten €

Im Schatten von hohen Eschen und Kastanien versorgen Sie sich nach guter alter Biergartenmanier in Selbstbedienung mit den typischen Biergarten-»Schmankerln« (Fleisch aus der betriebseigenen Metzgerei). Als Spezialität gelten grüner »Obatzder« und Spareribs. Dazu gibt's eine kühle Maß und für die Kleinen einen Spielplatz – so lässt sich der Sommer aushalten!

192 C2 Taxisstr. 12
15 68 27 10–22.30 Uhr
Gern

EISCAFÉ

Sarcletti

Berühmt für das beste Eis der Stadt! Kein Wunder, üben die Sarclettis doch bereits in vierter Generation die *Gelati*-Produktion in München! (Peter Paul Sarcletti eröffnete schon 1879 eine Eisdiele an der Isar!) Hier kann man Eissorten wie Mozart (Nougat und Marzipan) oder Carapino (Karamel mit Pinienkernen) probieren.

193 D1 Nymphenburger Str. 155
15 53 14 9–23.30 Uhr
Rotkreuzplatz

Wohin zum ... Einkaufen?

Neuhausen und Nymphenburg sind anspruchsvolle Shoppingviertel mit einer großen Bandbreite kleiner und zumeist nicht gerade preiswerter Spezialläden.

Sind die Schuhe vom Pflastertreten durchgelaufen, ist das **Move** (Nymphenburger Str. 156a) der richtige Anlaufpunkt. Der Laden bietet die ganze Palette sportlicher »Shoe Ware« in allen Trendfarben und -formen – nicht zum Joggen, versteht sich, sondern zum Repräsentieren. Modernes Schmuckdesign aus den Hauptstädten der Welt und eigene Kreationen, trendy, flippig, frech und elegant präsentiert das **Chilli** (Nymphenburgerstr. 151). Geschenkartikel, Wohnaccessoires und viele völlig überflüssige aber umso schönere Dinge des Alltags haben Hussfeld + Zang (Blutenburgstr. 81) im Sortiment. Es gibt ein Puppenleben jenseits von Barbie, wie **Das Puppenhaus** (Blutenburgstr. 63) mit Puppen, Puppenhäusern und Miniaturzubehör beweist. Alle kulinarischen Genüsse Südtirols und Tirols ballen sich auf engstem Raum in **Armins Räucherkuchl** (Blutenburgstr. 55). Mehr Wein, und zwar vom Feinsten, vor allem aus Frankreich und Italien, findet man bei **Vin-Wein-Vino** (Nördliche Auffahrtsallee 66); und vom Besitzer wird man auch noch kompetent beraten. Ein paar Häuser weiter findet man in **Flügels Spiel & Holzwerkstatt** (Nördliche Auffahrtsallee 62) farbenfrohe Mitbringsel aus Holz. Wer 14 800 Euro für einen Standbrunnen übrig hat, dem sei die **Porzellan Manufaktur Nymphenburg** (Nördliches Schloss-rondell 8) empfohlen. Man kann sich auch für eine Servierplatte für 29 500 Euro entscheiden ... oder doch für einen bayerischen Löwen ab 29 Euro!

Wohin zum ... Ausgehen?

DISKOTHEKEN, CLUBS

In der »Container-Stadt« des **Backstage** (Friedenheimer Brücke 7, Tel. 126 61 00, www.backstage-online.com, 19–4 Uhr) bestimmt gitarrenlastiger Rock von Punk bis Ska den Mix aus Konzerten und DJ-Musik.

Der Oldie unter Münchens Partyhallen ist die **Nachtgalerie** (Landsberger Str. 185, Tel. 32 45 55 95, www.nachtgalerie.de, Fr/Sa und jeden 1. Do/Monat 22–5 Uhr). Seit 16 Jahren wird in der ehemaligen Fabrikhalle schon getanzt.

Der Clubkultur in allen Variationen widmet sich auch das **Feierwerk** (Hansastr. 39, Tel. 72 48 80, www.feierwerk.de). DJs und Live-Acts spulen das ganze Programm ab: Independent, Elektro, Drum 'n' Bass, Techno, Goa. In *Kranhalle*, *Hansa 39* und *Orangehouse* ist aber vor 22.30 Uhr kaum was los.

Ein Tanztempel der besonderen Art ist das **Park Café** (Sophenstr. 7, Tel. 51 61 79 80, ab 11, So ab 10 Uhr). Jeden ersten Sonntag des Monats trifft sich in ihm das gesetztere Publikum zu einem Tanztee. Den Rest der Zeit ist man bayerische Wirtschaft mit Schmankerln und Biergarten.

Im Club Meinburk (Seidlstr. 15, Tel. 01635 / 66 78 44, nur Fr/Sa, www.meinburkclub.com) tanzen die Teens in einem ehemaligen Küchenstudio.

THEATER

Wer's abends noch ein wenig blutig mag, der ist im **Blutenburg-Theater** (Blutenburgstr. 35, Tel. 123 43 00, www.blutenburg-theater.de) an der richtigen Adresse. Münchens Krimi-Theater hat sich auf dramaturgische Umsetzung von Kriminalstücken spezialisiert ...!

Ausflüge

Ausflüge

Die folgenden Ausflüge führen Sie zu prunkvollen und romantischen Schlössern bayerischer Herrscher und zum Museum eines eigenwilligen Künstlers. Zugleich erschließen sie die wunderschöne Voralpenlandschaft mit ihren idyllischen Seen und gemütlichen Wirtshäusern.

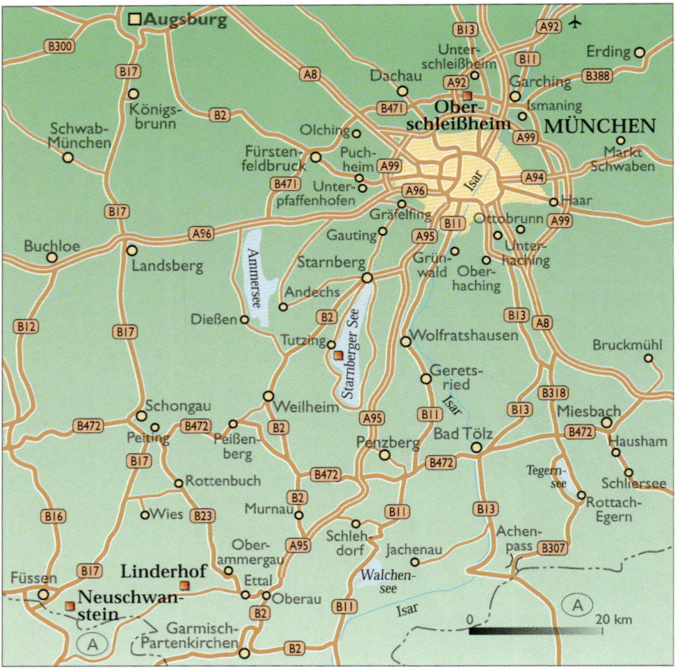

Starnberger See

Den Ausflug zum »bayerischen Meer« sollten Sie unbedingt an einem sonnigen Tag unternehmen. Dann zeigt sich der Starnberger See vor der mächtigen Kulisse der Alpen von seiner schönsten Seite.

Seite 159: Schloss Linderhof

Der Starnberger See ist ein Schicksalsgewässer für alle bayerischen Monarchisten, denn hier, genauer gesagt bei der Gemeinde **Berg** am Nordostufer des Sees, ging am 13. Juni 1886 der tief verehrte »Kini«, König Ludwig II., in die Fluten des Sees und ertrank unter rätselhaften Umständen. Ein schlichtes Holzkreuz im Wasser und eine neoromanische Votivkapelle erinnern an den unglücklichen Monarchen. Seine Cousine und Freundin »Sisi«, Elisabeth, die spätere Kaiserin von Österreich, wuchs übrigens gegenüber von Berg am Westufer in Schloss Possenhofen auf und verbrachte fast jeden Sommer in einem Feriendomizil nebenan in Feldafing. Auf der vorgelagerten Roseninsel sollen die beiden Königskinder heftig geturtelt haben!

Pack' die Badehose ein

Für die Münchner ist der 56 km^2 große, lang gestreckte See vor allem eines: ihre liebste Badewanne. An der 46 km langen Uferlinie locken drei große »Erholungsgebiete« mit Liegewiesen, Würstchenbuden, Eisverkäufern und Getränkeständen: **Kempfenhausen** im Nord- und **Ambach** im Südosten sowie ganz nostalgisch die Liegewiesen im **Schlosspark Possenhofen**, wo Sisi ihren zahmen Hirsch spazieren führte. Natürlich gibt's auch zahllose andere Badestellen am See – jeder Münchner hat da so seinen Geheimtipp.

Auf Sisis Spuren

Possenhofen erreichen Sie auf der Regionalstraße von Starnberg nach Tutzing. **Schloss Possenhofen** ist zwar in Privatbesitz, aber vom öffentlich zugänglichen Schlosspark aus können Sie einen Blick auf das Anwesen mit seinen vier Ecktürmen werfen. Die Gastwirtschaft im südlich anschließenden **Feldafing**, in der die Kaiserin zur Sommerfrische abzusteigen pflegte, heißt heute *Golfhotel Kaiserin Elisabeth* (Tutzinger Str. 2–6, 82340 Feldafing, Tel. 08157 / 930 90, Fax 930 91 33, www.kaiserin-elisabeth.de). Auch wenn Sie aus Kostengründen auf eine Übernachtung in der Sisi-Suite verzichten, sollten Sie sich ein Kännchen Kaffee auf der wunderschönen Hotelterrasse gönnen!

Die Roseninsel

Bayernidyll: Seeshaupt am Starnberger See

Südlich von Feldafing erwarb König Maximilian von Bayern 1848 ein Seegrundstück und beauftragte den Gartenarchitekten Joseph von Lenné mit der Anlage eines Schlossparks. Das Schloss selbst wurde allerdings nie gebaut; nur auf der vorgelagerten Roseninsel entstand eine kleine, »Casino« genannte

Villa inmitten duftender Rosengärten. Maximilians Sohn Ludwig II. liebte diesen Ort und verbrachte viel Zeit auf dem Eiland. Wenn Sie ihm nacheifern und im Sommer die Rosen bewundern möchten, dann setzten Sie doch vom Schlosspark mit den traditionellen »Plätten«, den flachen, vom Bootsführer gestakten Lastkähnen, über!

Das Museum der Phantasie

Südlich von Tutzing liegt in Bernried das Museum von Lothar Günther Buchheim (1918–2007). Der Autor des Weltbestsellers *Das Boot* war ein knorriger, unbequemer und oft auch ziemlich harscher Charakter. Doch in seinem nach jahrzehntelangem Ringen und Streit realisierten Museum zeigt sich der Künstler und Sammler von einer ganz anderen, heiteren Seite. Denn die berühmte Sammlung expressionistischer Kunst ist nicht das einzige Highlight des Museums. Da gibt's außerdem eine wunderbare Ausstellung von Hinterglasbildern, herrliche Kollagen aus herbstlichen Blättern von Buchheims Frau Ditti, nepalesische Stupas und afrikanische Skulpturen zu bewundern. Explizit wollte Buchheim nicht den Hauptwegen, sondern den »Wiesenpfaden der Kunst« folgen. Und so findet sich Kitsch neben Kunst und Exotisches neben traditionell Bayerischem. Fast 30 Jahre dauerte es von der Idee bis zur Realisierung 2001: Nach langer Standortsuche schlug schließlich die Stunde der Gemeinde Bernried. Architekt Günter Behnisch entwarf einen lichten, klaren Museumsbau, der sich wunderbar in die von Riedgras bestandene Uferlandschaft am See einfügt.

Buchheims Expressionisten

Schwerpunkt der Sammlung sind Werke der Künstlervereinigung »Die Brücke« (1905–13), der Ernst Ludwig Kirchner, Erich Heckel, Max Pechstein sowie als temporäre Mitglieder Emil Nolde und Otto Mueller angehörten. Otto Dix, den Buchheim zur zweiten Expressionistengeneration zählt, ist mit einer großen Werkschau vertreten und ebenso Lovis Corinth als Vorläufer dieser Kunstepoche.

Buchheims Museum besticht durch seine klare Architektur

Kirchturm des Klosters Andechs

Kloster Andechs

Im Jahr 1455 wurde das Benediktinerkloster Andechs, ca. 20 km westlich von Starnberg, gegründet, und seither brauen die Mönche hier das »Andechser Bier«. Eine Tour zum Starnberger oder zum benachbarten Ammersee kann also im Bräustüberl von Andechs oder in dem schönen schattigen Biergarten enden! Bevor Sie sich den leiblichen Genüssen hingeben, lohnt ein Besuch der **Klosterkirche** mit ihrer üppigen Stuckausstattung aus Barock und Rokoko.

PER SCHIFF INS MUSEUM

Die sicherlich schönste Anreise bietet das Museumsschiff »Phantasie«. Es startet von Mai bis Oktober tägl. außer Mo um 12.35 Uhr in Starnberg (S 6 ab München) und tuckert eine Stunde über den See nach Bernried. Von dort sind's ein paar Minuten zu Fuß durch den Museumspark zum Eingang. Der Preis für Hin- und Rückfahrt inklusive Museumsbesuch beträgt 17 Euro. Alternativ können Sie auch mit den Linienschiffen ab Starnberg nach Bernried fahren!

Museum der Phantasie
Am Hirschgarten 1, Bernried
08158 / 997 00 April–Okt. Di–So 10–18 Uhr; Nov.–März Di–So 10–17 Uhr S 6 Tutzing, dann Bus 9614 Buchheim-Museum teuer
www.buchheim-museum.de

Kloster Andechs und Bierstüberl
Bergstr. 2, Andechs 08152 / 37 60
10–20 Uhr, Gaststätte bis 22 Uhr S 6 Starnberg, dann Bus 951 oder 956 Kloster Andechs (Bus fährt selten, am besten vorher nach den Zeiten erkundigen!); S 5 nach Herrsching, dann Wanderung ca. 4 km durchs Kiental
www.kloster-andechs.de

Anfahrt: rund 20 km südwestlich von München; A 95 bis Starnberg, dann weiter auf Regionalstraßen um den See; S-Bahn-Verbindung S 6 von München nach Starnberg, Possenhofen, Feldafing und Tutzing

Neuschwanstein und Linderhof

Als Standort für seine beiden Märchenschlösser wählte König Ludwig II. das bayerische Voralpenland. Neuschwanstein zählt zu den berühmtesten Sehenswürdigkeiten Bayerns; Schloss Linderhof ist ein etwas seltener besuchtes, gartenarchitektonisches Juwel.

Hoch auf einem Felsen thronend, zu Füßen der von dichten Wäldern umstandene Alpsee, gegenüber das romantische Schloss Hohenschwangau, das Ganze eingerahmt von den majestätischen Ammergauer Bergen – eine schönere Bühne hätte König Ludwig II. für sein **Schloss Neuschwanstein** nicht finden können. Als München den Wagner verehrenden König brüskierte und ihm die Finanzierung eines Festspielhauses verweigerte (➤ 28), zog Ludwig sich 1867 enttäuscht ins väterliche Schloss Hohenschwangau zurück und fand prompt ein tröstendes Projekt: Die »Neue Burg«, in der die mittelalterliche Sagenwelt aus Richard Wagners Opern zum Leben erweckt werden sollte.

Perfekte Inszenierung: Märchenschloss vor überwältigender Alpenkulisse

DIE BURG ERKLIMMEN

Etwas Kondition sollten Sie für Neuschwanstein haben: Zu Fuß geht's zunächst etwa 30 Minuten (200 Höhenmeter) bergauf bis zum Schlosshof; drinnen sind bei der Besichtigungstour 300 Stufen zu bewältigen. Romantisch erreichen Sie das Schloss mit einer Pferdekutsche. Die Bergauffahrt kostet um 5 Euro pro Person.

DIE TRAGIK EINES SCHWÄRMERS

Am 12. Juni 1886 überreichte man dem König in seinem Schlafzimmer auf Neuschwanstein die Unmündigkeitserklärung. Zusammen mit seinem Psychiater, der dieses Attest verfasst hatte, reiste Ludwig II. zwangsweise nach Schloss Berg. Einen Tag darauf ertranken beide im Starnberger See.

Eine mittelalterliche Burg

Am 5. September 1869 wurde der Grundstein gelegt, doch wirklich vollendet wurde das Schloss nie: Wegen der immer wieder geänderten Pläne dauerte es 15 Jahre, bis Ludwig zumindest einziehen konnte; zwei Jahre später starb der König, und der Bau wurde eingestellt. Und dennoch sieht Neuschwanstein mit seinen weißen Türmchen und Zinnen wie eine perfekte, von Walt Disney kreierte Phantasieburg aus. Tatsächlich war's umgekehrt: Es diente dem Zeichner als Vorbild für seine Prinzessinenschlösser.

Von Helden und Schwänen

Der junge König war schon als Kind fasziniert von der mittelalterlichen Sagenwelt. In den Gestalten mythischer Helden wie des Gralskönigs Parzival, im Ritter Lohengrin und dem Dichter Tannhäuser fand er seine eigenen Ideale wieder. Deshalb ließ er Neuschwanstein »im echten Stil der alten deutschen Ritterburgen« ausstatten: Jeder Raum wurde einer anderen Sagengestalt gewidmet und entsprechend eingerichtet: So ist sein **Wohnzimmer** vollständig mit Szenen aus der Lohengrinsage ausgemalt. Tannhäuser im Hörselberg und andere Motive aus diesem Legendenzyklus schmücken des Königs **Arbeitszimmer**. Der **Sängersaal** schließlich steht ganz im Zeichen des ersten Teils der Lohengrinsage um Parzival und den Heiligen Gral. Und da sich Ludwig II. als König von Gottes Gnaden fühlte, ließ er den **Thronsaal** im Stil einer byzantinischen Kirche dekorieren. Der nie aufgestellte Thron sollte den Platz des Altars einnehmen. So unterschiedlich die einzelnen Räume sind – das Motiv des Schwans begegnet Ihnen überall. Für den König war es ein Symbol christlicher Reinheit. Den vielen Schwan-Abbildungen und -Skulpturen verdankt Neuschwanstein seinen Namen. Bekommen hat es ihn allerdings erst nach Ludwigs Tod.

Linderhof: Ludwigs Refugium

Verschiedene Projekte erwog der junge König, um das Jagdhaus seines Vaters im Graswangtal bei Ettal in ein repräsentatives Schloss zu verwandeln. Schließlich entschied er sich für die kleinste Lösung: Linderhof ist mehr eine Villa denn ein Schloss, umgeben von einer wunderbaren **Gartenanlage**. Hier wollte Ludwig nicht repräsentieren, sondern in seinen Sagen und Mythen versinken. Ein Barockgarten mit akkurater Symmetrie, verspielten Kaskaden und Fontänen sowie ein englischer Landschaftspark sorgten malerisch in Szene gesetzt für des Königs Entspannung.

Maurischer Kiosk für einen sanften Träumer

Ein Mini-Versailles

1878 war das neobarocke Palais vollendet. Linderhof schwelgt im Prunk von Barock- und Rokokodekoration, die im 1874 von Jean de la Paix geschaffenen **Spiegelsaal** ihren Höhepunkt findet. Gold und Blau bilden den Rahmen für das geschliffene Glas. Mit dem **»Tischlein deck dich«** im Speisesaal erfüllte sich der Monarch seinen Wunsch nach Ungestörtheit. Das Personal trug die Speisen im Erdgeschoss auf, und dann wurde der Tisch per Aufzug zum König befördert.

Akkurate Gartenkunst in Linderhof

Venus-Grotte: hier wurde Ludwig II. zu Tannhäuser

Gärten und Kioske

Hofgartenbaumeister Carl von Effner zeichnete für die Außenanlage verantwortlich, die 1880 vollendet wurde und mit Treppen und Wasserbecken, Springbrunnen und Hecken das Schlösschen einrahmt. Bereits 1876 errichteten die Handwerker den **Maurischen Kiosk**, ein mit ornamentalem Stuck verzierter Bau mit goldener Kuppel, im Inneren mit farbigen Glaslampen, maurischen Sitzgruppen und einem weißen Marmorbrunnen geschmückt. An Wagners Opern wiederum erinnert Tannhäusers **Venus-Grotte**, eine künstliche Tropfsteinhöhle mit See, auf dem Ludwig in einem goldenen Muschelboot herumfahren konnte. Im **Marokkanischen Haus** verbrachte der König als orientalischer Herrscher kostümiert und umgeben von ebenso gekleidetem Personal die Tage. Die **Hundinghütte** schließlich entführte den versponnenen Monarchen in die Wagner-Oper *Walküre* aus dem Nibelungenzyklus.

EINTRITTSKARTEN für Neuschwanstein gibt's ausschließlich beim Ticketcenter in Hohenschwangau. Auf ihnen ist die Uhrzeit vermerkt, zu der Ihre Führung beginnt. Um lange Wartezeiten zu vermeiden, empfiehlt es sich, die Eintrittskarten online oder auch per Fax zu reservieren.

Schloss Neuschwanstein
Ticketcenter, Alpseestr. 12, Hohenschwangau 08362 / 93 08 30; Fax 08362 / 930 83 20 April–Sept. 9–18 Uhr, Kasse 8–17 Uhr; Okt.–März 10–16 Uhr, Kasse 9–15 Uhr teuer www.neuschwanstein.de, www.ticket-center-hohenschwangau.de

Schloss Linderhof
Linderhof 12, Ettal 0882 / 920 30; Fax 0882 / 92 03 11 April–Sept. 9–18 Uhr; Okt.–März 10–16 Uhr teuer www.linderhof.de

Anfahrt Neuschwanstein: A 95 bis Dreieck Starnberg, dann B 2 bis Weilheim, B 472 bis Schongau und B 17 nach Füssen und Hohenschwangau (rund 110 km); mit der Deutschen Bahn bis Füssen, weiter mit Bus 73 oder 78 nach Hohenschwangau

Anfahrt Linderhof: A 95 bis Dreieck Starnberg, dann B 2 bis Oberau, B 23 nach Ettal, von dort ausgeschildert (ca. 90 km); mit der Deutschen Bahn nach Oberammergau, dann Bus 9622 bis Linderhof

Von Neuschwanstein nach Linderhof: Die kürzeste Strecke (ca. 50 km) führt über Füssen und jenseits der österreichischen Grenze entlang nach Ettal.

Schloss Schleißheim und Flugwerft

Oberschleißheim im Norden Münchens hat kultur- wie technikinteressierten Besuchern viel zu bieten: In der Schlossanlage Schleißheim mit ihren prunkvollen Sälen, den Gemäldesammlungen und dem wunderbaren Barockgarten bilden Architektur und Natur ein Gesamtkunstwerk. Auf der Flugwerft gleich nebenan startete einst die »Königlich-Bayerische Fliegertruppe«; heute laden historische und moderne Ausstellungshallen zu einem Spaziergang durch die Geschichte des Flugzeubaus.

Wasserspiele und Gartensymmetrie vor dem Neuen Schloss Schleißheim

Anlass für den Bau der Schlossanlage Schleißheim war keine Prunksucht, sondern die Sehnsucht nach Abgeschiedenheit und Ruhe: Ende des 16. Jhs. dankte Herzog Wilhelm V. zu Gunsten seines Sohnes ab und ließ beim Dörfchen Schleißheim eine schlichte Eremitage errichten, in der er sich künftig der Meditation und dem Gebet widmen wollte. Sein Sohn Maximilian I. war von anderem Naturell: Ab 1617 baute er des Vaters Klause prächtig um zum **Alten Schloss** mit Wirtschaftshof und Torturm. Und keine 80 Jahre nach dessen Vollendung nahm sein Nachfolger, der »Blaue Kurfürst«, das herrliche Barockensemble des Neuen Schlosses gegenüber in Angriff. Es ist um soviel spektakulärer, dass das Alte davor verblasst.

Ein bayerisches Versailles

Max II. Emanuel fühlte sich 1688 nach dem Sieg über die Türken vor Belgrad auf dem Höhepunkt seiner absolutistischen Macht, und dies wollte er für alle sichtbar demonstrie-

CHRISTLICHE SYMBOLIK

Im alten Schloss residiert die »Ökumenische Sammlung Gertrud Weinhold« mit Skulpturen und Bildern aus der ganzen Welt, die in Verbindung mit christlichen Festen stehen. So können Sie in der Ausstellung z. B. sehen, wie sich die afrikanischen Joruba die *Anbetung der Heiligen Drei Könige* vorstellen oder wie äthiopische Christen den hl. Georg abbilden.

Die Große Galerie im Neuen Schloss

ren. Um 1690 errichtete ihm Hofbaumeister Enrico Zuccalli zunächst das Jagdschlösschen **Lustheim** in gehöriger Entfernung vom Alten Schloss auf einer künstliche Insel, mit zwei Apartments für die kurfürstlichen Eheleute und einem großen zentralen Saal mit illusionistischem Deckenfresko. 1702 begann Zuccalli dann das **Neue Schloss** nach dem Vorbild von Versailles, 1719 setzte Joseph Effner seine Arbeit fort, und allmählich nahm auch der von Zuccalli geplante Barockgarten Gestalt an. Heute ist er einer der wenigen noch im Original erhaltenen Barockgärten Deutschlands.

Gemälde und Musik

Ein lauer Sommerabend, Türen und Fenster des festlich erleuchteten Schlosses stehen weit offen, Fackeln erhellen den Barockgarten, in dem elegant gekleidete Paare promenieren ... nein, das ist keine Phantasie! Die Sommerkonzerte mit weltberühmten Interpreten im Festsaal des Schlosses Schleißheim (Informationen über die Website der Schlossverwaltung) gehören zu den schönsten Musikveranstaltungen Münchens. Aber auch ohne diesen konzertanten Rahmen wird Schleißheim Sie mit seinen eleganten, üppig, aber nicht überladen geschmückten Sälen und Treppenaufgängen verzaubern. Und wenn Sie sich für die Malerei des Barock interessieren, finden Sie eine bedeutende Sammlung mit Werken italienischer, holländischer und flämischer Maler des 17. Jhs. Vergessen Sie zum Abschluss nicht, Lustheim mit seiner Ausstellung Meißener Porzellans einen Besuch abzustatten!

Zeppelin & Co

An schönen Sommertagen kreist manchmal ein Zeppelin über Oberschleißheim. Ein findiger Unternehmer bietet Rundflüge über München an, die am alten, 1912 in Dienst genommenen Flughafen der »Königlich bayerischen Fliegertruppe« gleich neben der Schlossanlage starten und landen. In den teils noch von 1919 stammenden Hallen sowie den

modernen Erweiterungsbauten zeigt das Deutsche Museum (➤ 124) seine Ausstellung über die Geschichte der Luft- und Raumfahrt. Von frühen Flugapparaten (z. B. dem »Normal-Segelapparat« von Otto Lilienthal) über historische Maschinen der Zivilflugfahrt und des Militärs (z. B. ein Heinkel HE 111) bis hin zu Starfighter und MIG reicht das Spektrum der Flugzeuge, und in einer »Gläsernen Werkstatt« können Sie von einer Galerie zusehen, wie Flugzeuge gewartet bzw. restauriert werden. In viele Flugzeuge dürfen Sie sogar hineinklettern, was natürlich Kindern besonders großen Spaß macht.

Flugzeuge zum Anfassen in der Flugwerft

FÜR KINDER

- Im **Werftladen** kommen nicht nur Kinder aus dem Staunen nicht mehr heraus. Hier gibt's alle nur erdenklich Flugzeugmodelle zum Selbstbauen!
- Einmal im Monat an einem Samstag findet ein Modellbaukurs für Flugzeuge statt (9–17 Uhr, für Kinder ab 12 Jahre). Besser kann man nicht auf seine zukünftige Pilotenkarriere vorbereitet werden.
- Im Sommer kann man vom Biergarten aus dem Zeppelin, der »Tante Ju«, der JU-52 (➤ 37), und Sportflugzeugen bei **Start und Landung zusehen**.

Schlösser Schleißheim

✉ Max-Emanuel-Platz 1, Oberschleißheim ☎ 315 87 20 🕐 Neues Schloss, Schloss Lustheim Di–So, April–Sept. 9–18 Uhr, Okt.–März 10–16 Uhr; Altes Schloss April–Sept. Di–So 9–18 Uhr, Okt.–März Di–So 10–16 Uhr 🖐 mittel
? www.schloesser.bayern.de

Flugwerft

✉ Effnerstr. 18, Oberschleißheim ☎ 315 71 40 🕐 9–17 Uhr 🖐 mittel
? www.deutsches-museum.de

Anfahrt: **12 km nördlich vom Stadtzentrum; S 1 Oberschleißheim**

Spaziergänge & Touren

1 AUF DEN SPUREN MODERNER ARCHITEKTUR UND KUNST

Rikscha- oder Fahrradtour

LÄNGE: 18 km **DAUER:** 2,5–3 Stunden **START:** Marienplatz
Marienplatz 191 D3 **ZIEL:** Marienplatz

Futuristisch-elegante Einkaufspassagen, transparente Kirchen, abstrakte Skulpturen und kühne Hochhaustürme: München hat Freunden moderner Architektur und Kunst einiges zu bieten. Da die Highlights weit über das Stadtgebiet verstreut sind, erkunden Sie sie am besten per Fahrrad. Und wenn Sie nicht selbst in die Pedale treten wollen, dann mieten Sie sich doch eine Rikscha!

1–2

Vom **Marienplatz** fahren Sie durch die Theatinerstraße an der eleganten Einkaufspassage der **Fünf Höfe** vorbei zur alten, griechisch-orthodoxen **Salvatorkirche** (1494) am gleichnamigen Platz. Das 1887 neben der Kirche erbaute Schulgebäude mit seinen Erdgeschossarkaden wurde 1995–97 durch das

Der Startpunkt der Rikscha- oder Fahrradtour ist der Marienplatz in der Altstadt

Architekturbüro Kiessler & Partner modernisiert und zum **Literaturhaus** erweitert. Bei Lesungen, Diskussionsveranstaltungen und im *Café Oskar Maria* dreht sich hier alles um Bücher und Medien. Eine Installation der New Yorkerin Jenny Holzer ehrt mit elektronischen Lesesäulen sowie Zitaten auf den Granittischplatten und

Seite 171: Vor dem Alten Rathaus

dem Geschirr den bayerischen Dichter Oskar Maria Graf.

2–3
Durch die Jungfernturmstraße geht's an einem Stück der alten Münchner Stadtmauer entlang zum **Platz der Opfer des Nationalsozialismus**. Hier befand sich das Münchner Hauptquartier der Gestapo. Ein 1985 von Andreas Sobeck geschaffener Kreuzpfeiler aus grauem Granit mit Ewiger Flamme erinnert an die Gräuel der NS-Zeit.

3–4
Architektonische Meisterwerke sind das **Museum Brandhorst** (➤ 106) und die **Pinakothek der Moderne** (➤ 104), an deren Haupteingang sehen

Sie die Skulptur *Buscando la Luz* von Eduardo Chillida. Die wuchtige Fassade der **Neuen Pinakothek** (➤ 110) erhält durch den künstlichen See davor etwas Leichtigkeit. Beachten Sie die Plastiken: Georg Brenningers *Kontinente* im Wasserbecken, Marino Marinis *Miracolo* an der Theresienstraße und Henry Moores *Große Liegende* Ecke Arcisstraße.

4–5
Über den klassizistischen Königsplatz erreichen Sie den **Kunstraum** vor dem **Lenbachhaus** (➤ 100). Hier werden im Wechsel moderne Skulpturen und Installationen präsentiert – lassen Sie sich überraschen. Ein Stück weiter, an der Nymphenburger Straße, passieren Sie die durchsichtigen Glasfronten der **Nymphe 3**, eines Bürokomplexes (Büro Betz) mit einem idyllischen Innenhof, der zum Rasten einlädt.

5–6
Im gutbürgerlichen Neuhausen wirkt dann der im Jahr 2000 eingeweihte Holz-/Glaskubus der **Herz-Jesu-Kirche** (➤ 147) fast wie eine Provokation. Ihre Transparenz und das erhabene Raumgefühl im

Mahnmal für die Opfer der NS-Zeit

Nehmen Sie sich für die Besichtigung der Einkaufspassage **Fünf Höfe** nach Abschluss der Tour Zeit. Der kühl-eleganten Architektur aus Stahl und Glas verleihen die »hängenden Gärten« einen ganz besonderen Reiz: Wuchernde Grünpflanzen wachsen von einem aus Ketten gefertigten, die Höfe überspannenden Netz herunter. Nutzen Sie die Gelegenheit zum entspannten Shopping oder zu einem Besuch der **Hypo-Kunsthalle**, die spektakuläre Ausstellungen zeigt, die einen Besuch lohnen.

Inneren überzeugen aber selbst Skeptiker. Alt und Neu finden an der Waisenhausstraße im **Haus der Architektur** zueinander (Architekten Drescher/Kubina). In dem dank seiner Glaslamellen fast durchscheinend wirkenden Bau sind gelegentlich interessante Ausstellungen zum Thema Architektur zu sehen.

6–7

Entlang Hohenlohestraße und Willi-Gebhardt-Ufer erreichen Sie durch Grünanlagen den 1972 eröffneten **Olympiapark** (► 144) mit seinem berühmten Zeltdach. Jenseits des Mittleren Rings beherrscht das zylinderförmige BMW-Gebäude die Stadtsilhouette. Zu seinen Füßen steht das futuristische Erlebniszentrum **BMW-Welt** nach Entwürfen des Wiener Büros Coop Himmelb(l)au.

7–8

Ein kurzes Stück geht's nun auf dem Fahrradweg parallel zum viel befahrenen Mittleren Ring entlang, der schließlich im Tunnel verschwindet. Darüber führt der **Petuelpark** zum **»Münchner Tor«**, bestehend aus dem 85 m

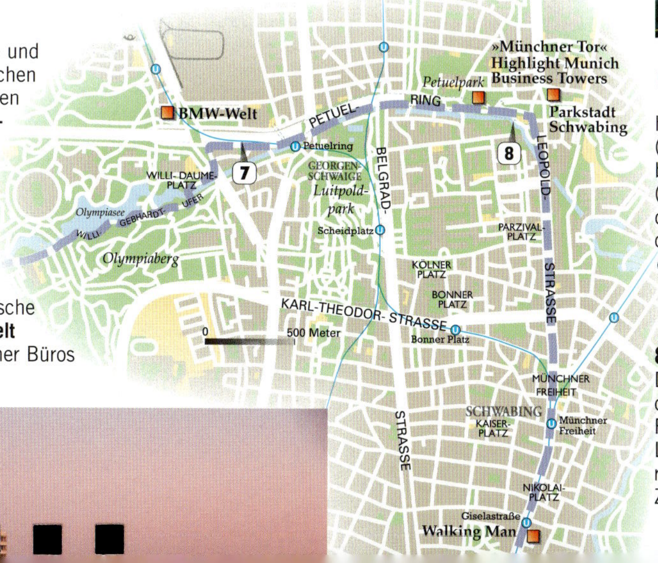

Nymphe 3: schöne neue Bürowelt

hohen Turm der Münchner Rückversicherung (Architekten Allmann/Sattler/Wappner) und den beiden, 113 und 126 m hohen **Highlight Towers** (Architekten Murphy/Jahn) deren viel bewunderte Stahl-/Glassilhouetten durch vier Brücken miteinander verbunden sind. Dahinter entsteht ein neuer repräsentativer Stadtteil mit Wohnungen und Büros, die **Parkstadt Schwabing**.

8–9

Die Rückfahrt ins Stadtzentrum bringt Sie die Leopoldstraße entlang zur Münchner Freiheit, wo sich die breite und viel befahrene Leopoldstraße durch Verengung auf zwei Spuren in einen attraktiven Boulevard verwandelt. Zwischen den hohen Pappeln links leuchtet

BMW-Hochhaus am Mittleren Ring

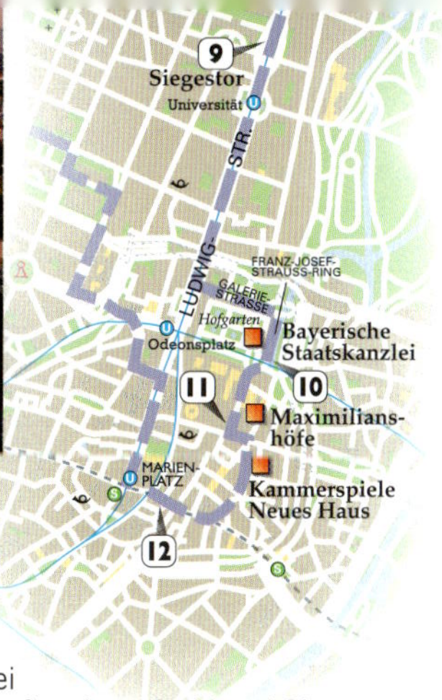

Ecke Giselastraße die 17 m hohe Skulptur des ***Walking Man*** von Jonathan Borofsky vor dem 1995 erbauten Rechenzentrum der Münchner Rückversicherung.

9–10
Über Ludwig- und Galeriestraße erreichen Sie die monumentale **Bayerische Staatskanzlei** (➤ 87), ein architektonisches Ärgernis. Zwei mächtige Bürflügel aus Stahl und Glas erstrecken sich beidseits des ehemaligen Armeemuseums am Franz-Josef-Strauß-Ring.

KLEINE PAUSE
Auf halber Höhe des Olympiabergs locken frisches Bier und eine Brotzeit in den Biergarten der **Olympia-Alm** (ganzjährig geöffnet, 10–21 Uhr).

10–11
Umso gelungener ist dagegen die Verbindung historischer Substanz mit innovativer Architektur in den Bauten am ehemaligen Marstall der Residenz (➤ 76). Höhepunkt ist der vom Büro Gewers Kühn geplante Komplex der **Maximilianshöfe** (➤ 86): Hinter einer nach altem Vorbild gestalteten Fassade verbirgt sich futuristische Architektur.

11–12
Eine lange Sanierung des Theaters zwang das Ensemble der Münchner Kammerspiele (➤ 94) in diverse Ausweichquartiere, darunter auch in das 2000 eröffnete **Neue Haus**. Mit seiner Studiobühne und den Proberäumen gilt es nun zusammen mit den Kammerspielen als innovativer und modernsten Ansprüchen genügender Theaterbau.

WOMIT?
Fahren Sie entweder mit dem Fahrrad (Fahrradverleih ➤ 36) oder per Rikscha. Standplatz der Rikschas ist der Marienplatz (Preis: 45 Euro pro Stunde für maximal zwei Passagiere, ➤ 37).

Hypo-Kunsthalle
191 D4 Theatinerstr. 8 22 44 12
10–20 Uhr Marienplatz, Odeonsplatz
teuer www.hypo-kunsthalle.de

Haus der Architektur
192 C2 Waisenhausstr. 4 13 98 80
unregelmäßig Rotkreuzplatz mittel

2 VON THALKIRCHEN ZUM AUMEISTER

Fahradtour

LÄNGE: 12,5 km (Fahrradverleih ➤ 36) **DAUER:** 3 Stunden **START:** Thalkirchner Platz
196, südl. B1 Thalkirchen (Zoo) **ZIEL:** Aumeister 195 5 FStudentenstadt

München ist die einzige Großstadt Europas, in der man an einem Gebirgsfluss entlangradeln kann. Nehmen Sie sich für diese reizvolle Tour besser einen ganzen Tag Zeit: Kiesbänke, Biergärten, Kinderspielplätze und Sehenswürdigkeiten verführen an den Ufern des von den Kelten Isaria (die Reißende) genannten Gewässers zu Zwischenstopps. Und vergessen Sie im Sommer Badehose, Handtuch und guten Sonnenschutz nicht!

INLINE SKATES

Der Großteil der Strecke ist geteert, der Rest besteht aus befestigten Wegen. Allerdings tut man sich mit Inlinern an den Abstechern zum Kiesstrand schwerer.

1–2 Überqueren Sie vom **Thalkirchner Platz** aus die Isar über die Thalkirchner Brücke zum Ostufer, und folgen Sie dem Fluss nach Norden. Dann fahren Sie auf dem Flauchersteg über kinderfreundliche »Wasserspiele« und tosende Wasserfälle zum Westufer zurück. Nur 500 m, und schon lauert vor der früheren Wittelsbacher Jagdhütte die erste Versuchung: der **Biergarten *Zum Flaucher*!**

DIE WILDE ISAR

Seit 2000 wird die in ein enges Bett gepresste Isar renaturiert. Zwischen Flaucher und Reichenbachbrücke können Sie bereits die Erfolge sehen: Der Fluss sucht sich seinen Weg selbst, Überschwemmungen und Verzweigungen legen neue Kiesbänke frei.

Bleiben Sie standhaft, und fahren Sie weiter bis zur Brudermühlbrücke, über die der Mittlere Ring verläuft. Queren Sie darüber zurück ans Ostufer. Die Brückenpfeiler schmückt übrigens eine herrliche Graffitigalerie! Unter der

Münchens schönste Radelstrecke

tosende Gischt über das Wehr vom Isarkanal ins Altwasserbett. Ein kurzer Anstieg, eine kurze steile Abfahrt (16 %), und schon geht es unterhalb des **Maximilianeums** (➤ 131) vorbei.

3–4

Jetzt fließt die Isar ruhig und schwer dahin. Sie fahren durch Parkanlagen und passieren den **Friedensengel** (➤ 131). Nördlich der Max-Joseph-Brücke beginnt das vornehme Bogenhausen. Die nächsten 2,5 km sind von einer trägen, breiten Isar zur Linken und attraktiven Nobelresidenzen zur Rechten gerahmt. Vor dem **Isarwehr Oberföhring** bietet sich ein Abstecher zum *Wirtshaus im GrünTal* mit seinem hübschen Biergarten an, wo kulinarischer Anspruch und Preise auf hohem Niveau liegen.

Wittelsbacher- und Reichenbachbrücke hindurch erreichen Sie das **Deutsche Museum** auf der Museumsinsel (➤ 124).

2–3

Unter hohen Bäumen geht es auf teils engen Radwegen entlang der Zeppelinstraße und unter der Ludwigsbrücke hindurch. Frische Kräuterdüfte strömen aus den Fenstern des **Müller'schen Volksbads** (➤ 130), und gleich darauf lockt an der **Muffathalle** (➤ 137) der nächste Biergarten. Gegenüber stürzt

Pausieren ist auch wichtig

4–5

Am Isarwehr schieben (Fahrverbot!) Sie Ihr Rad über den ersten Wehrteil und wenden sich dann nach rechts, um weiter dem Weg am Ostufer durch stille Natur zu folgen. Hier gibt die Isar wieder Kiesbette frei, Grillplätze laden zum Bleiben ein, Baden ist allerdings verboten. Über die hölzerne **St.-Emmerans-Brücke** queren Sie wieder die Isar und folgen dem breiten Weg in nordwestlicher Richtung. Dann ist der Endpunkt Ihrer Tour erreicht: der Biergarten ***Aumeister***.

KLEINE PAUSE

Biergarten Zum Flaucher, Isarauen 8,
Tel. 723 26 77, 10–24 Uhr
Wirtshaus im GrünTal, Grüntal 15,
Tel. 998 41 10, 11–1 Uhr
Biergarten Aumeister, Sondermeierstr. 1,
Tel. 32 52 24, Mo–Sa 10–23, So 9.30–23 Uhr

3 DURCHS GLOCKENBACHVIERTEL ZUM VIKTUALIENMARKT

Spaziergang

LÄNGE: 3 km **DAUER:** 1,5–2 Stunden **START:** Sendlinger-Tor-Platz 190 B1 Sendlinger Tor **ZIEL:** Viktualienmarkt 191 D2 Marienplatz

Nach Schwabing und Haidhausen entdeckt die »Szene« gerade das ursprüngliche Arbeiter- und spätere Schwulenrevier Glockenbachviertel für sich. Dieser Spaziergang beginnt idyllisch auf einem Friedhof, führt Sie danach aber durch einen der lebhaftesten Stadtteile Münchens, vorbei an hübsch restaurierten Häusern, schrillen Kneipen, originellen Läden und avantgardistischen Galerien bis zum Viktualienmarkt.

1–2

Vor dem alten Stadttor am **Sendlinger-Tor-Platz** stehend, gehen Sie nach rechts, die Blumenstraße entlang, und biegen dann nach wenigen Schritten rechts in die Pestalozzistraße ein. Ihr folgen Sie nach Süden zum Stephansplatz mit der schlichten **Kirche St. Stephan** aus dem 17. Jh. Daneben finden Sie den **Alten Südlichen Friedhof**, ursprünglich Begräbnisstätte der armen Leute, dann zum Prominentenfriedhof avanciert. Seit 1944 finden keine Bestattungen mehr statt. Die Angestellten der umliegenden Büros verbringen in der ruhigen, grünen Oase die Mittagspause oder drehen ihre Joggingrunden.

2–3

Gleich am Eingang können Sie sich auf einem Plan orientieren, wo wer begraben ist. Wählen Sie den mittleren Weg durch den Friedhof zum Grab des romantischen Malers Carl Spitzweg. Dabei passieren Sie auch die Grabstätte des

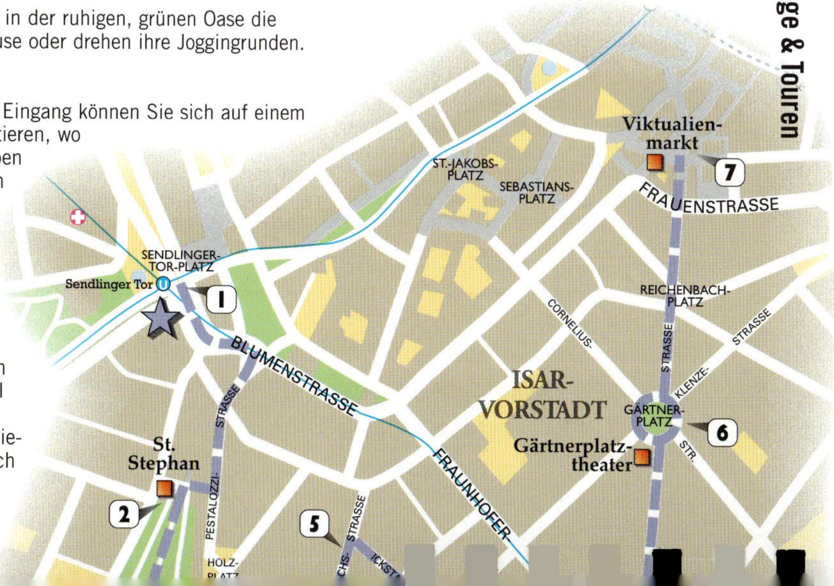

Architekten Friedrich Bürklein, dem die Maximilianstraße nicht so recht gelang (➤ 86). In den Arkaden im neuen, quadratischen Teil ruhen u.a. die Architekten Leo von Klenze und Friedrich von Gärtner sowie der Schöpfer der Bavaria, der Bildhauer Ludwig von Schwanthaler. Lassen Sie sich Zeit zum Bummeln, Sie entdecken wunderschöne Grabsteine, darunter einige aus der Zeit des Jugendstils. Im Durchgang zwischen altem und neuen Teil verlassen Sie den Friedhof nach links und überqueren den Westermühlbach auf einer Brücke.

Gedenken in Art déco auf dem Südfriedhof

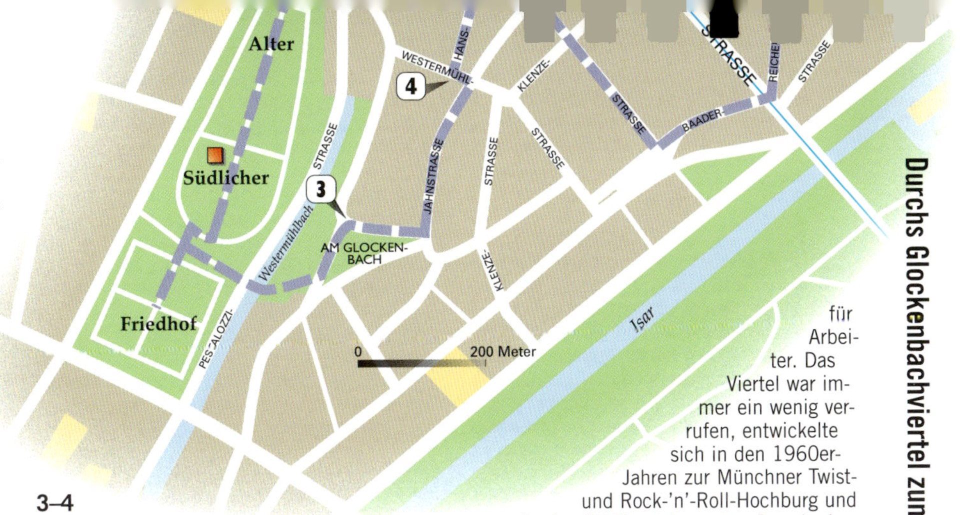

3–4
Der Platz vor Ihnen heißt **Am Glockenbach**, doch der Bach ist längst unter einer Grünanlage verschwunden. Früher wurden hier an der »Oberen Lände« allerlei Waren mit Flößen angelandet, Mehl z.B. oder Holz, das man für die Glockengießerei benötigte, die neben anderen frühindustriellen Betrieben in Isarnähe angesiedelt war. Die Gründerzeithäuser rund um den Platz und in den Straßen der Nachbarschaft waren Mietskasernen für Arbeiter. Das Viertel war immer ein wenig verrufen, entwickelte sich in den 1960er-Jahren zur Münchner Twist- und Rock-'n'-Roll-Hochburg und in den 1970er-Jahren zum Dorado der Schwulenszene. Kneipen, Saunen, aber auch die ersten politischen Initiativen der Homosexuellenbewegung siedelten sich an, und bald darauf zogen die Alternativen und Kreativen in den Glockenbach.

4–5
Wunderbar restaurierte Gründerzeitfassaden, dazwischen Häuser, an denen deutlich der

Zahn der Zeit nagt, vor allem aber Kneipen, Läden, Galerien – in der Jahnstraße, der Hans-Sachs-Straße oder in den Seitenstraßen lohnt es sich, auf Entdeckungsreise zu gehen: Klamotten aus dem *Siebten Himmel*, ein Espresso im *Faun*, eine Fischvorspeise im *Iwan's*, oder lieber Schokolade trinken in der *Götterspeise*? Im Glockenbachviertel setzt man sich gerne und recht narzistisch in Szene. Auch viele Passanten tragen in schriller Aufmachung das Motto »Ich will Spaß« vor sich her.

Glockenbachviertel: gediegen und alternativ

5–6

Biegen Sie in die Ickstattstraße nach rechts ein, folgen Sie ihr bis zur Baaderstraße, wo Sie sich links halten, und Sie stehen an der Isar. Überqueren Sie die Fraunhoferstraße, um in die Reichenbachstraße zu gelangen, die schnurgerade auf den Gärtnerplatz zuführt.

KLEINE PAUSE

Leckere Schokolade, delikates Gebäck und aromatischen Kaffee bekommen Sie im ***Crème*** (Reichenbachstr. 27). Wenn Sie großen Hunger nach Bayerischem verspüren, dann legen Sie doch gleich nach dem Friedhof eine Pause im ***Rumpler*** (Baumstr. 21) ein. Schweinskrusten- und Zwiebelrostbraten schmecken sowohl in der Gaststube als auch im Biergarten. Am Ziel, dem Viktualienmarkt, ist das Angebot an »Schmankerln« riesengroß.

Hier gibt's Antiquitäten und Möbel der 1950er-Jahre, Retroklamotten und Szenebäckereien wie das *Crème* mit den wahrscheinlich besten Croissants der Stadt. Kurz vor dem Gärtnerplatz passieren Sie das Haus der Israelitischen Kultusgemeinde. Bis zur Fertigstellung von Synagoge und Jüdischem Museum am Jakobsplatz (► 64) war hier mehrere Jahrzehnte lang der provisorische religiöse und kulturelle Mittelpunkt der jüdischen Gemeinde. Die in den 1930er-Jahren errichtete Synagoge hat nun, nach dem Umzug der Thora-Rollen in das neue Gotteshaus, ihre sakrale Bedeutung verloren. Die Straßen rund um den Gärtnerplatz waren bis zu Hitlers Machtergreifung Wohngebiet jüdischer Handwerker.

6–7

Am kreisrunden Gärtnerplatz sollten Sie dem **Gärtnerplatztheater** Beachtung schenken. 1865 weihte Ludwig II. es ein; hinter der spätklassizistischen Giebelfassade werden Operetten, Musicals, aber auch Opern inszeniert. Rund um den Platz machen sich Cafés mit ihren Stühlen und Tischen Konkurrenz. Ein letztes kurzes Stück entlang der Reichenbachstraße bringt Sie direkt auf den **Viktualienmarkt** (► 52). An den Ständen können Sie sich mit einer Brotzeit in bayerischem Ambiente vom schrägen Charme des Glockenbach- und Gärtnerplatzviertels erholen.

Überwältigendes Angebot am Viktualienmarkt

WANN?

Starten Sie nicht zu früh, denn das Leben im Glockenbachviertel ist am späten Nachmittag so richtig erblüht. Vormittags ist eher wenig los.

Praktisches

REISEVORBEREITUNGEN

WICHTIGE PAPIERE

● Erforderlich
○ Empfohlen
▲ Nicht erforderlich

	Deutschland	Österreich	Schweiz
Pass/Personalausweis	●	●	●
Visum	▲	▲	▲
Weiter- oder Rückflugticket	▲	▲	▲
Impfungen (Tetanus und Polio)	▲	▲	▲
Krankenversicherung	●	●	●
Reiseversicherung (➤ 186)	○	○	○
Führerschein (national)	●	●	●
Kfz-Haftpflichtversicherung	●	●	●
Fahrzeugschein	●	●	●

REISEZEIT

Hauptsaison · Nebensaison

JAN	FEB	MÄRZ	APRIL	MAI	JUNI	JULI	AUG	SEPT	OKT	NOV	DEZ
Nebensaison	Nebensaison	Nebensaison	Hauptsaison	Hauptsaison	Hauptsaison	Hauptsaison	Hauptsaison	Hauptsaison	Nebensaison	Nebensaison	Hauptsaison
1°C	3°C	9°C	14°C	18°C	21°C	23°C	23°C	20°C	13°C	7°C	2°C
Bedeckt	Bedeckt	Wechselhaft	Wechselhaft	Sonnig	Sonnig	Sonnig	Sonnig	Wechselhaft	Wechselhaft	Bedeckt	Bedeckt

Sonnig · Bedeckt · Regnerisch · Wechselhaft

Die angegebenen Temperaturen entsprechen den durchschnittlichen **Tagestemperaturen** des jeweiligen Monats. **Die schönste Reisezeit** ist von April bis Oktober, dann haben die Straßencafés ihre Tische und Stühle auf das Trottoir gestellt, im Englischen Garten und an den Ufern der Isar räkeln sich die Sonnenanbeter. Doch auch im Winter, wenn die Stadt unter einer weißen Schneedecke verborgen liegt, lohnt sich ein Besuch Münchens, und im Dezember locken die Weihnachtsmärkte auf fast allen größeren Plätzen. Das ganze Jahr über also lässt es sich in der »nördlichsten Stadt Italiens« gut leben.

INFORMATION VORAB

Websites

- www.muenchen-reisefuehrer.com
- www.muenchen.de
- www.munichx.de

Deutschland
Fremdenverkehrsamt München
80313 München
☎ 089 / 23 39 65 00

Österreich
Deutsche Zentrale für Tourismus
Schubertring 12
1010 Wien
☎ 01 / 513 27 92

ANREISE

Mit dem Flugzeug: Der Flughafen München-Erding, auch Flughafen Franz Josef Strauß genannt, ist neben Frankfurt am Main das zweite große internationale Luftverkehrsdrehkreuz Deutschlands, das aus vielen Ländern der Welt direkt angeflogen wird. Innerdeutsche Flüge mit den großen Fluggesellschaften sind verhältnismäßig teuer, doch immer mehr »Billigfluglinien« drängen auf den Markt und bieten günstige Tarife an. Aus dem europäischen Ausland gibt es häufig günstige Angebote für Städtereisen. Fragen Sie bei Ihrer Fluggesellschaft oder im Reisebüro nach, oder nutzen Sie das Angebot im Internet.

Mit dem Zug: München ist aus allen Richtungen mit IC, ICE, Eurocity und Interregiozügen erreichbar. Zentralbahnhof ist der in der Innenstadt gelegene Hauptbahnhof. Im Osten halten einige Fernzüge zusätzlich am Ostbahnhof, im Westen am Bahnhof München-Pasing. Die Autoverladung auf die Züge nach Norddeutschland und in den Süden Europas finden auf dem Areal des Ostbahnhofs statt.

Mit dem Auto: München ist über die Autobahn A 9 mit Nürnberg, A 94 mit Passau, A 8 mit Salzburg, A 95 mit Garmisch-Partenkirchen, A 96 mit Lindau und A 8 mit Stuttgart verbunden. Ein noch nicht ganz vollständiger Autobahnring leitet den Verkehr von der Autobahn nach Salzburg östlich, nördlich und westlich um München herum zur Autobahn nach Stuttgart, die Verbindung weiter zur Autobahn nach Lindau ist in Bau. Die Schließung des Rings im Südwesten zwischen den Autobahnen nach Lindau und Salzburg ist noch in Diskussion.

ZEIT

München befindet sich in der Zentraleuropäischen Zeitzone. Es gilt Mitteleuropäische Zeit (MEZ), die eine Stunde vor Greenwich-Zeit (GMT) liegt. Zwischen Ende März und Ende Oktober werden die Uhren um eine Stunde auf Mitteleuropäische Sommerzeit (MESZ) vorgestellt.

WÄHRUNG UND GELDWECHSEL

Währung: Seit dem 1. Januar 2002 ist die Währung wie in vielen europäischen Staaten der **Euro**. Die offizielle Abkürzung für den Euro ist EUR. Euro-Banknoten gibt es in den folgenden Nennwerten: 5, 10, 20, 50, 100, 200 und 500 Euro; Münzen in Nennwerten zu: 1, 2 und 5 für den Euro-Cent, 10, 20 und 50 für den goldfarbenen Euro-Cent. Zusätzlich gibt es eine 1-Euro- und 2-Euro-Münze.
Einen **Devisenrechner** zur Umrechnung verschiedener Währungen finden Sie im Internet: www.oanda.com.

Geldwechsel: In den Bahnhöfen und am Flughafen gibt es Wechselstuben. **Reiseschecks** können Sie bei allen Banken einlösen, die mit vielen Filialen überall in der Stadt zu finden sind. Außerhalb der Öffnungszeiten finden Sie viele **Geldautomaten**.

Kreditkarten werden mittlerweile in fast allen Hotels, Restaurants und Geschäften akzeptiert.

Schweiz
Deutsches Verkehrsbüro
Talstr. 62
8001 Zürich
☎ 044 / 213 22 00

DAS WICHTIGSTE VOR ORT

KONFEKTIONSGRÖSSEN

Deutschland	Frankreich	Italien	
46	46	48	Anzüge
48	48	50	
50	50	52	
52	52	54	
54	54	56	
56	56	58	
40	40	40	Schuhe
41	41	41	
42	42	42	
43	43	43	
44	44	44	
45	45	45	
37	37	37	Hemden
38	38	38	
39/40	39/40	39/40	
41	41	41	
42	42	42	
43	43	43	
34	36	38	Kleider
36	38	40	
38	40	42	
40	42	44	
42	44	46	
44	46	48	
36	36	36	Schuhe
37	37	37	
38	38	38	
39	39	39	
40	40	40	
41	41	41	

FEIERTAGE

1. Januar	Neujahr
6. Januar	Hl. Drei Könige
März/April	Karfreitag, Ostermontag
1. Mai	Tag der Arbeit
Mai/Juni	Christi Himmelfahrt, Pfingstmontag, Fronleichnam
3. Oktober	Tag der deutschen Einheit
1. November	Allerheiligen
24. Dezember	Heiliger Abend
25., 26. Dezember	Weihnachten

ÖFFNUNGSZEITEN

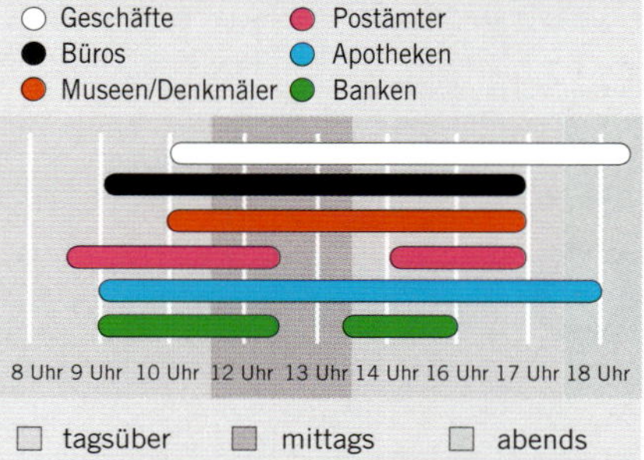

Geschäfte: Die meisten Geschäfte sind von Montag bis Freitag von 10 bis 20 Uhr und samstags von 9 bis 18 Uhr, teilweise auch bis 20 Uhr geöffnet. An den Bahnhöfen und am Flughafen haben die Geschäfte für Reisebedarf auch sonntags geöffnet, faktisch erhält man hier aber ein sehr breites Angebot.
Banken: Banken und Sparkassen sind meist von Montag bis Freitag ab 8.30/9 Uhr geöffnet. Eine etwa einstündige Mittagspause ist üblich (häufig zwischen 12.30 und 13.30 Uhr), die Pforten schließen um 15.30/16 Uhr, donnerstags um 18 Uhr.
Museen: Fast alle Münchner Museen sind von Dienstag bis Sonntag zwischen 10 und 17 Uhr geöffnet, einige haben an unterschiedlichen Werktagen längere Öffnungszeiten.

ZEITUNTERSCHIED

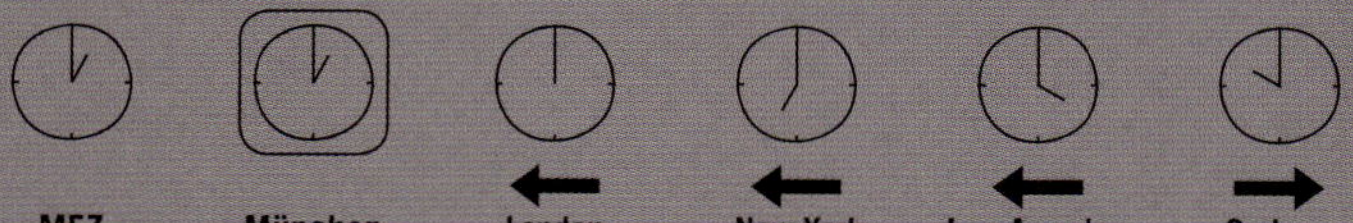

MEZ	München	London	New York	Los Angeles	Sydney
13 Uhr	13 Uhr	12 Uhr	7 Uhr	4 Uhr	22 Uhr

SICHERHEIT

München gilt als sicherste Stadt Deutschlands, sodass Touristen wohl nicht mit Gewaltkriminalität konfrontiert werden. Kleinkriminalität beschränkt sich meist auf Taschendiebstahl an den belebten Orten (Marienplatz, Fußgängerzone, Bahnhof).

- Beim Besuch des Oktoberfestes ist ein wenig Vorsicht angeraten, da es aus aller Welt nicht nur Vergnügungen suchende Touristen, sondern auch Könner der Taschendiebszene anlockt.
- Spät nachts sollten Sie bestimmte Bereiche im Englischen Garten, wie zum Beispiel um den Monopteros herum, meiden, da dort Dealer unterwegs sein könnten.

- **Polizei:**
  110 von jedem Telefon (112 vom Handy)

ELEKTRIZITÄT

Die Spannung beträgt 220 Volt. Reisende aus dem außereuropäischen Ausland sollten einen Adapter verwenden.

TELEFONIEREN

Internationale Vorwahlen:

Österreich	**0043**
Schweiz	**0041**

In München wurden inzwischen die früher existierenden, gelben geschlossenen Telefonzellen fast vollständig durch die neuen, mit dem Rosa der Deutschen Telekom gekennzeichneten, offenen Telefonsäulen ersetzt. Diese funktionieren meist nur noch mit Telefonkarten, die man in Postämtern, Schreibwarengeschäften und Zeitungsläden erhält.

POST

Postämter gibt es in allen Stadtteilen. Das Postamt am Bahnhofplatz 1 hat von Montag bis Freitag von 7.30 bis 20 Uhr, samstags von 9 bis 16 Uhr geöffnet, sonntags ist es geschlossen. Das Postamt am Flughafen hat von Montag bis Sonntag von 7.30 bis 21 Uhr geöffnet. Außerdem bekommt man auch in ausgesuchten Schreibwarenläden Briefmarken und kann dort Briefe, Päckchen und meist auch Pakete aufgeben. Postlagernde Sendungen können allerdings nur auf Postämtern abgeholt werden.

TRINKGELD

Meist werden Restaurant-, Getränke- und Taxirechnungen großzügig aufgerundet. Mit 5 % macht man nichts falsch.

Hotelportiers	1–2 Euro
Zimmermädchen	1–2 Euro
Stadtführer	nach Ermessen
Toiletten	50 Cent

NOTRUF 110
POLIZEI 110
FEUERWEHR (AUCH KRANKENWAGEN) 112
GIFTNOTRUF 192 40
HANDYNOTRUF 112

GESUNDHEIT

Krankenversicherung Falls in München ein Arzt aufgesucht werden muss, empfiehlt sich zumindest für Besucher, die aus nicht der EU zugehörigen Ländern kommen, eine spezielle Reisekrankenversicherung.
Arzt: Anschriften von Ärzten aller Fachrichtungen finden Sie in den Gelben Seiten der Telefonbücher. Den Ärztlichen Bereitschaftsdienst erreicht man unter Tel. 0180 / 519 12 12.

Zahnarzt Eine zahnmedizinische Behandlung ist nur für Inländer mit Versicherungskarte problemlos, für Ausländer kann sie teuer werden. Zahnärzte mit Bereitschaftsdienst erreicht man unter Tel. 30 00 55 15 (nur an Wochenenden, nicht nachts).

Wetter Empfindlichere Reisende können in München unter dem Föhn leiden, der Kopfschmerzen und Gereiztheit verursacht.

Medikamente Die Apotheken verkaufen rezeptfreie und rezeptpflichtige Medikamente. Außerhalb der üblichen Ladenöffnungszeiten existiert ein Apothekennotdienst (in jeder Apotheke auf einem von außen sichtbaren Anschlag genannt).

Trinkwasser Münchens Leitungswasser kann bedenkenlos getrunken werden, da die Brunnen im Alpenvorland liegen.

EINRICHTUNGEN FÜR BEHINDERTE

Der Flughafen ist gänzlich behindertengerecht, bei den Bahnhöfen ist nur der Hauptbahnhof barrierefrei. In vielen Parkhäusern finden sich behindertengerechte Zugänge und Parkplätze. Der Großteil der U- und S-Bahnhöfe besitzt rollstuhlgerechte Zugänge, eine Broschüre des Fremdenverkehrsverbandes (*München für Touristen mit Handicap*) weist diese aus. Fast alle Straßenbahnen sind mit einer Einstiegshilfe für Rollstuhlfahrer ausgerüstet, Busse mit Einstiegshilfen sind besonders gekennzeichnet.

KINDER

Kinder sind praktisch überall willkommen. Vorführungen und Programme für die Kleinen können auf der kindergerechten Internetseite www.pomki.de abgerufen werden.

ERMÄSSIGUNGEN

In den Genuss ermäßigter **Eintrittskarten** kommen fast ausschließlich einheimische Arbeitslose, Sozialhilfeempfänger, Soldaten, Auszubildende, Schwerbehinderte und Rentner nach Vorlage entsprechender Ausweise. Ebenso erhalten Kinder und Schülergruppen oft verbilligten Eintritt. Auch in **öffentlichen Verkehrsmitteln** fahren Kinder und Jugendliche günstiger.

Die **City Tour Card** erhält man bei den Touristeninformationen in mehreren Versionen und mit unterschiedlicher Geltungsdauer; sie beinhaltet freie Fahrt im öffentlichen Stadtverkehr und Preisreduktionen bei vielen Sehenswürdigkeiten und Museen.

TOILETTEN

Öffentliche Toiletten im oberirdischen Raum sind in München eher selten. Fündig wird man unterirdisch in Bahnhöfen des Verkehrsverbundes.

ZOLL

Städtisches Fundbüro: Ötztalerstr. 17, Tel. 23 39 60 45, Mo–Do 8–12, Fr 7–12, Di auch 14–18 Uhr

BOTSCHAFTEN UND KONSULATE

Österreichische Botschaft Berlin
☎ 030 / 20 28 70

Österreichisches Generalkonsulat München
☎ 089 / 99 81 50

Schweizer Botschaft Berlin
☎ 030 / 390 40 00

Schweizer Generalkonsulat München
☎ 089 / 286 62 00

JANUAR

Fasching: Vom 6. Januar bis zum Faschingsdienstag erleben Sie München im Rausch der Maskenbälle. Besonders beliebt und ein richtiger Münchner Klassiker sind die »Weißen Feste« im **Max Emanuel** (➤ 116). Höhepunkt des Faschingstreibens ist der Tanz der Marktweiber am Viktualienmarkt (Faschingsdienstag 11 Uhr).

FEBRUAR

ISPO winter: Ende Januar und Anfang Februar zeigt die Sportwelt in der Neuen Messe die heißesten Trends.
CBR, Caravan, Boot & Reise: Ende Februar präsentiert sich die große weite Welt mit den reizvollsten Reiseangeboten und den schönsten Wohnmobilen und Yachten dem fernwehkranken Publikum.

MÄRZ

Starkbierzeit: Auf dem Nockherberg gibt's den traditionellen Anstich mit anschließendem »Politiker-Derbleck'n«.
Internationale Handwerksmesse: Anfang März zeigt die Messe Kunsthandwerk und Praktisches aus allen Teilen der Erde.

APRIL

Frühlingsfest: Auf der Theresienwiese findet eine stark verkleinerte Version des Oktoberfestes statt.
Ostereiersuchen: allgemeines Eiersuchen am Ostersonntag im Tierpark Hellabrunn – ein Riesenspaß für Groß und Klein

MAI

Maidult: Jahr- und Trödelmarkt Anfang Mai am Mariahilfplatz
Lange Nacht der Musik: Ende Mai können Sie Münchens vielfältiges Musikprogramm und viele Veranstaltungsorte kennen lernen.
Biennale München: In geraden Jahren entführen Sie Uraufführungen in die aufregenden Klangwelten moderner Opernkomponisten.
Blade Night: Im Mai starten die überaus beliebten nächtlichen Rundtouren durch München; bis Ende August jeden Montagabend auf einer anderen Strecke; Informationen jeweils am Veranstaltungstag in den Tageszeitungen.

JUNI

Münchner Stadtgeburtstag: buntes Treiben und bayerische »Schmankerln« auf dem Marienplatz
Tollwood-Festival: Zeltstadt mit Theater, Musik, Kulinarischem und alternativen Shoppingangeboten neben dem Olympiapark
BMW International Open: Mitte Juni mit den besten Tenniscracks der Welt
Nymphenburger Sommer: Klassikkonzerte im wunderschönen Hubertussaal des Schlosses
Filmfest München: Ende Juni trifft sich die Filmszene im Gasteig und Filmmuseum.
Fronleichnam: Am zweiten Donnerstag nach Pfingsten begehen die Münchner diesen katholischen Festtag mit einer feierlichen Prozession durch die Innenstadt.

JULI

Königsplatz Openair: Popkünstler, aber auch große Opernproduktionen sind vor der klassizistischen Kulisse der Propyläen zu erleben.
Klassik am Odeonsplatz: Konzerte der Münchner Philharmoniker und des Symphonieorchesters des Bayerischen Rundfunks stehen auf dem Odeonsplatz auf dem Programm.
Opernfestspiele: Die Stars der internationalen Musikszene geben sich im Nationaltheater ein Stelldichein.
Konzerte im Brunnenhof: In der Residenz gibt's Musik in intimerem Rahmen.
Schleißheimer Sommer: Im Neuen Schloss Schleißheim treten klassische Virtuosen, darunter häufig auch Barockensembles, auf.
Jakobidult: Jahrmarkt auf dem Marahilfplatz
Rosenschau: Nur eine halbe Woche sind die Pflanzen im Neuen Botanischen Garten zu sehen und jedes Jahr gibt es ein begleitendes Thema dazu. Auf dem angeschlossenen Markt kann man Zwiebeln erwerben.

AUGUST

Theatron Musiksommer im Olympiapark: Konzerte bekannter und unbekannter, internationaler und heimischer Bands heizen den Zuschauern richtig ein – und das alles kostenlos!

SEPTEMBER

Oktoberfest: Am vorletzten Samstag im September geht's los, das größte Volksfest der Welt wird mit einem feierlichen Einzug der Festwirte eröffnet. Am Sonntag folgt dann ein bunter Trachtenzug durch die Münchner Innenstadt.

OKTOBER

Kirchweihdult: Mitte Oktober am Mariahilfplatz in der Au
Lange Nacht der Museen: Große wie kleine Sammlungen öffnen ihre Pforten und locken Publikum mit originellen Veranstaltungen.
Systems: Nicht nur IT-Spezialisten bekommen leuchtende Augen, wenn sich die Hightech- und Communications-Szene auf der Neuen Messe trifft.
München-Marathon: Langstreckenläufer messen ihre Ausdauer auf den Straßen Münchens.

NOVEMBER

Münchner Bücherschau: Im Gasteig stellen die Münchner und bayerischen Verlage ihr Programm vor.
SpielArt: In ungeraden Jahren können Sie beim Theaterfestival internationale Theaterproduktionen erleben.

DEZEMBER

Christkindlmärkte gibt's auf dem Marienplatz, auf dem Rotkreuzplatz und in Haidhausen. Ein Künstler-Weihnachtsmarkt verwandelt die Münchner Freiheit in ein buntes Lichtermeer.
Winter-Tollwood sorgt auf der Theresienwiese mit Theater, Konzerten und einem rauschenden Silvesterfest für die richtige Stimmung.
Silvesterfeuerwerk: Dieses Spektakel sehen Sie sich am besten von den Schuttbergen im Olympiapark aus an. Eine bessere Aussicht gibt es sonst nirgends.

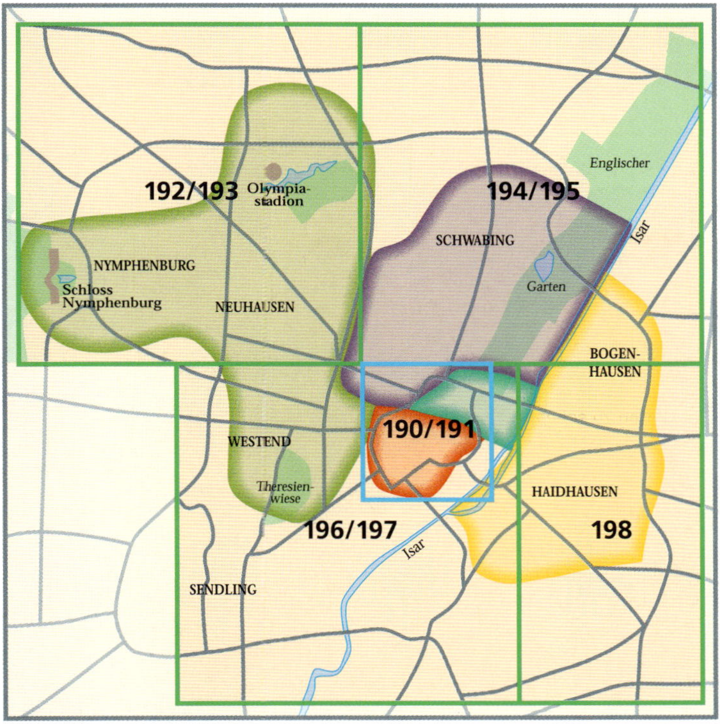

Kapiteleinteilung: siehe Übersichtskarte auf der Umschlaginnenseite

Legende

	Hauptstraße		Park
	Nebenstraße		Wichtiges Gebäude
	Tunnel		Sehenswürdigkeit (im Text)
	Fußweg		U-Bahn-Station
	Bahnlinie		S-Bahn-Station
	U-Bahn-Linie		

190/191 0 100 200 300 400 Meter

192–198 0 250 500 750 1000 Meter

Cityplan

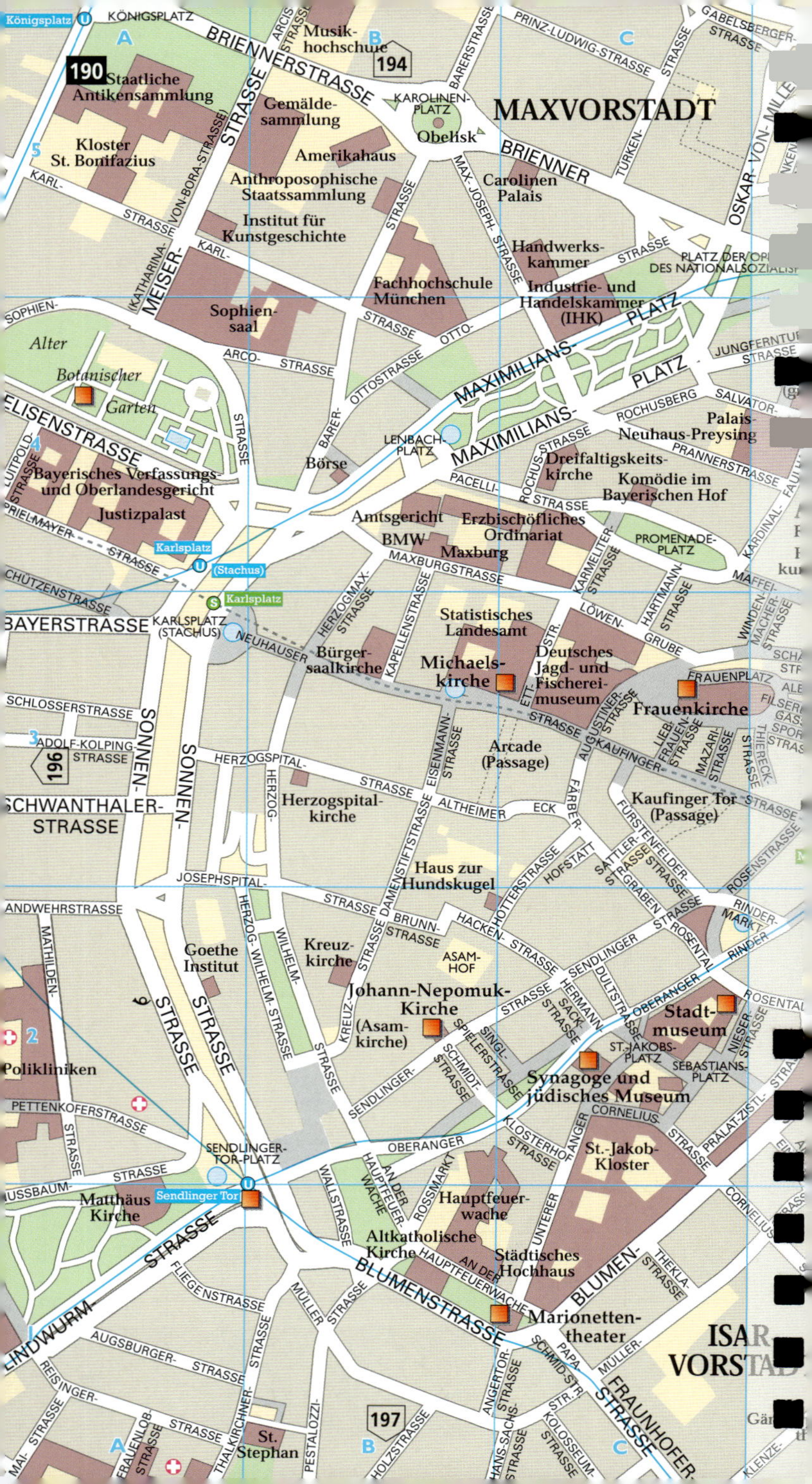
Königsplatz
KÖNIGSPLATZ
A
B
C
194
BRIENNERSTRASSE
ARCISSTRASSE
Musikhochschule
BARERSTRASSE
PRINZ-LUDWIG-STRASSE
GABELSBERGERSTRASSE
Staatliche Antikensammlung
Gemäldesammlung
KAROLINENPLATZ
Obelisk
MAXVORSTADT
Kloster St. Bonifazius
Amerikahaus
BRIENNER
TÜRKENSTRASSE
OSKAR-VON-MILLER
KARL-STRASSE
VON-BORA-STRASSE
Anthroposophische Staatssammlung
MAX-JOSEPH-STRASSE
Carolinen Palais
Institut für Kunstgeschichte
Handwerkskammer
STRASSE
PLATZ DER OPFER DES NATIONALSOZIALISMUS
KATHARINA-
MEISER-
Fachhochschule München
Industrie- und Handelskammer (IHK)
SOPHIEN-
Sophiensaal
OTTOSTRASSE
MAXIMILIANSPLATZ
JUNGFERNTURMSTRASSE
Alter Botanischer Garten
ARCO-STRASSE
SALVATOR-
ELISENSTRASSE
BARER-
LENBACH-PLATZ
ROCHUSBERG
Palais Neuhaus-Preysing
LUITPOLDSTRASSE
Börse
Dreifaltigkeitskirche
PRANNERSTRASSE
Bayerisches Verfassungs- und Oberlandesgericht
PACELLI-
ROCHUSSTRASSE
Komödie im Bayerischen Hof
Justizpalast
Amtsgericht
Erzbischöfliches Ordinariat
KARDINAL-FAULHABER
PRIELMAYERSTRASSE
BMW
Maxburg
PROMENADE-PLATZ
Karlsplatz
(Stachus)
MAXBURGSTRASSE
KARMELITERSTRASSE
MAFFEI-
SCHÜTZENSTRASSE
Karlsplatz
HERZOGMAX-STRASSE
KAPELLENSTRASSE
Statistisches Landesamt
HARTMANNSTRASSE
LÖWENGRUBE
WINDENMACHERSTRASSE
BAYERSTRASSE
KARLSPLATZ (STACHUS)
NEUHAUSER
Bürgersaalkirche
Michaelskirche
Deutsches Jagd- und Fischereimuseum
FRAUENPLATZ
Frauenkirche
SCHLOSSERSTRASSE
ETTSTRASSE
AUGUSTINERSTRASSE
LIEBFRAUENSTRASSE
MAZARISTRASSE
THIERECKSTRASSE
FILSERBRÄUGASSE
SPORERSTRASSE
ADOLF-KOLPING-STRASSE
196
SONNEN-
EISENMANNSTRASSE
Arcade (Passage)
KAUFINGER-STRASSE
HERZOGSPITAL-STRASSE
SCHWANTHALER-STRASSE
HERZOG-
Herzogspitalkirche
ALTHEIMER ECK
FÄRBER-
Kaufinger Tor (Passage)
FÜRSTENFELDER-STRASSE
DAMENSTIFTSTRASSE
Haus zur Hundskugel
HOTTERSTRASSE
HOFSTATT
SATTLERSTRASSE
ROSENSTRASSE
JOSEPHSPITAL-STRASSE
LANDWEHRSTRASSE
BRUNNSTRASSE
HACKENSTRASSE
GRABEN
RINDERMARKT
MATHILDENSTRASSE
Goethe Institut
HERZOG-WILHELM-STRASSE
Kreuzkirche
ASAMHOF
SENDLINGER STRASSE
ROSENTAL
Johann-Nepomuk-Kirche (Asamkirche)
HERMANN-SACK-STRASSE
DULTSTRASSE
OBERANGER
Stadtmuseum
2
Polikliniken
KREUZSTRASSE
SPIELERSTRASSE
SINGLSTRASSE
ST.-JAKOBS-PLATZ
NIESERSTRASSE
SEBASTIANSPLATZ
SCHMIDTSTRASSE
Synagoge und jüdisches Museum
PETTENKOFERSTRASSE
SENDLINGER-STRASSE
CORNELIUSSTRASSE
KLOSTERHOFSTRASSE
ANGER
St.-Jakob-Kloster
PRÄLAT-ZISTL-STRASSE
SENDLINGER-TOR-PLATZ
OBERANGER
NUSSBAUMSTRASSE
Sendlinger Tor
WALLSTRASSE
AN DER HAUPTFEUERWACHE
ROSSMARKT
Hauptfeuerwache
Matthäus Kirche
UNTERER ANGER
CORNELIUSSTRASSE
Altkatholische Kirche
Städtisches Hochhaus
LINDWURMSTRASSE
FLIEGENSTRASSE
BLUMENSTRASSE
THEKLASTRASSE
Marionettentheater
MÜLLERSTRASSE
ISARVORSTADT
AUGSBURGER-STRASSE
THALKIRCHNER-STRASSE
PAPA-SCHMID-STR.
REISINGERSTRASSE
PESTALOZZISTRASSE
ANGERTORSTRASSE
FRAUNHOFERSTRASSE
197
St. Stephan
HOLZSTRASSE
HANS-SACHS-STRASSE
KOLOSSEUMSTRASSE
MAISTRASSE
FRAUENLOBSTRASSE
KLENZE-

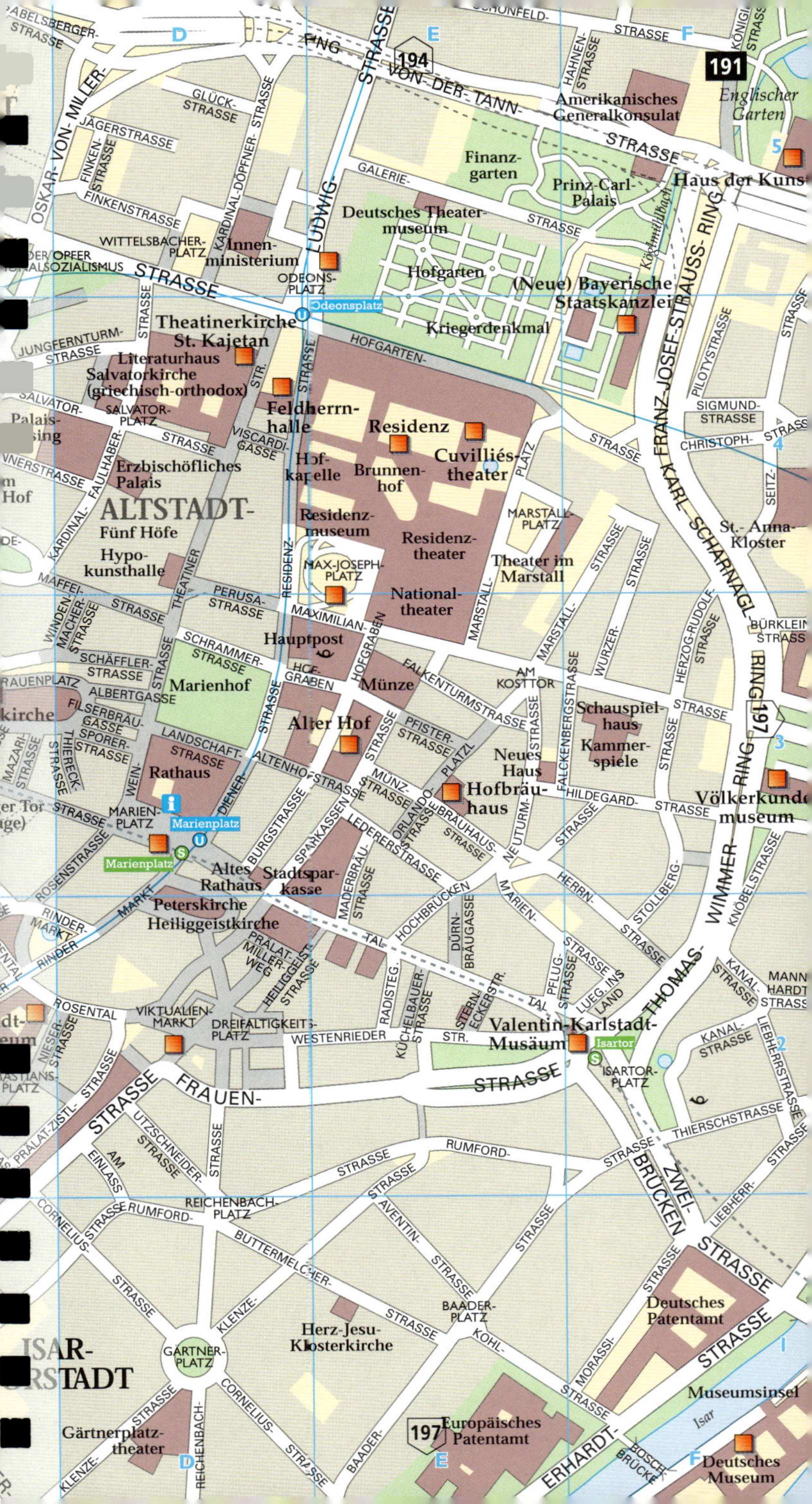

194
191
197
D
E
F
1
2
3
4
5
Von-der-Tann-Strasse
Amerikanisches Generalkonsulat
Englischer Garten
Haus der Kunst
Finanzgarten
Prinz-Carl-Palais
Galeriestrasse
Deutsches Theatermuseum
Hofgarten
(Neue) Bayerische Staatskanzlei
Kriegerdenkmal
Koglmühlbach
Franz-Josef-Strauss-Ring
Karl-Scharnagl-Ring
Oskar-von-Miller-Ring
Jägerstrasse
Finkenstrasse
Glückstrasse
Kardinal-Döpfner-Strasse
Ludwigstrasse
Wittelsbacherplatz
Innenministerium
Odeonsplatz
Brienner Strasse
Jungfernturmstrasse
Theatinerkirche St. Kajetan
Literaturhaus
Salvatorkirche (griechisch-orthodox)
Salvatorplatz
Salvatorstrasse
Feldherrnhalle
Residenz
Cuvilliés-theater
Hofgartenstrasse
Theatinerstrasse
Viscardigasse
Hofkapelle
Brunnenhof
Residenzmuseum
Residenztheater
Erzbischöfliches Palais
Kardinal-Faulhaber-Strasse
ALTSTADT-LEHEL
Fünf Höfe
Hypo-kunsthalle
Marstallplatz
Theater im Marstall
Max-Joseph-Platz
Nationaltheater
Residenzstrasse
Maffeistrasse
Perusastrasse
Maximilianstrasse
Marstallstrasse
Hauptpost
Hofgraben
Münze
Falkenturmstrasse
Am Kosttor
Schrammerstrasse
Schäfflerstrasse
Marienhof
Albertgasse
Filserbräugasse
Sporerstrasse
Weinstrasse
Dienerstrasse
Landschaftstrasse
Rathaus
Alter Hof
Pfisterstrasse
Platzl
Altenhofstrasse
Neues Haus
Hofbräuhaus
Münzstrasse
Orlandostrasse
Bräuhausstrasse
Hildegardstrasse
Schauspielhaus
Kammerspiele
Falkenbergstrasse
Völkerkundemuseum
St.-Anna-Kloster
Pilotystrasse
Sigmundstrasse
Christophstrasse
Seitzstrasse
Bürkleinstrasse
Herzog-Rudolf-Strasse
Wurzerstrasse
Stollbergstrasse
Herrnstrasse
Neuturmstrasse
Marienplatz
Altes Rathaus
Stadtsparkasse
Sparkassenstrasse
Burgstrasse
Lederstrasse
Maderbräustrasse
Hochbrücken
Dürnbräugasse
Peterskirche
Heiliggeistkirche
Rindermarkt
Rosenstrasse
Rosental
Prälat-Miller-Weg
Heiliggeiststrasse
Tal
Radlsteg
Küchelbauerstrasse
Sterneckerstrasse
Pflugstrasse
Lueg ins Land
Mariannenstrasse
Thomas-Wimmer-Ring
Knöbelstrasse
Kanalstrasse
Mannhardtstrasse
Liebherrstrasse
Viktualienmarkt
Dreifaltigkeitsplatz
Westenriederstrasse
Valentin-Karlstadt-Musäum
Isartor
Isartorplatz
Frauenstrasse
Thierschstrasse
Zweibrückenstrasse
Prälat-Zistl-Strasse
Utzschneiderstrasse
Am Einlass
Rumfordstrasse
Reichenbachplatz
Corneliusstrasse
Buttermelcherstrasse
Aventinstrasse
Baaderplatz
Kohlstrasse
Klenzestrasse
Herz-Jesu-Klosterkirche
Deutsches Patentamt
Morassistrasse
Museumsinsel
Isar
Gärtnerplatz
ISARVORSTADT
Gärtnerplatztheater
Reichenbachstrasse
Baaderstrasse
Europäisches Patentamt
Erhardtstrasse
Boschbrücke
Deutsches Museum

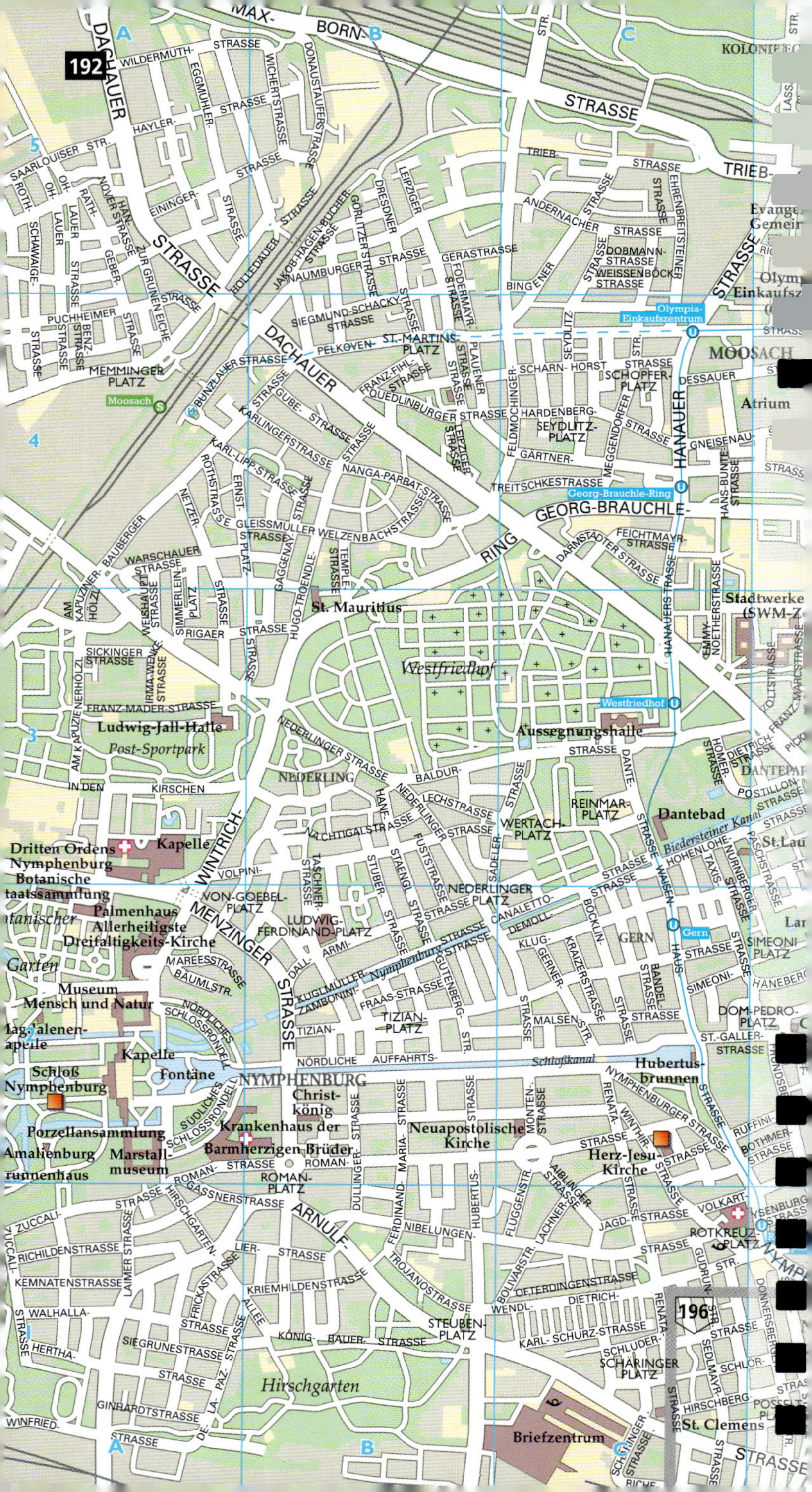
192
196
MOOSACH
Atrium
Moosach
Olympia-Einkaufszentrum
Georg-Brauchle-Ring
Westfriedhof
Gern
St. Mauritius
Aussegnungshalle
Stadtwerke (SWM-Z
Ludwig-Jall-Halle
Post-Sportpark
NEDERLING
Dantebad
Biedersteiner Kanal
GERN
Dritten Ordens Nymphenburg
Kapelle
Botanische Staatssammlung
Palmenhaus
Allerheiligste Dreifaltigkeits-Kirche
Museum Mensch und Natur
Kapelle
Fontäne
Schloß Nymphenburg
NYMPHENBURG
Christkönig
Krankenhaus der Barmherzigen Brüder
Porzellansammlung
Amalienburg
Marstallmuseum
Neuapostolische Kirche
Hubertusbrunnen
Herz-Jesu-Kirche
Schloßkanal
Nymphenburg Kanal
Hirschgarten
Briefzentrum
St. Clemens
DACHAUER STRASSE
HANAUER STRASSE
GEORG-BRAUCHLE-RING
WINTRICH-STRASSE
MENZINGER STRASSE
ARNULF-STRASSE
NYMPHENBURGER STRASSE
MAX-BORN-STRASSE
TRIEB-STRASSE
NEDERLINGER STRASSE
NEDERLINGER PLATZ
ROTKREUZPLATZ
STEUBENPLATZ
ROMANPLATZ
LUDWIG-FERDINAND-PLATZ
TIZIANPLATZ
WERTACHPLATZ
REINMARPLATZ
SEYDLITZPLATZ
SCHOPFERPLATZ
MEMMINGER PLATZ
ST.-MARTINS-PLATZ
SIMEONIPLATZ
DOM-PEDRO-PLATZ
SCHÄRINGER PLATZ
VON-GOEBEL-PLATZ

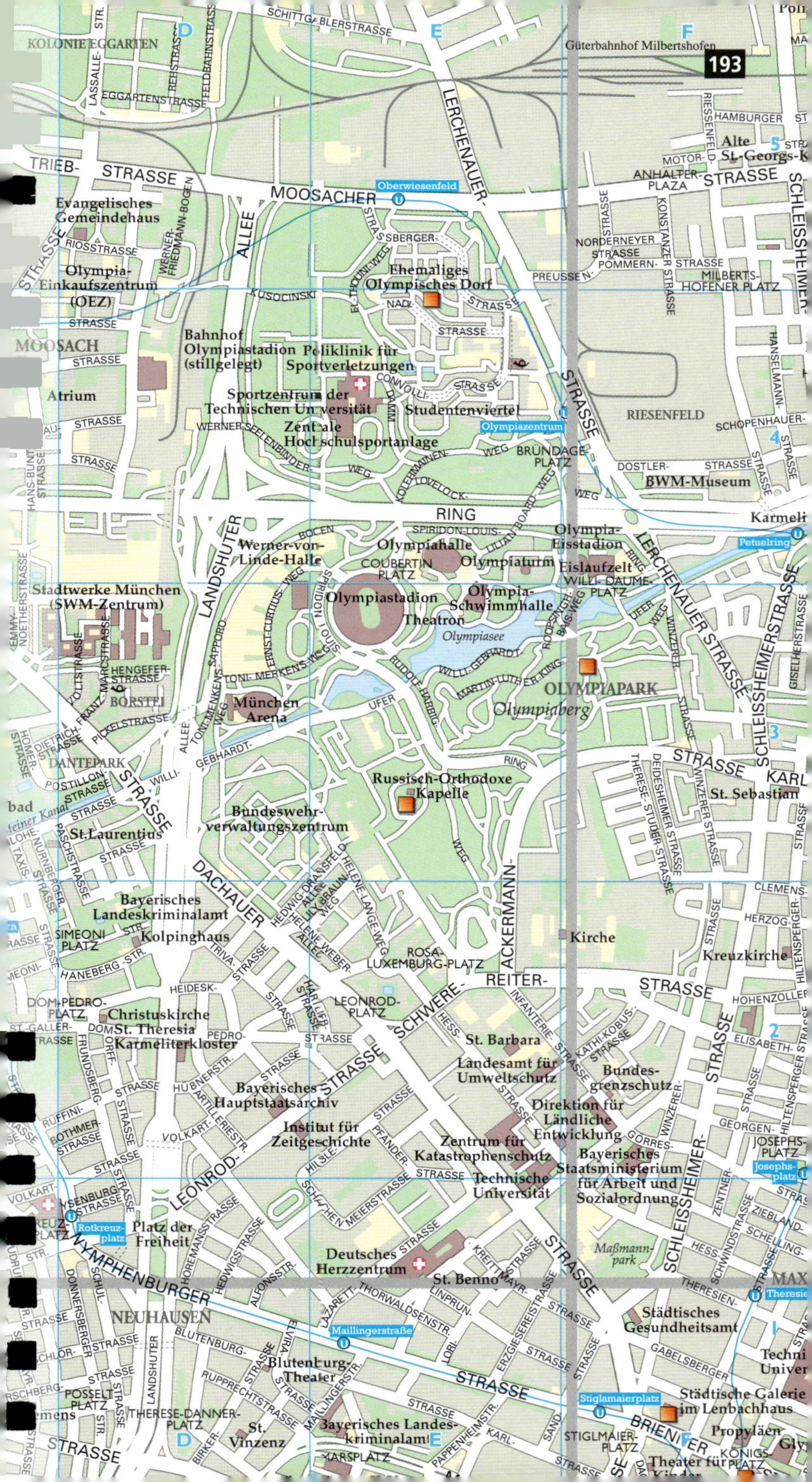

Güterbahnhof Milbertshofen
KOLONIE EGGARTEN
EGGARTENSTRASSE
SCHITTGABLERSTRASSE
LERCHENAUER STRASSE
TRIEB-STRASSE
MOOSACHER STRASSE
Oberwiesenfeld
Evangelisches Gemeindehaus
RIOSSTRASSE
Olympia-Einkaufszentrum (OEZ)
MOOSACH
Atrium
Bahnhof Olympiastadion (stillgelegt)
Ehemaliges Olympisches Dorf
Poliklinik für Sportverletzungen
Sportzentrum der Technischen Universität
Zentrale Hochschulsportanlage
Studentenviertel
Olympiazentrum
ALTE St.-Georgs-K
ANHALTER-PLAZA
NORDERNEYER STRASSE
POMMERN-STRASSE
MILBERTSHOFENER PLATZ
PREUSSENSTRASSE
KONSTANZER STRASSE
RIESENFELD
SCHOPENHAUER-STRASSE
DOSTLER-STRASSE
BMW-Museum
BRUNDAGE-PLATZ
RING
Petuelring
Karmeli
Werner-von-Linde-Halle
Olympiahalle
Olympiaturm
Olympia-Eisstadion
Eislaufzelt
WILLI-DAUME-PLATZ
COUBERTIN PLATZ
Olympiastadion
Olympia-Schwimmhalle
Theatron
Olympiasee
Stadtwerke München (SWM-Zentrum)
LANDSHUTER ALLEE
OLYMPIAPARK
Olympiaberg
München Arena
BORSTEI
DANTEPARK
Russisch-Orthodoxe Kapelle
Bundeswehrverwaltungszentrum
St.Laurentius
St. Sebastian
SCHLEISSHEIMER STRASSE
Bayerisches Landeskriminalamt
Kolpinghaus
SIMEONI PLATZ
DACHAUER STRASSE
ROSA-LUXEMBURG-PLATZ
ACKERMANNSTRASSE
Kirche
Kreuzkirche
CLEMENSSTRASSE
HOHENZOLLERN
DOM-PEDRO-PLATZ
Christuskirche
St. Theresia
Karmeliterkloster
LEONROD-PLATZ
SCHWERE-REITER-STRASSE
St. Barbara
Landesamt für Umweltschutz
Bundesgrenzschutz
Bayerisches Hauptstaatsarchiv
Institut für Zeitgeschichte
Direktion für Ländliche Entwicklung
Zentrum für Katastrophenschutz
Bayerisches Staatsministerium für Arbeit und Sozialordnung
Technische Universität
JOSEPHSPLATZ
Josephsplatz
LEONRODSTRASSE
Rotkreuzplatz
Platz der Freiheit
Deutsches Herzzentrum
St. Benno
Maßmannpark
Theresienstraße
NYMPHENBURGER STRASSE
NEUHAUSEN
Maillingerstraße
Städtisches Gesundheitsamt
Blutenburg-Theater
Technische Univer
Städtische Galerie im Lenbachhaus
Stiglmaierplatz
STIGLMAIER-PLATZ
BRIENNER STRASSE
Propyläen
KÖNIGSPLATZ
Theater für Kinder
St. Vinzenz
THERESE-DANNER-PLATZ
POSSELT-PLATZ
Bayerisches Landeskriminalamt
MARSPLATZ

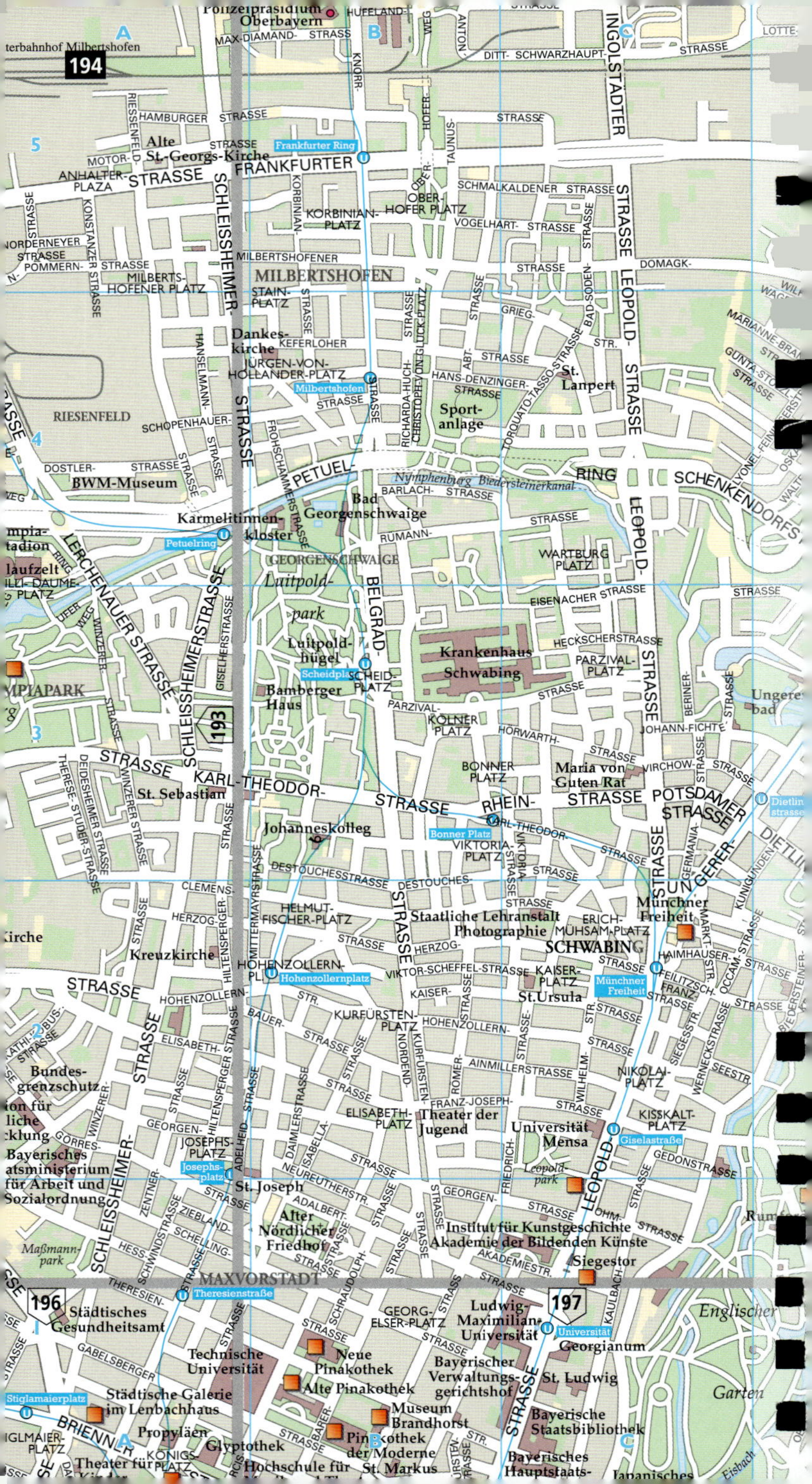
194
A
B
C
5
4
3
2
Polizeipräsidium Oberbayern
HUFELAND-
MAX-DIAMAND-STRASSE
KNORR-
ANTON-
WEG
DITT-
SCHWARZHAUPT-STRASSE
INGOLSTÄDTER
LOTTE-
Güterbahnhof Milbertshofen
HAMBURGER STRASSE
RIESENFELD
MOTOR-
Alte St.-Georgs-Kirche
Frankfurter Ring
FRANKFURTER
ANHALTER-PLATZ
STRASSE
SCHLEISSHEIMER
KORBINIAN-
KORBINIAN-PLATZ
OBER-
OBER-HOFER PLATZ
HOFER-
TAUNUS-
SCHMALKALDENER STRASSE
VOGELHART-STRASSE
KONSTANZER STRASSE
NORDERNEYER STRASSE
POMMERN-STRASSE
MILBERTS-HOFENER PLATZ
MILBERTSHOFENER
MILBERTSHOFEN
STAIN-PLATZ
DOMAGK-
LEOPOLD-
GRIEG-
BAD-SODEN-
STR.
Dankes-kirche
KEFERLOHER
JÜRGEN-VON-HOLLANDER-PLATZ
Milbertshofen
HANSELMANN-
HANS-DENZINGER-STRASSE
CHRISTOPH-VON-GLUCK-PLATZ
RICHARDA-HUCH-STRASSE
ABT-
TORQUATO-TASSO-STRASSE
St. Lanpert
MARIANNE-BRANDT-STR.
GUNTA-STÖLZL-STRASSE
RIESENFELD
SCHOPENHAUER-
Sport-anlage
FRÖTTMANINGER STRASSE
DOSTLER-STRASSE
BMW-Museum
PETUEL-
RING
SCHENKENDORFSTR.
Nymphenburg Biedersteiner Kanal
BARLACH-STRASSE
LYONEL-FEININGER-STRASSE
Olympia-stadion
Karmelitinnen-kloster
Petuelring
Bad Georgenschwaige
RUMANN-
GEORGENSCHWAIGE
Zeltdach / laufzelt
WILLI-DAUME-PLATZ
LERCHENAUER STRASSE
Luitpold-park
BELGRAD-
WARTBURG PLATZ
EISENACHER STRASSE
STRASSE
HECKSCHERSTRASSE
JEEER WEG
WINZERER-
SCHLEISSHEIMERSTRASSE
GISELHERSTRASSE
Luitpold-hügel
Scheidplatz
SCHEID-PLATZ
Krankenhaus Schwabing
PARZIVAL-PLATZ
OLYMPIAPARK
Bamberger Haus
193
PARZIVAL-
KÖLNER PLATZ
HÖRWARTH-
BERINER-
Ungerer-bad
JOHANN-FICHTE-
KARL-THEODOR-
St. Sebastian
THERESE-STUDER-STRASSE
DEIDESHEIMER STRASSE
BONNER PLATZ
Maria von Guten Rat
VIRCHOW-
POTSDAMER STRASSE
RHEIN-
Dietlindenstrasse
Johanneskolleg
Bonner Platz
VIKTORIA-PLATZ
DIETLINDEN-
DESTOUCHESSTRASSE
DESTOUCHES-
UNGERER-
CLEMENS-
HELMUT-FISCHER-PLATZ
Staatliche Lehranstalt Photographie
ERICH-MÜHSAM-PLATZ
Münchner Freiheit
GERMANIA-
KUNIGUNDEN-
Kirche
HERZOG-
MITTERMAYRSTRASSE
Kreuzkirche
HOHENZOLLERN-PL.
Hohenzollernplatz
VIKTOR-SCHEFFEL-STRASSE
KAISER-PLATZ
SCHWABING
HAIMHAUSER-
OCCAM-
FEILITZSCH-
FRANZ-
MARKT-STR.
HILTENSPERGER-
KAISER-
St.Ursula
BIEDERSTEINER-
KURFÜRSTEN-PLATZ
HOHENZOLLERN-
Münchner Freiheit
ELISABETH-
BAUER-
NORDEND-
KURFÜRSTEN-
WILHELM-
SIEGESSTR.
WERNECKSTRASSE
AINMILLERSTRASSE
NIKOLAI-PLATZ
SEESTR.
Bundes-grenzschutz
ROMER-
FRANZ-JOSEPH-
ELISABETH-PLATZ
Theater der Jugend
Universität Mensa
KISSKALT-PLATZ
Giselastraße
Bayerisches Staatsministerium für Arbeit und Sozialordnung
GEORGEN-
JOSEPHS-PLATZ
Josephsplatz
DAIMLERSTRASSE
ISABELLA-
FRIEDRICH-
Leopold-park
GEDONSTRASSE
ADELHEID-
St. Joseph
NEUREUTHERSTR.
GEORGEN-
LEOPOLD-
ZENTNER-
ZIEBLAND-
ADALBERT-
OHM-
SCHELLING-
Alter Nördlicher Friedhof
Institut für Kunstgeschichte
Akademie der Bildenden Künste
Rumford
Maßmann-park
HESS-
SCHWINDSTRASSE
AKADEMIESTR.
Siegestor
KAULBACH-
MAXVORSTADT
THERESIEN-
Theresienstraße
196
197
Städtisches Gesundheitsamt
SCHRAUDOLPH-
GEORG-ELSER-PLATZ
Ludwig-Maximilian-Universität
Universität
Englischer Garten
Georgianum
GABELSBERGER-
Technische Universität
Neue Pinakothek
Bayerischer Verwaltungs-gerichtshof
St. Ludwig
Alte Pinakothek
Stiglmaierplatz
Städtische Galerie im Lenbachhaus
Museum Brandhorst
Bayerische Staatsbibliothek
BRIENNER
Propyläen
Pinakothek der Moderne
STIGLMAIER-PLATZ
KÖNIGS-PLATZ
Glyptothek
BARER-
Theater für Kinder
Hochschule für Musik und Theater
St. Markus
Bayerisches Hauptstaats-archiv
Japanisches
Eisbach

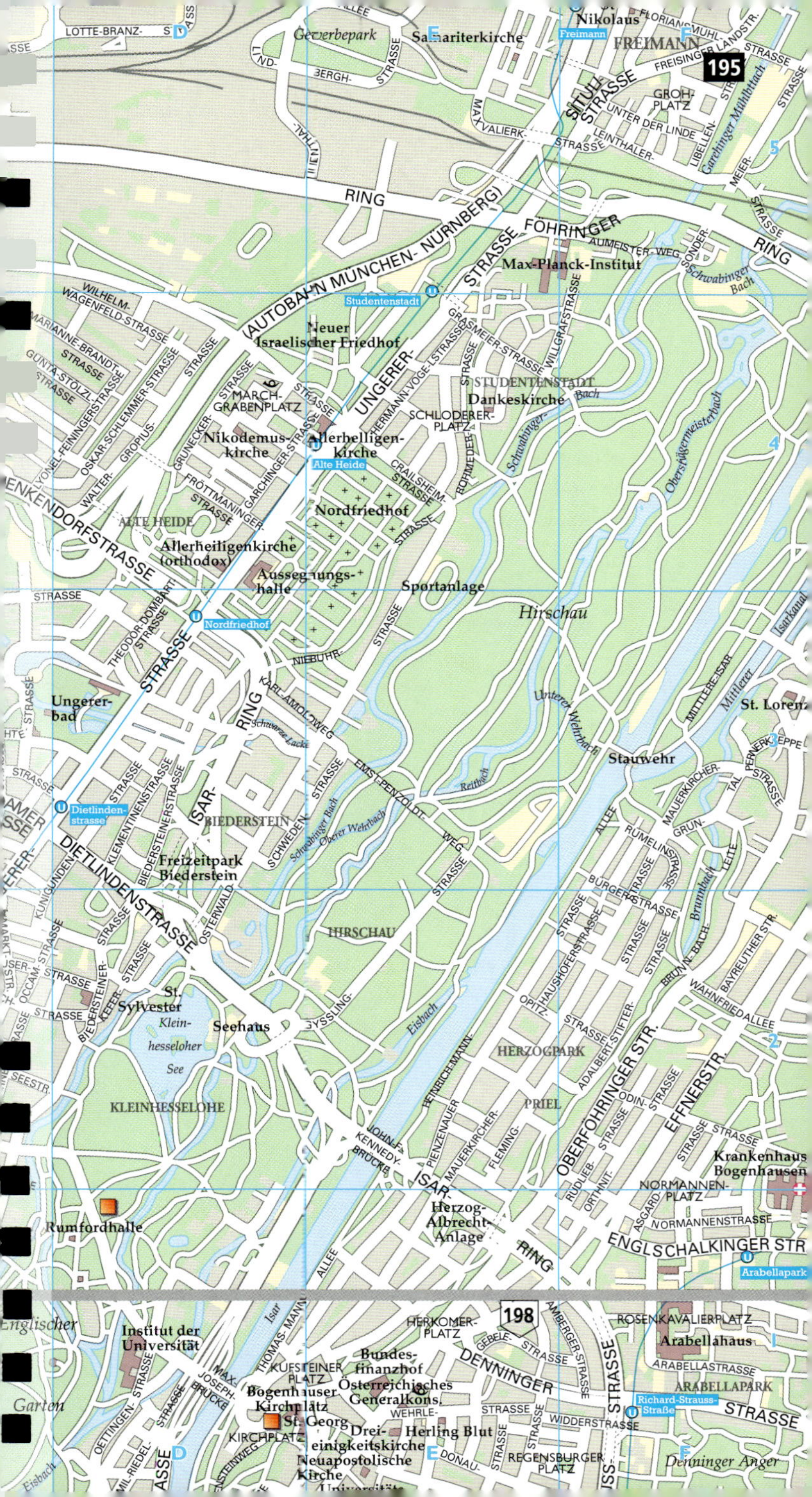
Gewerbepark
Samariterkirche
Nikolaus
Freimann
FREIMANN
FREISINGER LANDSTR.
GROH-PLATZ
UNTER DER LINDE
LEINTHALER-STRASSE
MAX-VALIERK-STRASSE
SITULI-STRASSE
Garchinger Mühlbach
LOTTE-BRANZ-STRASSE
RING
(AUTOBAHN MÜNCHEN-NÜRNBERG)
FÖHRINGER RING
UNGERER-STRASSE
Max-Planck-Institut
AUMEISTER-WEG
Schwabinger Bach
Studentenstadt
WILHELM-WAGENFELD-STRASSE
MARIANNE-BRANDT-STRASSE
GUNTA-STÖLZL-STRASSE
Neuer Israelischer Friedhof
GRASMEIER-STRASSE
WILLIGRAFSTRASSE
STUDENTENSTADT
Dankeskirche
SCHLODERER-PLATZ
MARCH-GRABENPLATZ
Nikodemus-kirche
Allerheiligen-kirche
Alte Heide
LYONEL-FEININGERSTRASSE
OSKAR-SCHLEMMER-STRASSE
GROPIUS-STRASSE
WALTER-STRASSE
FRÖTTMANINGER-STRASSE
GARCHINGER-STRASSE
CRAILSHEIMSTRASSE
Nordfriedhof
ALTE HEIDE
Allerheiligenkirche (orthodox)
Aussegnungs-halle
Sportanlage
Oberföhringermeisterbach
HECKENDORFSTRASSE
THEODOR-DOMBART-STRASSE
Nordfriedhof
Hirschau
Isarkanal
NIEBUHR-STRASSE
KARL-AMOL-WEG
Ungerer-bad
Schwarze Lacke
ISAR-RING
Unterer Weihrbach
MITTLERE-ISAR
St. Lorenz
Stauwehr
Reitbach
EMIL-PENZOLDT-WEG
Dietlinden-strasse
KLEMENTINENSTRASSE
BIEDERSTEINERSTRASSE
BIEDERSTEIN
SCHWEDEN-STRASSE
Schwabinger Bach
Oberer Weihrbach
MAUERKIRCHER-STRASSE
RÜMELINSTRASSE
Freizeitpark Biederstein
DIETLINDENSTRASSE
OSTERWALD-STRASSE
KUNIGUNDEN-STRASSE
BÜRGERSTRASSE
Brunnbach
HIRSCHAU
HAUSHOFERSTRASSE
BRUNN-BACH
BAYREUTHER STR.
WAHNFRIEDALLEE
St. Sylvester
Klein-hesseloher See
Seehaus
GYSSLING-STRASSE
Eisbach
OPITZ-STRASSE
ADALBERT-STIFTER-STRASSE
HERZOGPARK
OBERFÖHRINGER STR.
EFFNERSTR.
KLEINHESSELOHE
HEINRICH-MANN-ALLEE
PRIEL
ODIN-STRASSE
JOHN-F.-KENNEDY-BRÜCKE
PIENZENAUER
MAUERKIRCHER-STRASSE
FLEMING-STRASSE
Krankenhaus Bogenhausen
NORMANNEN-PLATZ
NORMANNENSTRASSE
ISAR-RING
Herzog-Albrecht-Anlage
Rumfordhalle
ENGLSCHALKINGER STR.
Arabellapark
198
Englischer Garten
Institut der Universität
HERKOMER-PLATZ
ROSENKAVALIERPLATZ
Arabellahaus
THOMAS-MANN-ALLEE
Isar
MAX-JOSEPH-BRÜCKE
KUFSTEINER PLATZ
Bundes-finanzhof
DENNINGER STRASSE
AMBERGER-STRASSE
ARABELLASTRASSE
ARABELLAPARK
Bogenhauser Kirchplatz
Österreichisches Generalkons.
Richard-Strauss-Straße
St. Georg
WEHRLE-STRASSE
WIDDERSTRASSE
KIRCHPLATZ
Drei-einigkeitskirche
Herling Blut
OETTINGEN-STRASSE
REGENSBURGER PLATZ
Neuapostolische Kirche
DONAU-
Denninger Anger
Eisbach
D
E
F
1
2
3
4
5

196
193
190
NEUHAUSEN
Mailingerstraße
Städtisches Gesundheitsamt
Blutenburg-Theater
St. Clemens
St. Vinzenz
Bayerisches Landeskriminalamt
Stiglmaierplatz
Städtische Galerie im Lenbachhaus
Theater für Kinder
Finanzämter II-V
Zirkus Krone
Bayerischer Rundfunk
Königsplatz
Arnulfpark
Donnersbergerbrücke
Hackerbrücke
ZOB
Kindermuseum
Hauptbahnhof
Hauptzollamt
Holzkirchner Bahnhof
Justizpalast
LANDSBERGER STR.
St.Benedikt
SCHWANTHALER HÖHE
WESTEND
St.Rupert
Auferstehungskirche
St.-Pauls
Theresienwiese
Deutsches Theater
Heimeranplatz
Schwanthalerhöhe
Verkehrsmuseum (in Bau)
Kongresshalle
Festwiese
Theresienwiese
Bavaria
Ruhmeshalle
Bavaria-Park
Klinikum Innenstadt
Goetheplatz
St. Matthäus
Pharmakologie
St. Andreas
Poccistraße
Friedhof
St. Antonius Kapuzinerkloster
Kreisverwaltungsreferat
Schlachthof
SENDLING-WESTPARK
Alte St. Margaret
St. Margaret
Himmelfahrtskirche
Güterbahnhof München-Süd
Implerstrasse
Großmarkthalle
UNTER-SENDLING
St. Korbinian
Kontorhäuser
Großmarktgelände
Blumenhalle
St. Stephan
Harras
Südbad
Sendlinger Friedhof
BRUDERMÜHLSTRASSE
BRUDERMÜHLBRÜCKE
Brudermühlstraße
ISAR-SENDLING
Kriegsopfertempel
Israelitischer Friedhof
MITTER-SENDLING
Mittersendling
St.Achaz
NEUHOFEN
Neuhofener Berg
Bezirkssportanlage
Flaucher
Maria Schutz (orthodox)

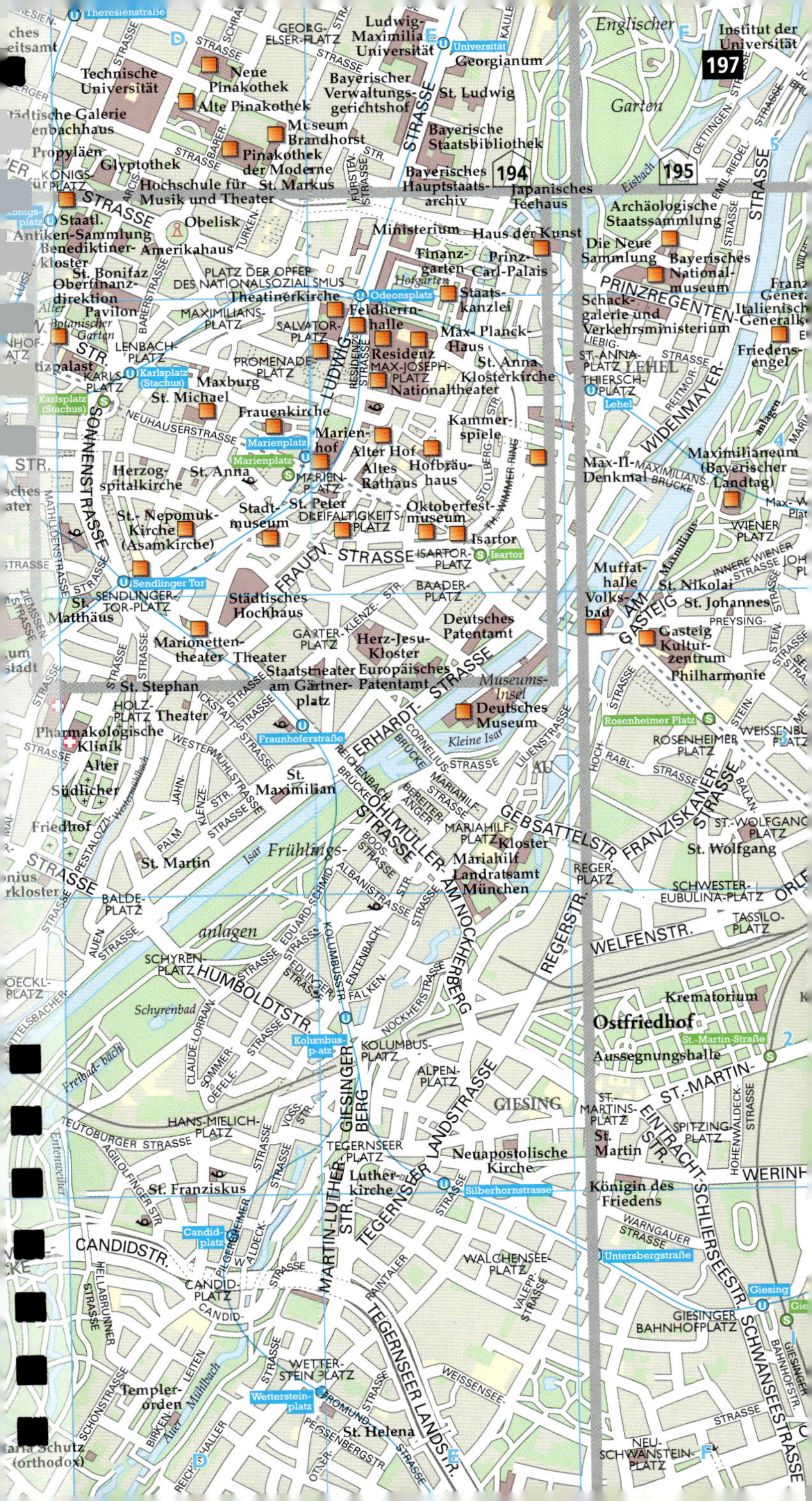

Theresienstraße
Technische Universität
Neue Pinakothek
Alte Pinakothek
Städtische Galerie im Lenbachhaus
Museum Brandhorst
Pinakothek der Moderne
Propyläen
Glyptothek
Königsplatz
Hochschule für Musik und Theater
St. Markus
Georg-Elser-Platz
Ludwig-Maximilians-Universität
Universität
Georgianum
Bayerischer Verwaltungsgerichtshof
St. Ludwig
Bayerische Staatsbibliothek
Bayerisches Hauptstaatsarchiv
Fürstenstrasse
194
195
Englischer Garten
Institut der Universität
Japanisches Teehaus
Eisbach
Oettingenstr.
Emil-Riedel-Strasse
Archäologische Staatssammlung
Die Neue Sammlung
Bayerisches Nationalmuseum
Schackgalerie und Verkehrsministerium
Italienisches Generalkonsulat
Friedensengel
Prinzregentenstrasse
Königsplatz
Staatl. Antiken-Sammlung
Obelisk
Amerikahaus
Benediktiner-Kloster
St. Bonifaz
Oberfinanzdirektion
Platz der Opfer des Nationalsozialismus
Türkenstr.
Ministerium
Haus der Kunst
Finanzgarten
Hofgarten
Prinz-Carl-Palais
Odeonsplatz
Staatskanzlei
Theatinerkirche
Feldherrnhalle
Maximiliansplatz
Alter Botanischer Garten
Pavilon
Salvatorplatz
Residenz
Max-Planck-Haus
Max-Joseph-Platz
Nationaltheater
St. Anna Klosterkirche
Lenbachplatz
Promenadeplatz
Ludwigstr.
Residenzstr.
Karlsplatz (Stachus)
Maxburg
St. Michael
Sonnenstrasse
Neuhauserstrasse
Frauenkirche
Marienplatz
Marienhof
Alter Hof
Hofbräuhaus
Kammerspiele
Altes Rathaus
St.-Anna-Platz
Thierschplatz
Lehel
Widenmayerstrasse
Max-II-Denkmal
Maximiliansbrücke
Maximilianeum (Bayerischer Landtag)
Herzogspitalkirche
St. Anna
Stadtmuseum
St. Peter
Dreifaltigkeitsplatz
Oktoberfestmuseum
Isartor
Isartorplatz
Thomas-Wimmer-Ring
St.-Nepomuk-Kirche (Asamkirche)
Mathildenstrasse
Fraunhoferstrasse
Sendlinger Tor
Sendlinger-Tor-Platz
St. Matthäus
Städtisches Hochhaus
Baaderplatz
Deutsches Patentamt
Muffathalle
Volksbad
St. Nikolai
St. Johannes
Wiener Platz
Innere Wiener Strasse
Am Gasteig
Gasteig Kulturzentrum
Philharmonie
Preysingstr.
Marionettentheater
Theater
Gärtnerplatz
Staatstheater am Gärtnerplatz
Herz-Jesu-Kloster
Europäisches Patentamt
Erhardtstrasse
Museumsinsel
Deutsches Museum
Kleine Isar
St. Stephan
Holzplatz
Theater
Pharmakologische Klinik
Alter Südlicher Friedhof
Westermühlstrasse
St. Maximilian
Corneliusbrücke
Reichenbachbrücke
Mariahilfstrasse
Lilienstrasse
Au
Rosenheimer Platz
Rosenheimer Strasse
Franziskanerstrasse
Ohlmüllerstrasse
Gebsattelstr.
Mariahilfplatz
Kloster Mariahilf
Landratsamt München
St.-Wolfgang-Platz
St. Wolfgang
Palmstr.
St. Martin
Isar
Frühlingsanlagen
Pestalozzistrasse
Baldeplatz
Albanistrasse
Am Nockherberg
Regerplatz
Regerstr.
Schwester-Eubulina-Platz
Tassiloplatz
Welfenstr.
Schyrenplatz
Humboldtstr.
Kolumbusstr.
Falkenstr.
Nockherstrasse
Schyrenbad
Kolumbusplatz
Krematorium
Ostfriedhof
St.-Martin-Straße
Aussegnungshalle
St.-Martin-Strasse
Hans-Mielich-Platz
Teutoburger Strasse
Giesinger Berg
Tegernseer Platz
Tegernseer Landstrasse
Alpenplatz
Giesing
St.-Martins-Platz
St. Martin
Spitzingplatz
Eintracht-Strasse
Neuapostolische Kirche
Lutherkirche
Silberhornstrasse
Königin des Friedens
St. Franziskus
Candidplatz
Candidstr.
Martin-Luther-Str.
Walchenseeplatz
Warngauer Strasse
Untersbergstraße
Schlierseestr.
Giesing
Giesinger Bahnhofplatz
Schwanseestrasse
Hellabrunner Strasse
Candidplatz
Raintaler Strasse
Tegernseer Landstr.
Wettersteinplatz
Templerorden
Schönstrasse
Weissenseestrasse
St. Helena
Neuschwansteinplatz
Freibadbach
Auer Mühlbach

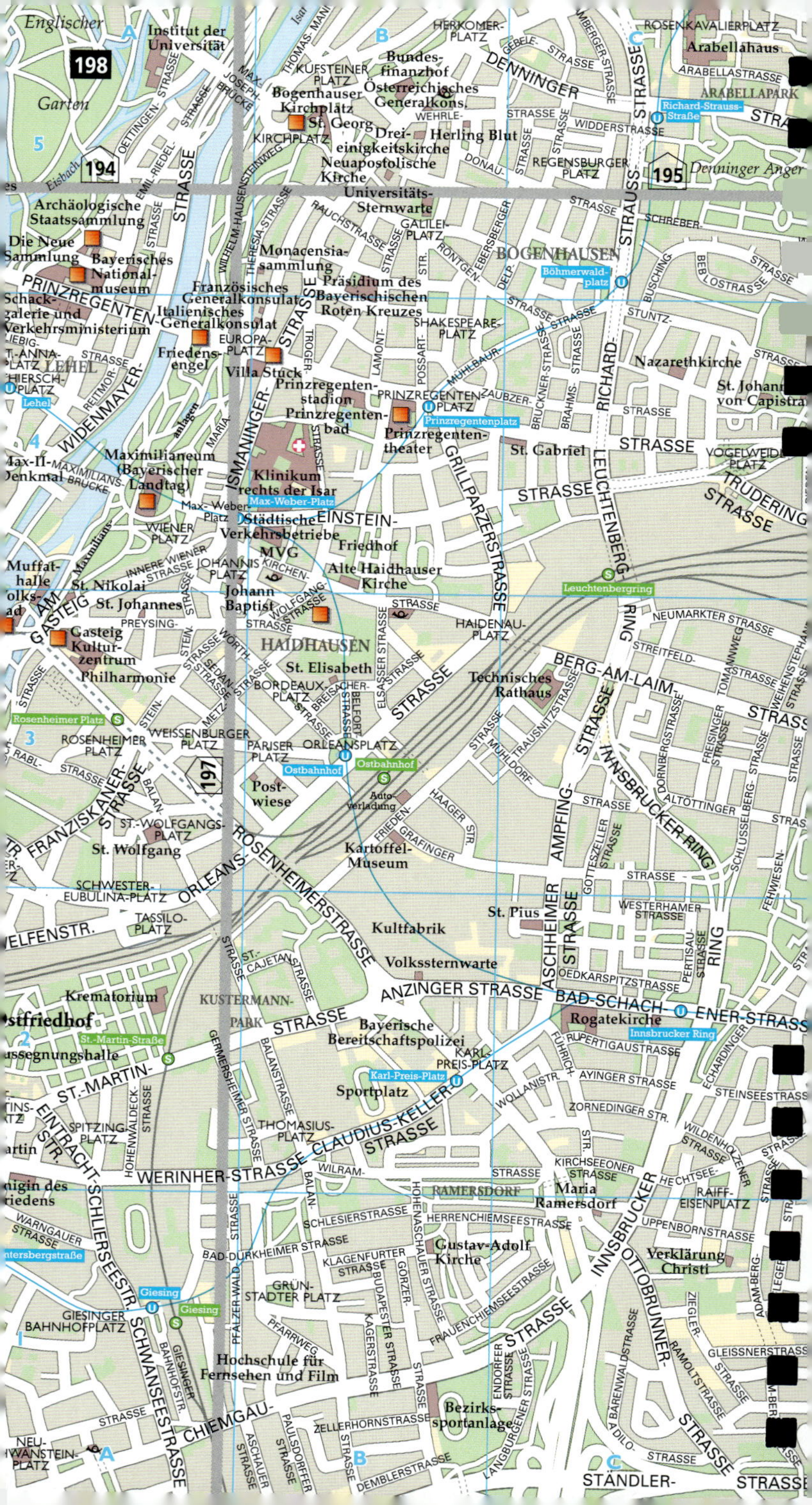
198
194
195
197
A
B
C
1
2
3
4
5
Englischer Garten
Institut der Universität
Kufsteiner Platz
Bogenhauser Kirchplatz
St. Georg
Kirchplatz
Herkomer-Platz
Bundesfinanzhof
Österreichisches Generalkons.
Dreieinigkeitskirche
Herling Blut
Neuapostolische Kirche
Universitäts-Sternwarte
Denninger Strasse
Rosenkavalierplatz
Arabellahaus
Arabellastrasse
Arabellapark
Richard-Strauss-Straße
Denninger Anger
Widderstrasse
Regensburger Platz
Wehrle-Strasse
Donau-
Gebele-Strasse
Oettingen-Strasse
Emil-Riedel-Strasse
Max-Joseph-Brücke
Thomas-Mann-
Isar
Eisbach
Archäologische Staatssammlung
Die Neue Sammlung
Bayerisches Nationalmuseum
Schack-galerie und Verkehrsministerium
Prinzregenten-Strasse
Französisches Generalkonsulat
Italienisches Generalkonsulat
Monacensia-sammlung
Präsidium des Bayerischen Roten Kreuzes
Friedensengel
Europa-Platz
Villa Stuck
Wilhelm-Hausenstein-Weg
Theresia-Strasse
Rauchstrasse
Galilei-Platz
Bogenhausen
Böhmerwaldplatz
Shakespeare-Platz
Schreiber-
Beblostrasse
Stuntz-
Nazarethkirche
St. Johann von Capistran
Lehel
St.-Anna-Platz
Liebig-
Lehel
Reitmor-Strasse
Widenmayer-Strasse
Maximiliansanlagen
Maria-
Prinzregentenstadion
Prinzregentenbad
Prinzregentenplatz
Prinzregententheater
Mühlbaur-
Zaubzer-
Brucknerstrasse
Brahms-
Richard-Strauss-Strasse
St. Gabriel
Vogelweideplatz
Trudering Strasse
Max-II-Denkmal
Maximiliansbrücke
Maximilianeum (Bayerischer Landtag)
Ismaninger Strasse
Klinikum rechts der Isar
Trogerstrasse
Max-Weber-Platz
Einstein-Strasse
Städtische Verkehrsbetriebe MVG
Friedhof
Alte Haidhauser Kirche
Grillparzerstrasse
Leuchtenbergring
Wiener Platz
Innere Wiener Strasse
Johannisplatz
Kirchen-
Muffathalle
Volksbad
St. Nikolai
St. Johannes
Johann Baptist
Wolfgang-Strasse
Am Gasteig
Gasteig Kulturzentrum
Philharmonie
Preysing-
Haidhausen
Haidenauplatz
Neumarkter Strasse
Streitfeld-
Berg-am-Laim-Strasse
Technisches Rathaus
St. Elisabeth
Bordeauxplatz
Breisacher-
Belfort-Strasse
Elsässer Strasse
Tomannweg
Rosenheimer Platz
Rosenheimer Platz
Weissenburger Platz
Pariser Platz
Orleansplatz
Ostbahnhof
Ostbahnhof
Autoverladung
Haager Str.
Mühldorf-
Trausnitzstrasse
Innsbrucker Ring
Dornbergstrasse
Freisinger Strasse
Altöttinger Strasse
Schlüsselberg-Strasse
Rabl-
Franziskanerstrasse
Balan-
Postwiese
St.-Wolfgangs-Platz
St. Wolfgang
Grafinger Strasse
Kartoffel-Museum
Ampfing-Strasse
Gotteszeller Strasse
Schwester-Eubulina-Platz
Orleans-Strasse
Rosenheimerstrasse
Tassilo-Platz
Welfenstr.
St.-Cajetan-Strasse
Kultfabrik
Volkssternwarte
St. Pius
Aschheimer Strasse
Westerhamer Strasse
Pertisau-
Ring
Oedkarspitzstrasse
Krematorium
Ostfriedhof
Aussegnungshalle
Kustermann-Park
Anzinger Strasse
Bad-Schachener-Strasse
Rogatekirche
Innsbrucker Ring
Rupertigaustrasse
Echardinger-
St.-Martin-Straße
St.-Martin-Strasse
Germersheimer Strasse
Balanstrasse
Bayerische Bereitschaftspolizei
Karl-Preis-Platz
Karl-Preis-Platz
Sportplatz
Claudius-Keller-Strasse
Wollanistr.
Ayinger Strasse
Zornedinger Str.
Steinseestrasse
Fuhrich-
Eintracht-Str.
Spitzingplatz
Hohenwaldeckstrasse
Thomasiusplatz
Werinher-Strasse
Wilram-
Kirchseeoner Strasse
Hechtsee-
Raiffeisenplatz
Wildenholzener Strasse
Königin des Friedens
Ramersdorf
Maria Ramersdorf
Schliersee-Strasse
Warngauer Strasse
Schlesierstrasse
Herrenchiemseestrasse
Uppenbornstrasse
Untersbergstraße
Bad-Dürkheimer Strasse
Klagenfurter Strasse
Hohenaschauer Strasse
Gustav-Adolf Kirche
Innsbrucker Ring
Ottobrunner Strasse
Verklärung Christi
Adam-Berg-
Giesing
Giesing
Giesinger Bahnhofplatz
Grünstädter Platz
Budapester Strasse
Görzer-
Frauenchiemseestrasse
Schwanseestrasse
Pfälzer-Wald-Strasse
Pfarrweg
Kagerstrasse
Endorfer Strasse
Langbürgener Strasse
Barenwaldstrasse
Ziegler-
Ramoltstrasse
Gleissnerstrasse
Giesinger Bahnhofstr.
Hochschule für Fernsehen und Film
Chiemgau-Strasse
Zellerhornstrasse
Bezirkssportanlage
Neuschwanstein-Platz
Aschauer Strasse
Paulsdorffer Strasse
Dembler Strasse
Ständler-Strasse
A-Dilo-

Abbildungsnachweis

Der Verlag bedankt sich bei folgenden Fotografen und Agenturen für die freundliche Unterstützung bei der Realisierung dieses Buches:

Abkürzungen: (o) oben; (u) unten; (l) links; (r) rechts; (m) Mitte

Umschlag: (o) T. Stankiewicz, (u) HB Verlag

AKG: 22ol, 22om, 22or, 22u, 23ur, 23o, 102o; R. Binder, München: 6/7u; W. Dieterich, Stuttgart: 2l, 2ll, 3ll, 5l, 10o, 30u, 33l, 47ur, 51o, 57o, 131o, 139l, 141, 153, 176/177; R. Freyer, Freiburg: 2lll, 16o, 47l, 55u, 75o, 95ur, 98u, 99u, 108m, 111o, 123o, 131u, 181l; Huber: Römmelt 28r.; G. Jung, Ottobrunn: 3lll, 5ur, 8u, 15o, 19u, 21, 25ml, 29m, 32u, 33ul, 53ul, 61o, 65, 71ul, 74u, 79o, 85or, 86, 87o, 87u, 95ul, 99mr, 105o, 119ur, 126u, 126/127, 128, 129, 142u, 144, 145o, 146o, 150u, 154, 159l, 159ol, 160/161, 162, 164/165, 166o, 166u, 167, 181ol; F. Köthe, München: 3lV, 25o, 47ul, 50ol, 53o, 54or, 59o, 60u, 74ol, 77u, 81, 83, 85ol, 100, 126o, 139ur, 147, 149, 169o, 170, 171l, 179, 180l, 181or; Laif: Back 106, Henglein-Klover 29ul; La Terra Magica, München: (Manfred Kühn) 168/169 (Günter Lenz) 9u, 12ol, 12mol, 12mul, 14u, 32m, 56, 88, 100ul, 119ul, 142o, 143o, 159or, 163m, 173, 174, 177, 185o, 185mr, 185ml; Look: Martini 28l; C. Naundorf, Paris: 2lV, 2V, 12ul, 17o, 49, 52u, 58o, 64o, 71l, 76u, 77o, 95l, 98m, 101or, 122m, 125o, 130o, 150/151, 152m, 171ur, 180r; T. Stankiewicz, München: 3l, 5ul, 11o, 13o, 18o, 51u, 54ur, 63o, 64u, 72/73u, 73o, 78, 80, 84, 97u, 99ml, 100/101, 104, 105m, 119l, 123u, 132o, 132u, 139ul, 143u, 146u, 152o, 155, 172, 174/175; Sammlung Goetz, München (Franz Wimmer): 29ur; Hanna Wagner, Wörth: 27u, 31o, 33ur, 71ur, 99o, 108u, 120, 124/125, 130u, 148; T. P. Widmann, Regensburg: 58u, 62u, 102u, 103o, 110, 151

NATIONAL GEOGRAPHIC

Leserbefragung

Ihre Ratschläge, Urteile und Empfehlungen sind für uns sehr wichtig. Wir bemühen uns, unsere Reiseführer ständig zu verbessern. Wenn Sie sich ein paar Minuten Zeit nehmen, diesen kleinen Fragebogen auszufüllen, könnten Sie uns sehr dabei helfen.

Wenn Sie diese Seite nicht herausreißen möchten, können Sie uns auch eine Kopie schicken, oder Sie notieren Ihre Hinweise einfach auf einem separaten Blatt.

Bitte senden Sie Ihre Antwort an:
National Geographic Spirallo-REISEFÜHRER, MAIRDUMONT GmbH & Co. KG, Postfach 31 51, D-73751 Ostfildern, E-Mail: spirallo@nationalgeographic.de

Über dieses Buch …

National Geographic Spirallo-REISEFÜHRER **MÜNCHEN**

Wo haben Sie das Buch gekauft? ______

Wann? Monat __ / Jahr __

Warum haben Sie sich für einen Titel dieser Reihe entschieden?

______

Wie fanden Sie das Buch?

Hervorragend ☐ Genau richtig ☐ Weitgehend gelungen ☐

Enttäuschend ☐

Können Sie uns Gründe angeben?

______

Hat Ihnen etwas an diesem Führer besonders gut gefallen?

______

Was hätten wir besser machen können?

______

Persönliche Angaben

Name ______

Adresse ______

Zu welcher Altersgruppe gehören Sie?

Unter 25 ☐ 25–34 ☐ 35–44 ☐ 45–54 ☐ Über 65 ☐

Wie oft im Jahr fahren Sie in Urlaub?

Seltener als einmal ☐ Einmal ☐ Zweimal ☐ Dreimal bzw. öfter ☐

Wie sind Sie verreist?

Allein ☐ Mit Partner ☐ Mit Freunden ☐ Mit Familie ☐

Wie alt sind Ihre Kinder? ______

Über Ihre Reise …

Wann haben Sie die Reise gebucht? Monat __ / Jahr __

Wann sind Sie verreist? Monat __ / Jahr __

Wie lange waren Sie verreist? ______

War es eine ☐ Urlaubsreise oder ☐ ein beruflicher Aufenthalt?

Haben Sie noch weitere Reiseführer gekauft? ☐ Ja ☐ Nein

Wenn ja welche? ______

Herzlichen Dank dafür, dass Sie sich die Zeit genommen haben, diesen Fragebogen auszufüllen.

FREUDE IST PUR. EIN TAG VOLLER FASZINATION.

In der BMW Welt können Sie BMW mit allen Sinnen erleben: Entdecken Sie die beeindruckende Architektur auf eigene Faust oder im Rahmen einer geführten Tour. Und lernen Sie eine lebendige Themenvielfalt rund um Mobilität, Technik und Innovation kennen. Wechselnde Ausstellungen sowie Automobilpräsentationen laden im vielbesuchten Erlebnis- und Auslieferungszentrum zum Staunen ein, mehrere Restaurants verwöhnen den Gaumen, und der Junior Campus gibt Kindern die Gelegenheit, ihr eigenes Fahrzeug zu konstruieren. Direkt gegenüber sehen Sie im BMW Werk, wie mit Leidenschaft und Präzision individuelle Fahrzeuge gebaut werden, und können im BMW Museum die spannende Erfolgsgeschichte der Marke und des Unternehmens verfolgen. Doch die BMW Welt bietet Ihnen noch mehr. Was genau, erfahren Sie täglich vor Ort oder beim **BMW Welt Info Service: 0180 2 118822** (6 Cent/ Gespräch aus dem Festnetz der DTAG, ggf. abweichende Preise aus anderen Netzen).

FREUDE ERLEBEN.
BMW WELT. BMW MUSEUM. BMW WERK.